口絵1　チャシ跡

チャシ本来の機能は祭祀場であり、その起源は擦文《さつもん》時代後期の円形に溝を巡らされた祭祀遺構にさかのぼる。厚真《あつま》町ヲチャラセナイチャシ跡では壕の内部から方形の周溝と炉をともなう平地式住居が検出されている。16・17 世紀には軍事施設となりうる大規模な複郭《ふくかく》のチャシが営まれるようになり、寛文9 年(1669)のシャクシャインの戦いや、寛政元年(1789)のクナシリ・メナシの戦いの際には、チャシがアイヌの軍事拠点として利用された。

1 厚真町ヲチャラセナイチャシ跡

2 浦幌《うらほろ》町オタフンベチャシ跡

3 根室市ノツカマフチャシ跡

口絵2　漆器

アイヌ文化の遺跡では墓や捨て場・送り場などから漆器が多く出土する。アイヌ文化の遺跡から出土する漆器は、酒儀礼に関連した物にかぎられる。17世紀までは日本社会の流通品のなかでも比較的高級な漆器が受容されているが、18世紀以降はアイヌ向けに特別に生産されたものや粗悪な漆器が主体を占めるようになる。

1 アイヌ墓に副葬された高台寺蒔絵椀（17世紀、余市町入舟遺跡）

2 アイヌ墓に副葬されたスタンプ技法で文様がつけられた漆器皿（14世紀、厚真町オニキシベ2遺跡）

3 アイヌ墓に副葬された膳とその上に置かれた天目台と漆椀（18世紀、余市町大川遺跡服部地点）

4 金の蒔絵で唐草文が描かれた漆椀（19世紀、余市町入舟遺跡）

口絵3　刀装具

アイヌは古代日本社会が宝器とした「三種の神器」である刀・鏡・玉に特別な価値観を見いだし、威信財として大切にするとともに、それらには霊的な力が宿っていると考えていた。アイヌは鏡を姿を写す道具ではなく鍔《つば》形に加工したり、柄鏡《えかがみ》の柄の部分を切断したりし、シトキとよぶ首飾り（タマサイ）のペンダントトップに転用した。

1 和鏡を転用した鍔
（17 世紀、サハリン西海岸宗仁遺跡）

2 足金物《あしかなもの》を連ねたタマサイ （15世紀後半〜16世紀初頭、恵庭市カリンバ2遺跡）

3 鍔形に加工した銅製のシトキ
（14 世紀、恵庭市ユカンボシ E4 遺跡）

4 タマサイ出土状況
（14世紀、伊達市オヤコツ遺跡）

口絵4　武器・武具

アイヌは一貫して古代日本で流行した古式ゆかしい鎧や太刀 拵《たちごしらえ》を好んだ。アイヌにとって刀は威信財であり、宗教的儀礼に使われ、時にはツクナイとよばれる賠償品や担保にもなった。木製の鞘に樹皮や金属製刀装具、鹿角などで飾りつけた自製の拵はエムシとよばれ、和人から交易で入手した拵は宝器となった。

1 28間星兜《けんのほしかぶと》（13～14世紀、深川市納内《おさむない》）

2 樺太東多来加《たらいか》のアイヌに伝来した銀蛭巻《ひるまき》太刀（14世紀）

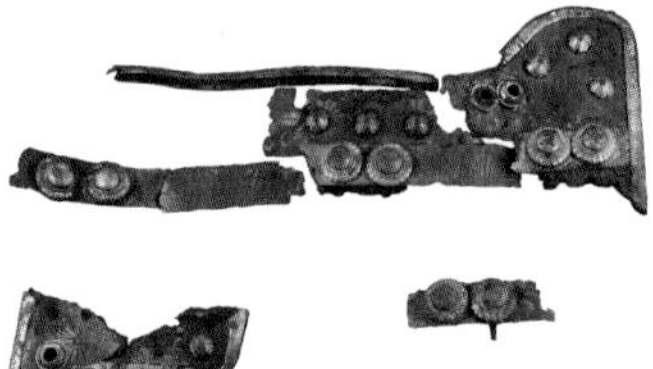

3 胴丸鎧（13～14世紀、余市町大浜中遺跡）

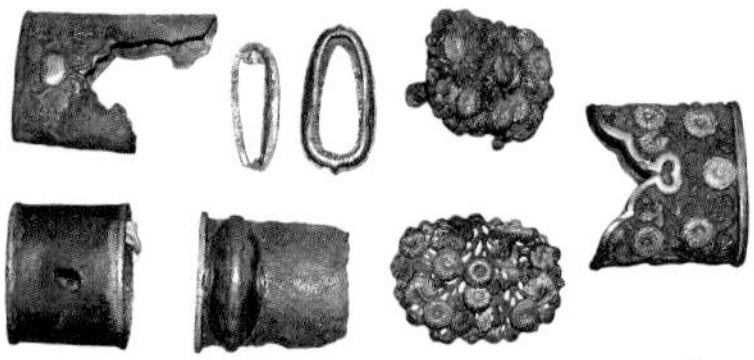

4 刀装具（14～15世紀、余市町大浜中遺跡）

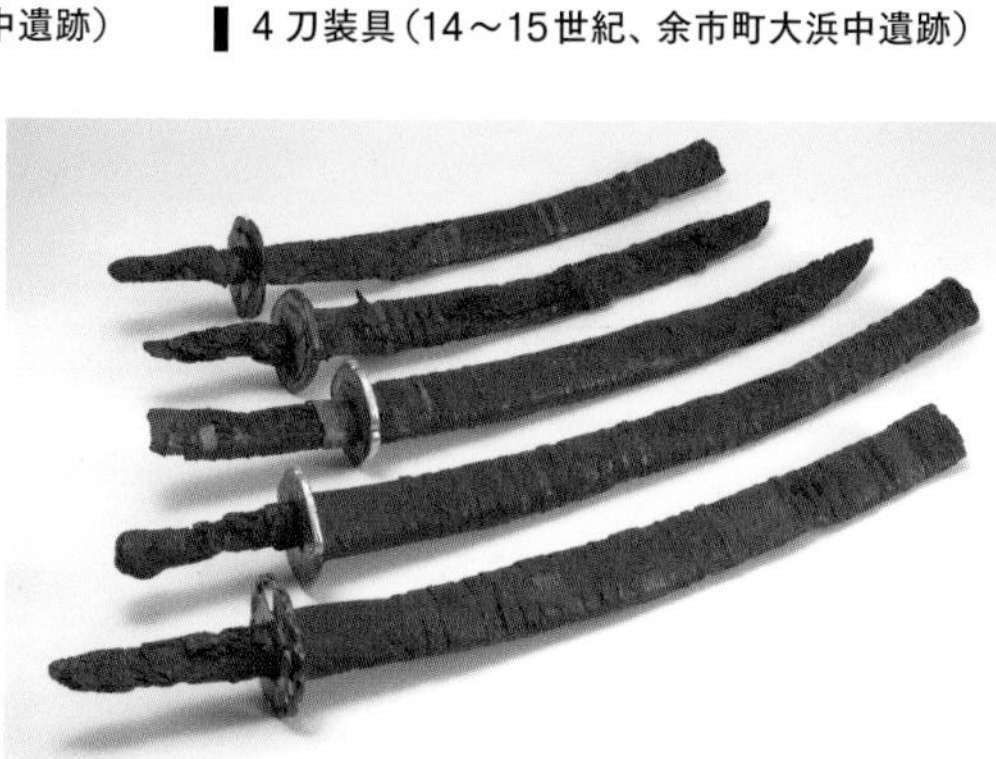

5 火山灰層にはさまれたアイヌ墓から出土した蝦夷太刀《えぞたち》（17世紀、伊達市有珠4遺跡）

口絵5　タマサイ（首飾り）

15世紀以前のタマサイに使われたガラス玉は小型で形や色が変化に富んでいる。またワイヤー製垂飾品《すいしょくひん》・目貫《めぬき》や七つ金《がね》などの刀装具・サメの歯・銭・メノウ玉など、ガラス玉以外のものも多用されていた。一方、16〜18世紀には直径1cm以下の青系の小型丸玉・平玉が主体となる。これら18世紀中ごろまでのガラス玉は、サハリンを経由して大陸からもたらされた「カラフト玉」であった。

1 厚真町オニキシベ2遺跡1号墓（13世紀末〜14世紀）撮影：佐藤雅彦

2 余市町大川遺跡 GP-04墓（14〜15世紀）

3 余市町大川遺跡 GP-608墓（15世紀後半）

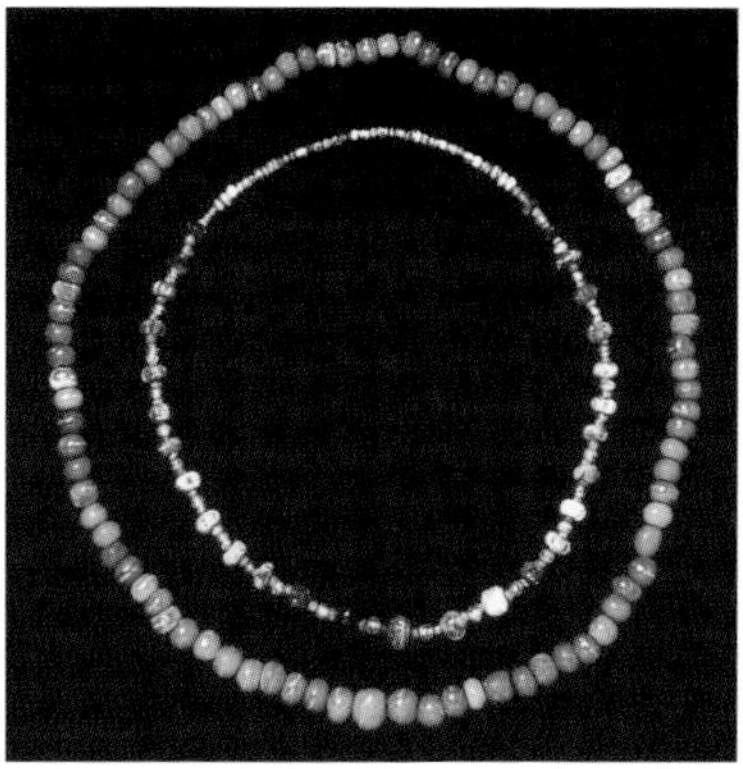

4 余市町大川遺跡 GP-600墓（15世紀後半〜16世紀）

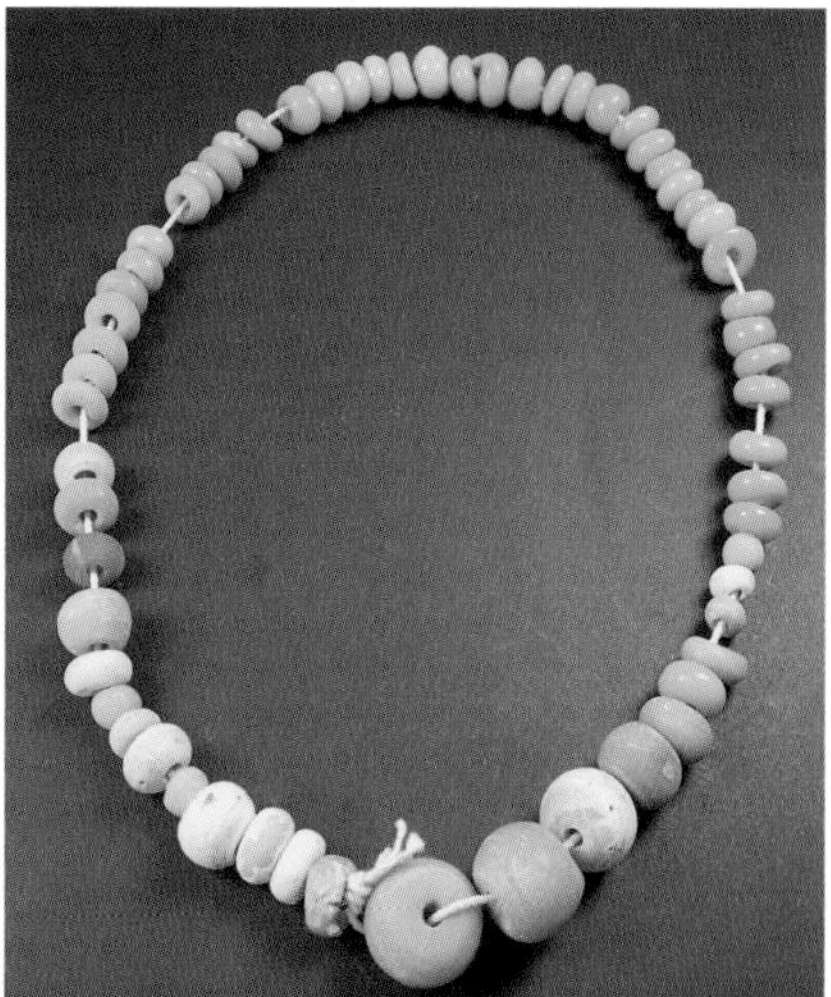

5 稚内市オンコロマナイ2貝塚墳墓2（18世紀）

口絵6　象嵌細工《ぞうがん》

刀子の柄や飾り矢筒など、アイヌの自製品には木の表面に円形や方形の銀や銅の薄板を嵌《は》める装飾技法がみられる。こうした金属板象嵌手法は、14世紀にはすでにアイヌ文化に認められるが、日本製品には見当たらず、大陸のアムール女真文化に由来すると考えられる。

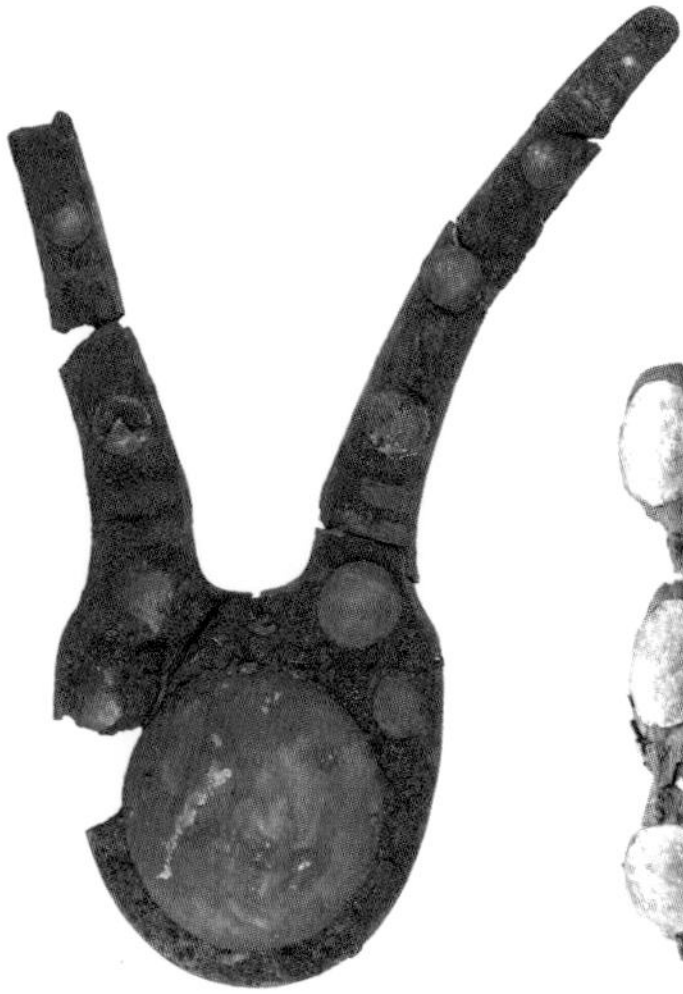

1 鍬形《くわがた》（年代不明、札幌市北1条西8丁目）

2 飾り矢筒《やづつ》破片（14世紀、厚真町オニキシベ2 遺跡3号墓）

3 飾り矢筒（伝世品）

4 刀子

厚真町オニキシベ2遺跡3号墓（14世紀）

伊達市有珠4遺跡 GP-3墓（17世紀）

厚真町オニキシベ2遺跡3号墓（14世紀）

平取《びらとり》町二風谷《にぶたに》遺跡2号墓（17世紀）

口絵7　本州アイヌの痕跡

本州最北端の下北半島尻屋崎周辺には本州アイヌのアワビを主体とする中世・近世の貝塚がある。また、青森県内の遺跡からは、蝦夷拵の刀やキテとよばれる銛頭《もりがしら》をはじめとする骨角製狩猟・漁労具、ガラス玉といったアイヌの存在を示す遺物が発見されている。それらは本州アイヌが北奥《ほくおう》の中世城館や北方交易の重要な窓口であった十三湊に出入りしていたことを物語っている。

1 青森県東通村浜尻屋貝塚（14・15世紀）

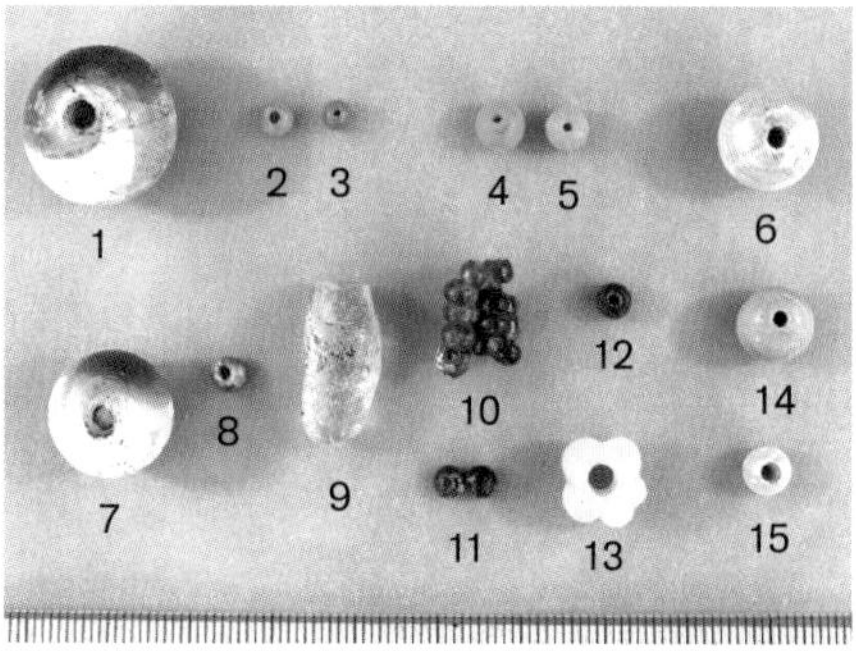

1：野辺地町向田（36）遺跡／2・3：五所川原市十三湊遺跡／4・5：八戸市根城跡／6：平川市大光寺新城跡／7-15：浪岡城跡

4 青森県内から出土したガラス玉

3 シロシが刻まれた青花皿（裏）（青森県南部町聖寿寺《しょうじゅじ》館《たて》跡）

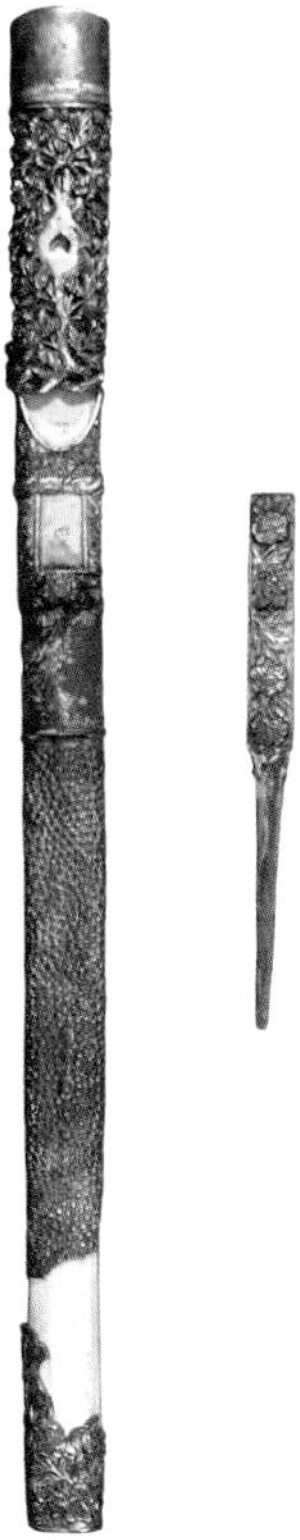

2 青森県むつ市脇野沢出土蝦夷拵腰刀

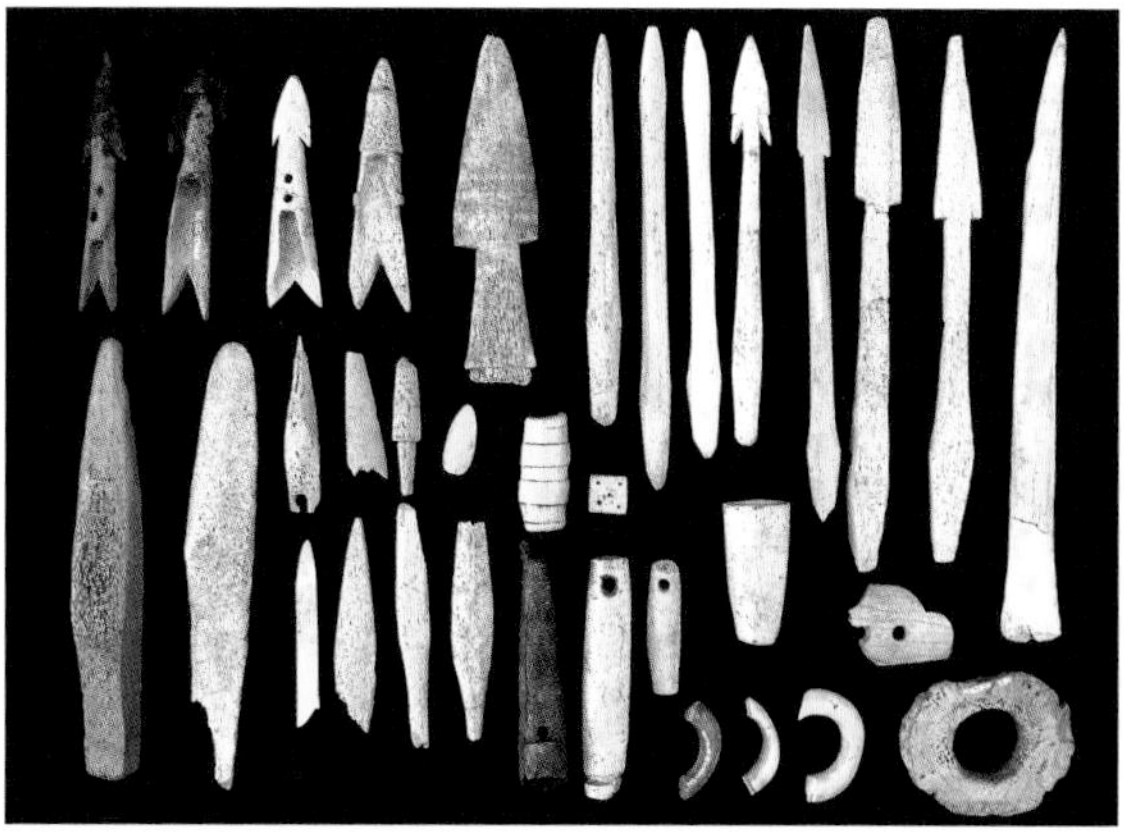

5 青森県東通村浜尻屋貝塚出土骨角器

口絵8　樺太アイヌの痕跡

サハリン島(旧樺太)からは煙管《きせる》・刀装具・漆器・鉄鍋・銭・タマサイ(首飾り)・ニンカリ(耳飾り)が出土する。煙管・刀装具・鉄鍋がサハリン島北部のニヴフの遺跡からも出土するのに対して、漆器は南部のアイヌの遺跡にかたよる。漆器はすべて酒儀礼に関連する道具であり、樺太アイヌも北海道アイヌ同様、18世紀以前から日本製の漆器を用いた酒儀礼をおこなっていたことを物語っている。

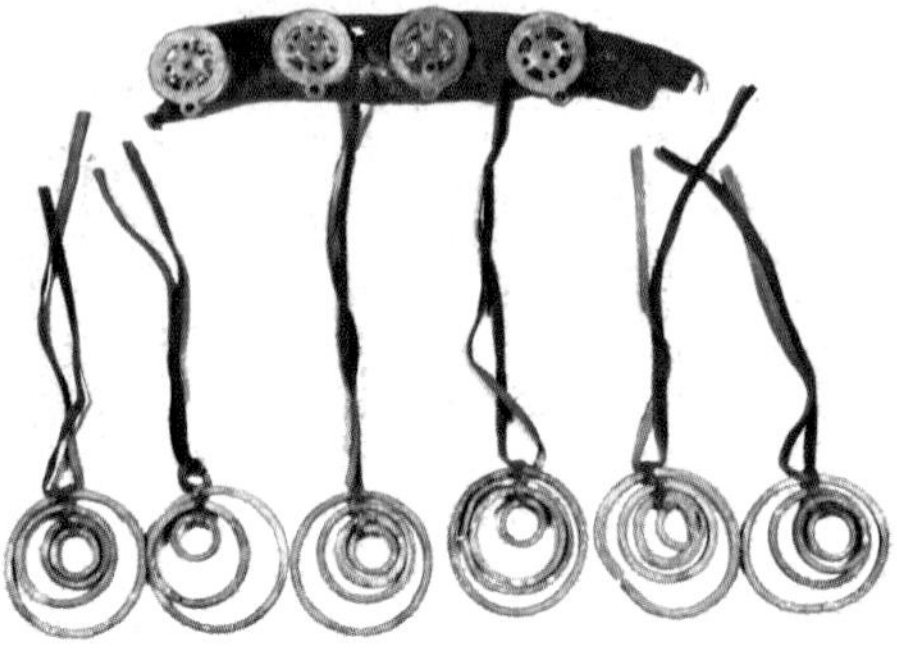

1 飾金《かざりかな》具《ぐ》付革帯《つきかわおび》(パルスノエ遺跡〈小田洲〉アイヌ墓)

3 鍔

キルピッチナヤ〈白浜〉

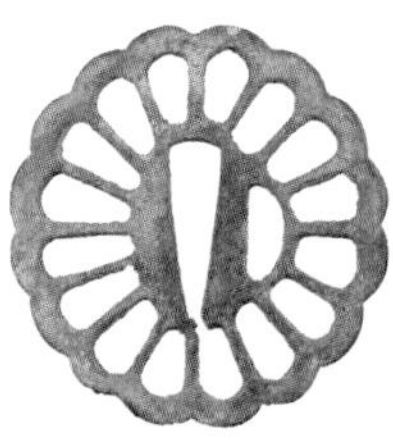

クズネツォーヴォ1遺跡〈宗仁〉アイヌ墓

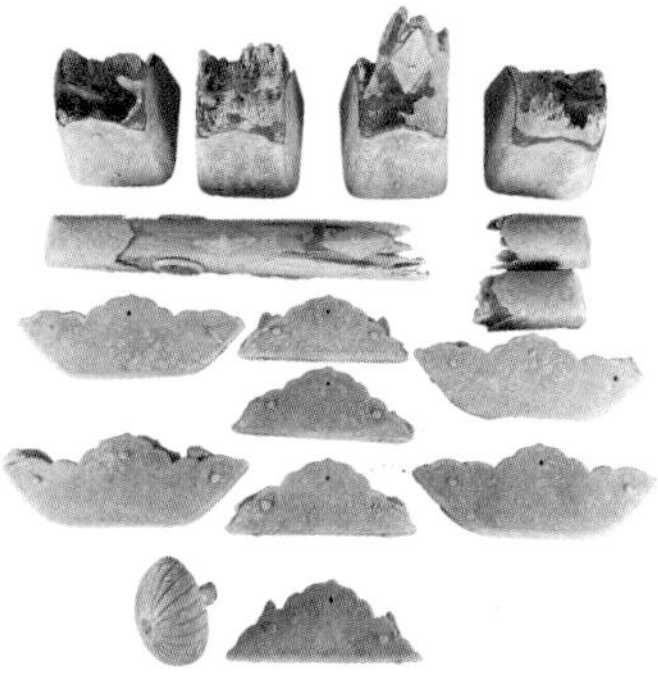

2 行器《ほかい》(パセチナヤ2 遺跡〈魯礼〉)

4 煙管(レースノエ〈落帆〉アイヌ墓)

5 蝦夷刀(クズネツォーヴォ1遺跡〈宗仁〉アイヌ墓)

6 タマサイ(ユズナヤ8遺跡〈礼塔〉)

7 漆椀(ホルムスク〈真岡〉アイヌ墓)

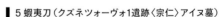

つながるアイヌ考古学

関根達人
著

新泉社

はじめに

二〇一九年の「アイヌ施策推進法」施行や翌年のウポポイ（民族共生象徴空間）開設、さらには近年の大ヒット漫画の影響で、アイヌ文化に対する関心が高まっています。一方で、民族共生のイメージだけが先行し、過去の実態に即したアイヌの歴史に対する理解が浸透しているようには思えません。

明治政府による国民化政策以前のアイヌ民族は、文字や絵による記録を残しませんでした。「アイヌモシリ」（アイヌ＝人間、の大地）が世界地図で最後に残された「空白域」であったように、アイヌは謎の民族として世界的に注目されてきました。植民地政策の一環として始まったアイヌ研究は、人種論争に関心が集まったため、人類学や考古学が大きな比重を占めてきました。文字を持たない謎の民族の歴史を知るには考古学がきわめて有効です。こうして日本考古学とともに始まったアイヌ考古学は、アイヌの先住民認定や中世・近世考古学の進展により、現在、新たな研究の段階を迎えています。

たとえば、近年の発掘調査によって長い間探し求めていた擦文文化とアイヌ文化をつなぐ「ミッシングリンク」が発見されたことで、どのようにしてアイヌ文化が形成されたのかがようやく見えてきました。また、編年が確立している日本製品を手掛かりとして、アイヌ文化の歴史的変遷を描くことができるようになりました。遺跡から発見される考古資料は、アイヌが和人や樺太の少数民族との交易を前提として、狩猟・漁労・採集活動をおこなっており、彼らの世界が驚くほど外に向かって広がっていたことを物語っています。

本書は、最新の考古学的成果や文献史学・民具学など関連分野との連携にもとづき、民族共生に向けて新たなアイヌの考古学を紹介します。

つながるアイヌ考古学

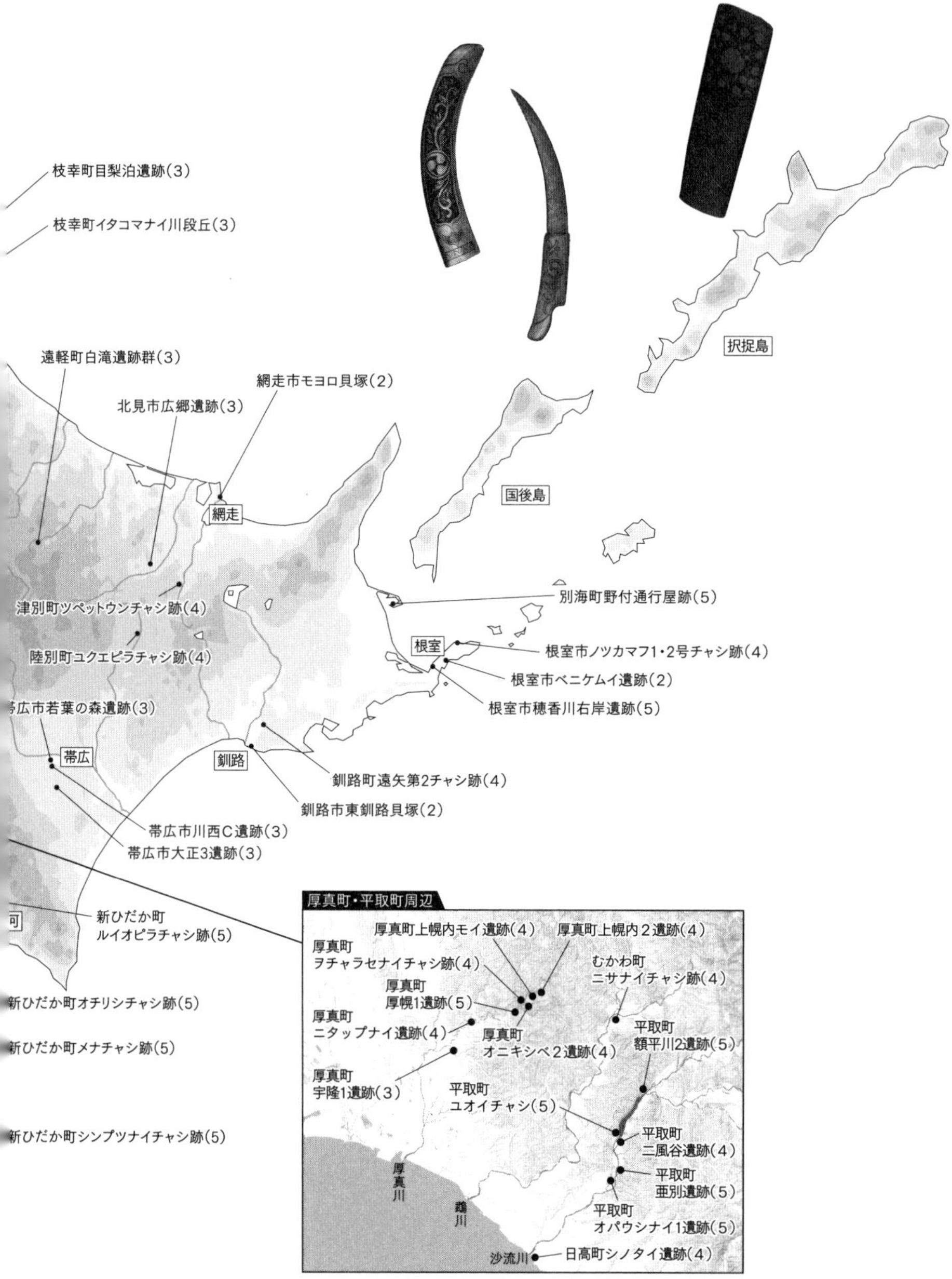
枝幸町目梨泊遺跡(3)
枝幸町イタコマナイ川段丘(3)
択捉島
遠軽町白滝遺跡群(3)
網走市モヨロ貝塚(2)
北見市広郷遺跡(3)
網走
国後島
津別町ツペットウンチャシ跡(4)
別海町野付通行屋跡(5)
陸別町ユクエピラチャシ跡(4)
根室
根室市ノツカマフ1・2号チャシ跡(4)
根室市ベニケムイ遺跡(2)
根室市穂香川右岸遺跡(5)
広市若葉の森遺跡(3)
帯広
釧路
釧路町遠矢第2チャシ跡(4)
釧路市東釧路貝塚(2)
帯広市川西C遺跡(3)
帯広市大正3遺跡(3)
可
新ひだか町
ルイオピラチャシ跡(5)
新ひだか町オチリシチャシ跡(5)
新ひだか町メナチャシ跡(5)
新ひだか町シンプツナイチャシ跡(5)
厚真町・平取町周辺
厚真町上幌内モイ遺跡(4)
厚真町上幌内2遺跡(4)
厚真町
ヲチャラセナイチャシ跡(4)
むかわ町
ニサナイチャシ跡(4)
厚真町
厚幌1遺跡(5)
厚真町
ニタップナイ遺跡(4)
厚真町
オニキシベ2遺跡(4)
平取町
額平川2遺跡(5)
厚真町
宇隆1遺跡(3)
平取町
ユオイチャシ(5)
平取町
二風谷遺跡(4)
平取町
亜別遺跡(5)
厚真川
鵡川
平取町
オパウシナイ1遺跡(5)
沙流川
日高町シノタイ遺跡(4)

本書で紹介する主要遺跡

※遺跡名の後ろの(　　)内の番号は紹介される章の番号を表す。

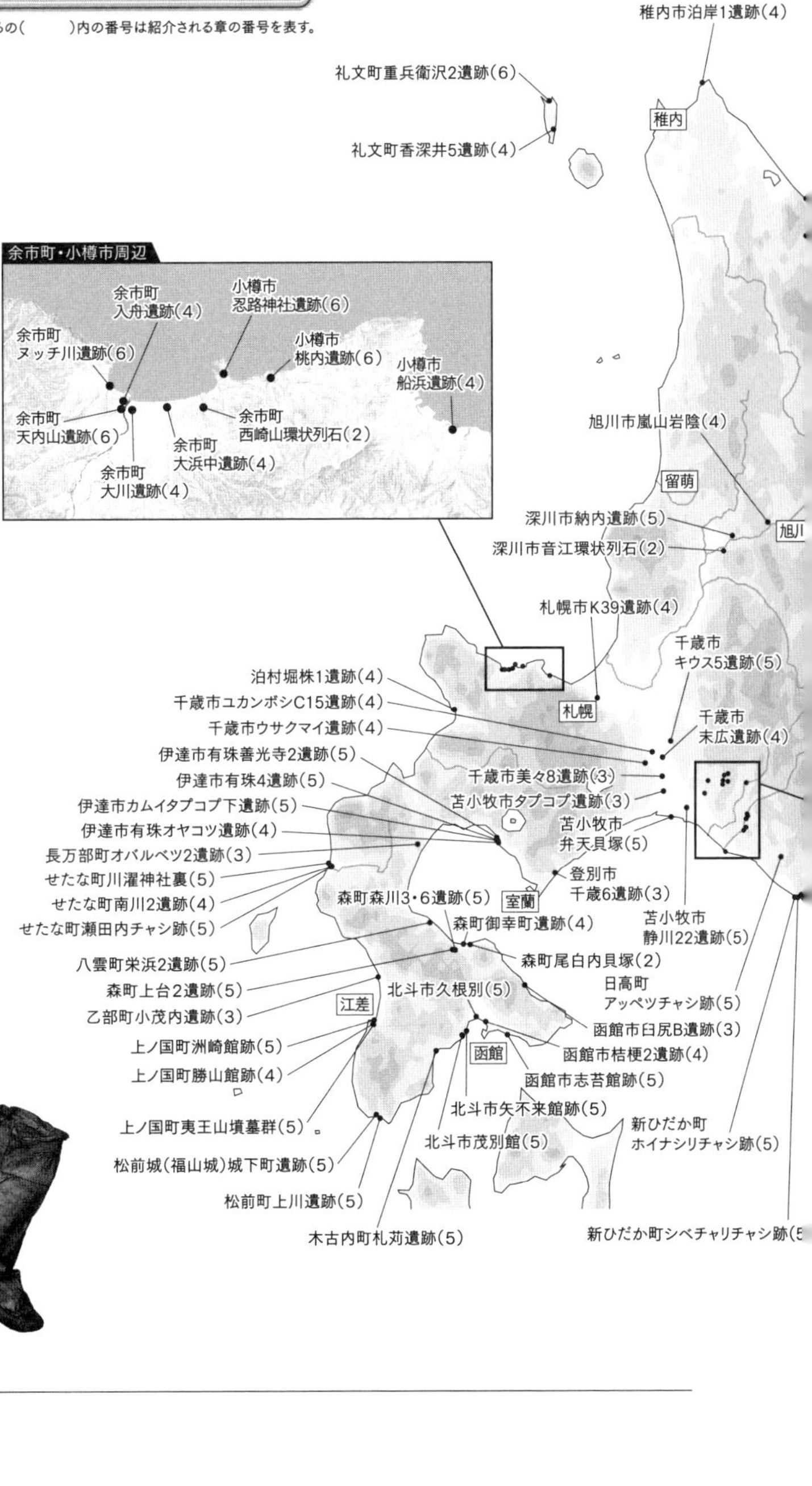
稚内市泊岸1遺跡(4)
礼文町重兵衛沢2遺跡(6)
礼文町香深井5遺跡(4)
稚内
余市町・小樽市周辺
余市町
入舟遺跡(4)
小樽市
忍路神社遺跡(6)
余市町
ヌッチ川遺跡(6)
小樽市
桃内遺跡(6)
小樽市
船浜遺跡(4)
余市町
天内山遺跡(6)
余市町
西崎山環状列石(2)
余市町
大浜中遺跡(4)
余市町
大川遺跡(4)
旭川市嵐山岩陰(4)
留萌
旭川
深川市納内遺跡(5)
深川市音江環状列石(2)
札幌市K39遺跡(4)
千歳市
キウス5遺跡(5)
泊村堀株1遺跡(4)
千歳市ユカンボシC15遺跡(4)
札幌
千歳市ウサクマイ遺跡(4)
千歳市
末広遺跡(4)
伊達市有珠善光寺2遺跡(5)
伊達市有珠4遺跡(5)
千歳市美々8遺跡(3)
伊達市カムイタプコプ下遺跡(5)
苫小牧市タプコプ遺跡(3)
伊達市有珠オヤコツ遺跡(4)
苫小牧市
弁天貝塚(5)
長万部町オバルベツ2遺跡(3)
登別市
千歳6遺跡(3)
せたな町川濯神社裏(5)
せたな町南川2遺跡(4)
森町森川3・6遺跡(5)
室蘭
せたな町瀬田内チャシ跡(5)
森町御幸町遺跡(4)
苫小牧市
静川22遺跡(5)
八雲町栄浜2遺跡(5)
森町尾白内貝塚(2)
日高町
アッペツチャシ跡(5)
森町上台2遺跡(5)
北斗市久根別(5)
江差
乙部町小茂内遺跡(3)
函館市臼尻B遺跡(3)
上ノ国町洲崎館跡(5)
函館
函館市桔梗2遺跡(4)
上ノ国町勝山館跡(4)
函館市志苔館跡(5)
北斗市矢不来館跡(5)
上ノ国町夷王山墳墓群(5)
新ひだか町
ホイナシリチャシ跡(5)
北斗市茂別館(5)
松前城(福山城)城下町遺跡(5)
松前町上川遺跡(5)
木古内町札苅遺跡(5)
新ひだか町シベチャリチャシ跡(5

第1章　アイヌ文化へのまなざし

1　アイヌ文化を取り巻く現状

北海道やサハリン（旧樺太）島、千島列島および本州北部には、和人が本格的に北方進出する以前から、和人とは異なる独自の言語・慣習・文化をもったアイヌ民族が暮らしてきた。一七世紀初めには松前藩の成立により北海道島の南端部は日本国の領域に組み込まれたが、北海道島の大部分は「蝦夷地」とよばれ、近世には琉球国同様、異域として日本と異国の間に存在し続けた。一九世紀には蝦夷地の幕領化を経て、明治政府による北海道の内国化が完成し、アイヌ民族は日本国民に組み込まれた。他国の先住民同様、アイヌの人々もまたさまざまな面で差別され、土地の没収、収入源である漁労・狩猟の禁止、固有の慣習や風習の禁止、日本語使用の義務化、日本風の氏名への改名による戸籍編入などの不利益や人権侵害を受けてきた。

一九七〇年代にはアメリカ・カナダ・オーストラリア・ニュージーランドで先住民による権利獲得運動が盛んになり、先住民問題が国家的課題として浮き彫りとなった。このころから国連でも先住民への差別是正に向けた動きが本格化し、一九八二年には国際連合人権委員会の下部組織である国際連合人権促進保護小委員会内に先住民作業部会が設置された。しかし先住民問題への対応は国ごとに温

伝世した18世紀後半～19世紀のタマサイ（市立函館博物館蔵）

度差が大きく、作業部会の設置から約四半世紀を経た二〇〇七年、国連総会で日本を含む一四三カ国の賛同により「先住民族の権利に関する国際連合宣言」がようやく決議されたが、前述のアメリカ・カナダ・オーストラリア、ニュージーランドの四カ国は反対票を投じている。

世界的に進む先住民の権利獲得運動や先住民政策の転換を受け、日本でも法的に初めてアイヌを民族と認めた「アイヌ文化の振興並びにアイヌの伝統等に関する知識の普及及び啓発に関する法律」(「アイヌ文化振興法」)が一九九七年に成立した。さらに二〇一九年にはアイヌ民族を先住民族と明記するとともに差別の禁止を定め、アイヌ文化の振興に向けた交付金制度などを盛り込んだ「アイヌの人々の誇りが尊重される社会を実現するための施策の推進に関する法律」(「アイヌ施策推進法」)が定められた。そして二〇二〇年には、アイヌ文化の振興により多様な価値観が共生する活力ある社会を実現するため、北海道白老町に国立アイヌ民族博物館を含む「民族共生象徴空間」(ウポポイ)が設けられた。

今日、国際社会の一員として日本でも民族共生を理念とするアイヌ政策が進められるようになった。しかし、国立アイヌ民族博物館の開館や明治末期の北海道・樺太を舞台とする野田サトルのマンガ『ゴールデンカムイ』の記録的大ヒットなどの影響で、アイヌ文化が取り上げられる機会は大幅に増えたにも関わらず、国民一般のアイヌ文化やアイヌ民族に対する関心は盛り上がりを欠いていると言わざるを得ない。政府はアイヌ文化振興策の一環としてウポポイを核として観光客の誘致を推進しているが、北海道の観光資源に占めるアイヌ文化関連資産の比重は、沖縄の琉球文化遺産に比べ格段に低いレベルにとどまっている。沖縄では九州・沖縄サミットが開催された二〇〇〇年に「琉球のグスク及び関連遺産群」が世界文化遺産に登録され、ＮＨＫ朝の連続テレビ小説「ちゅらさん」や国民的大ヒット曲「島唄」などが追い風となって沖縄ブームが起こり、多くの一般観光客が首里城跡・玉陵《たまうどぅん》・斎場御嶽《せーふぁうたき》などを訪れ琉球文化に親しむようになった。一方、北海道では紆余曲折を経てようやく二〇二一年に「北海道・北東北の縄文遺跡群」が世界文化遺産となったものの、アイヌ文化は今なお蚊帳の外に置かれたままで、アイヌ文化を目的に北海道を訪れる観光客は少数派にとどまっている。

琉球文化に関しては、程度の差こそあれ日本国民の多くはなにがしかのイメージを持っていると思われるが、アイヌ文化についてすぐさま何か具体的なイメージを描ける人は少ないのではないだろうか。人の流動性が著しい今日なお、沖縄ではウチナーンチュがマジョリティーであるのに対して、近世後期以降、和人の移住が進んだ北海道では現在、アイヌ民族は道民全体の〇・三パーセント以下と圧倒的なマイノリティーである。沖縄では多数派のウチナーンチュによって本土とは異なる沖縄独自の価値観や慣習が今なお根強く維持され、それは沖縄の風土として目に見える形で存在し続けている。一方、北海道では明治政府が推し進めた移民・開拓政策とアイヌの同化政策によって、長い間アイヌ文化は否定的な扱いを受けてきたため、日常生活や観光旅行でアイヌ文化を見聞きすることは難しいのが現状である。

いつの時代も国家と民族との関係は難しい。国家の成立から今日まで、人類は国家と民族との間で不幸な歴史を重ねてきたといってもよいだろう。世界の多くの国は複数の民族（エスニック・グループ）から構成されており、日本も例外ではない。絶えることのない世界各地の民族紛争を見てもわかるように、民族共生は外交や経済に勝るとも劣らない国民国家の重要な政策課題といえる。先述の通り、日本では近年アイヌ文化に対する施策が進展した一方で、先住権の取り扱いやアイヌの認定方法など未解決の問題も多い。そうしたなか、二〇一八年にロシア政府は従来の方針を転換し、千島列島に居住するアイヌをロシアの先住民族として認めると発表した。今後、領土問題に絡んでアイヌ民族が再び日露間の政治的駆け引きに利用されることが危惧される。

民族共生には、日本政府が進める未来に向けたアイヌ文化の継承・振興とならんで、過去に対するまなざし、すなわちアイヌ民族の歴史に関する正しい理解が不可欠である。アイヌを対象とした研究の重要性はこれまでにも増して高まっている一方、ほかの先住民研究同様、アイヌ研究も現在大きな岐路に立っている。欧米列強の植民地政策に端を発する従来の先住民研究は、しばしば、先住民の同意を得ないで進められ、たとえ同意が得られている場合でも、調査する側（研究者）とされる側（先住民）に分かれ、常に研究者が主体で、先住民は客体的な立ち位置に置かれてきた。それに対して文化人類学の分野では一九八〇年代ごろから先住民が抱える問題解決に向け研究者と先住民による協働研究がおこなわれるようになった。さらに一九九〇年代からは先住民自身が調査される側から調査する側に変化するとともに、非先住民研究者による研究に対して批判的な意見が多く出されるようになった。

アイヌの遺骨・副葬品問題

これまでのアイヌ研究の問題点を象徴するのが、全国各地の大学や博物館などに収蔵されているアイヌの遺骨や副葬品の返還問題である。一九世紀後半、帝国主義・植民地政策のなかで始まった日本の人類学では、日本人の起源への関心から北は北海道と樺太、南は沖縄と奄美で盛んに人骨収集がおこなわれた。そうして集められた人骨や副葬品のなかには、祭祀継承者から同意を得ることなく盗掘された不適切な資料が含まれており、それらの慰霊や返還が現在も社会的課題となっている。

先住民研究をめぐる社会情勢の変化に対応し、適切なアイヌ研究をおこなうため、北海道アイヌ協会・日本人類学会・日本考古学協会・日本文化人類学会が参画して、現在「アイヌ民族に関する研究倫理指針（案）」を策定、アイヌ民族の遺骨と副葬品の取り扱いの適正化、今後出土が想定されるアイヌ民族の遺骨や副葬品を含めた、アイヌ民族の歴史文化遺産の研究の実施にあたって必要な手続きが議論されている。研究倫理指針（案）は、前文で「アイヌ民族が先住民族として持つ、アイヌ民族に影響を及ぼす研究計画及び研究行為に公正な立場で参画する権利と、自らの文化と遺産を次世代へ継承するために適切に管理し、保持する権利を有することを研究者及び関係者に示したものである。研究者は、この原則に沿って研究を実施することが先住民族であるアイヌ民族の人権を守る上でも必要不可欠であることを理解すべきである」としている。前述の四学協会による「これからのアイヌ人骨・副葬品に係る調査研究の在り方に関するラウンドテーブル」内に「研究倫理検討委員会」準備委員会を設置したのが二〇一八年。それから五年以上経つが議論は継続しており、研究倫理指針は今も（案）のままである。これはある意味現在のアイヌ研究の置かれた厳しい状況を物語っているといえるだろう。

2 アイヌ文化・日本（ヤマト）文化・琉球文化

日本列島は、北の千島列島と南の南西諸島とともに太平洋とユーラシア大陸との間、緯度にして約二六度、経度にして約二三度もの範囲に大小の島々が細長く連なる。作家の島尾敏雄が「ヤポネシア」と名づけた日本（JAPONIA）諸島（NESIA）には、北のアイヌ文化、中のヤマト（日本）文化、南の琉球文化が含まれる［図1］。北と南の文化圏は、さらに中の文化圏との地理的・歴史的距離にもとづき、どちらも、幕藩体制に組み込まれた本州北部・北海道南部の和人地と奄美群島、和人地をのぞく北海道と沖縄諸島、樺太・千島（北蝦夷地）と先島諸島の三つのゾーンに分けられる。

旧石器時代からすでに南西諸島と日本列島では生態的・文化的な差が大きいが、日本列島のなかで北海道がほかと異なる歩みを始めたのは、本土（本州・九州・四国）に稲作農耕が広がった弥生時代である。弥生時代に稲作がおこなわれたのは、本州北端の津軽平野から南九州・種子島までで、北海道と南西諸島では狩猟・漁労・採集生活が続いた。このような北海道・本土・南西諸島の間に見られる生態的・文化的な違いは、古墳時代には社会体制の違いへと拡大した。その後ヤマトに誕生した律令国家は、次第に支配域を南北に拡大する一方、国家に属さない東北地方北部や奄美群島の住人との間で交易活動を展開した。

そして本土に「中世的世界」が形成された一二世紀ごろ、日本列島の北と南にヤマトとは異なる独自の民族社会、すなわちアイヌモシリ（アイヌ＝人間、の大地）と琉球が誕生した。

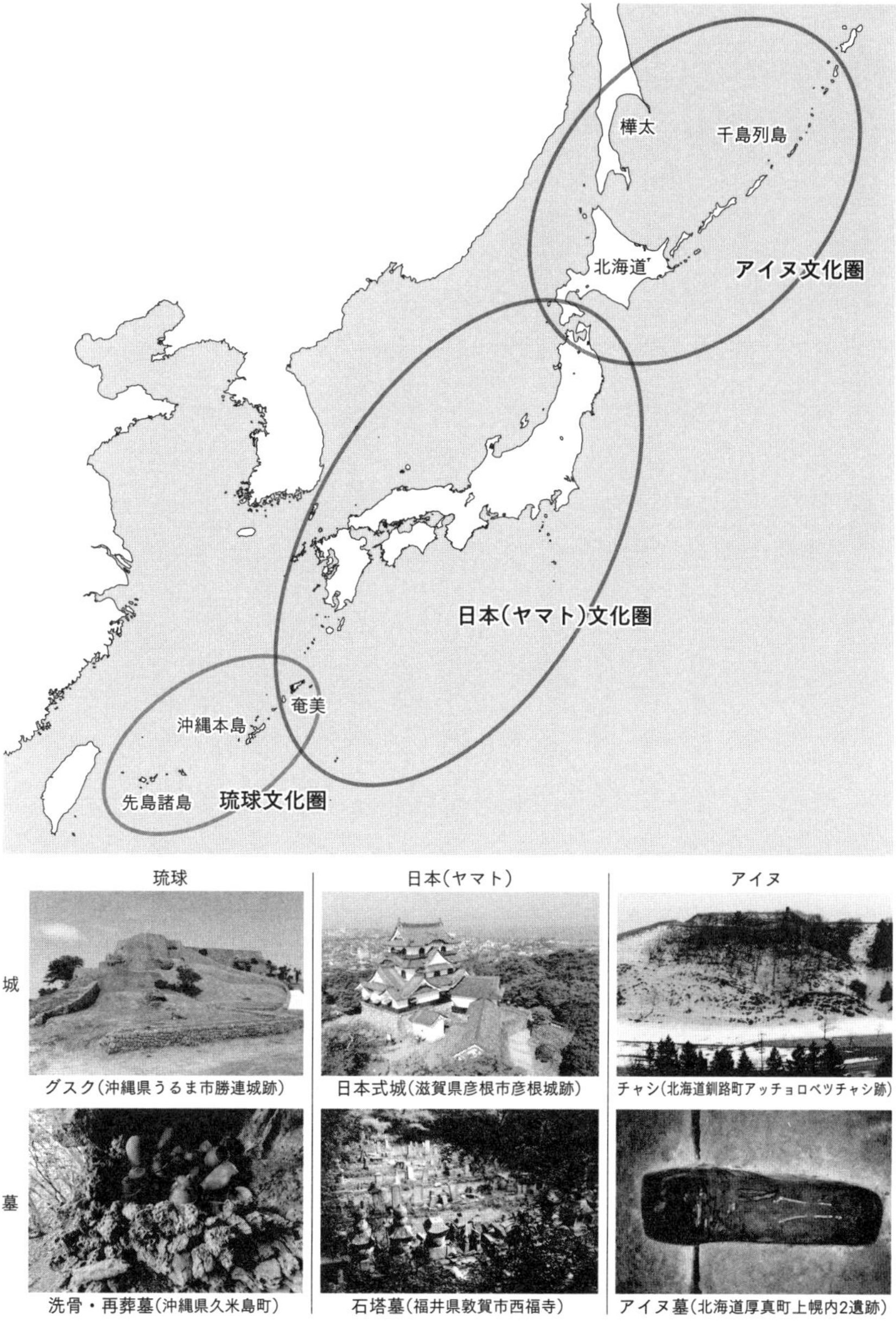

グスク(沖縄県うるま市勝連城跡)
日本式城(滋賀県彦根市彦根城跡)
チャシ(北海道釧路町アッチョロベツチャシ跡)
洗骨・再葬墓(沖縄県久米島町)
石塔墓(福井県敦賀市西福寺)
アイヌ墓(北海道厚真町上幌内2遺跡)

図1　アイヌ文化圏·日本（ヤマト）文化圏·琉球文化圏

アイヌと琉球の独自性

日本国が中世、近世、近代へと大きく変化するなか、アイヌモシリと琉球では長きにわたり固有の文化が保持され続けてきた。たとえばさまざまな文化現象のなかでも保守的で、民族のアイデンティティに直結するのが墓であり、アイヌ文化は土葬（伸展葬）・厚葬・非墓石文化、日本文化は土葬（座葬）・薄葬・墓石文化、琉球文化は洗骨（再葬）・非墓石文化と大きく異なる。

アイヌも琉球も農業を中心とする中世・近世の日本と違って対外交易への依存度が高く、江戸時代には松前藩や鹿児島藩により政治的・経済的に半ば包摂されながらも、幕府の支配が直接及ばない「異域」であった。近代国家の成立により交易型社会が失われた後も、北海道や沖縄では独自の社会と文化が根強く維持され、特別な行政組織（国土交通省北海道開発局・内閣府沖縄振興局）が存在するように、今なお本土との温度差がみられる。

これまでにも人類学や社会学・民俗学（民族学）などの分野ではアイヌと琉球の比較研究が試みられてきた。また、歴史学では、近世史の分野で蝦夷地と琉球が比較されてきた。しかしアイヌ社会と直接比較すべきは王が支配した琉球ではなく、アイヌと同じく国家を形成せず、本土や琉球と異なり社会の構成員に「サムライ（士族）」がいない奄美こそがふさわしいと思われるが、両者の比較研究はこれまでほとんど試みられていない。

北海道と沖縄を知るには考古学が重要

前近代のアイヌ社会は文字を必要とせず、アイヌ自身が文書や絵画を残すことはなかった。前近代のアイヌに関する文字史料の大部分は和人によって書かれたものだが、松前藩はアイヌとの交易を財政的基盤としていたにも関わらず、驚くほどアイヌの生活や文化に関心を示さなかった。アイヌに関する文書が増えるのはロシアの南下政策を受けて国内で蝦夷地への関心が高まる一八世紀末以降である。アイヌと異なり国家を形成した琉球は文字社会であったが、古琉球の史料は乏しく、近世琉球の古文書は沖縄戦で多くが失われた。文献記録の乏しいアイヌや琉球の歴史を知るには、本土（内地）以上に考古学的研究が不可欠といえる。そのため北海道や沖縄県では本土に比べ近世・近代遺跡の発掘調査がより積極的におこなわれているが、アイヌと琉球・奄美の比較考古学的研究は、北海道のチャシと沖縄のグスクをめぐる議論くらいしか思い浮かばない。グローバル化が進行した今日、文化の多様性は人類共通の財産となった。「ヤポネシア」の北と南の前近代交易型社会という視点でアイヌと琉球を比較する必要があり、それには考古学が有効である。

第2章 アイヌ研究の歴史

1 中世・近世の和人からみたエゾ像

今日知られるアイヌを記した最古の史料は、一二世紀に書かれた『今昔物語』と考えられている（海保嶺夫一九八七『中世の蝦夷地』吉川弘文館）。『今昔物語』（国史大系本）では、陸奥国奥六郡《おくろくぐん》（現在の岩手県奥州市〜盛岡市）の支配者である安倍氏を古代東北の蝦夷（エミシ）に列なる「酋（エビス）」の長、これよりさらに奥の住人を「夷（エゾ）」とし、エゾとエビスが区別されている。『今昔物語』に記された「夷（エゾ）」はアイヌを指すと考えてよいだろう。また、関白藤原忠実の談話記録である『中外抄』の康治二年（一一四三）八月一日の記事には、「えぞいはぬ錦」という言葉が出てくるが、これは北海道を経由してもたらされた中国産の絹織物である「蝦夷錦」を指すとみられる。和歌のなかに北方の異民族を指す歌枕としてエゾやエミシが登場するようになるのも、一二世紀中ごろからである。しばしばエゾとエミシは混同されているものの、一二世紀ごろから都の貴族が奥六郡以北の人々を強く認識するとともに、奥六郡の住人とそれより北に住む異民族のエゾ（アイヌ）を区別しようとしていたことは、後述する擦文《さつもん》文化の終焉／アイヌ文化の成立と時期的にぴったり重なっており、注目される。

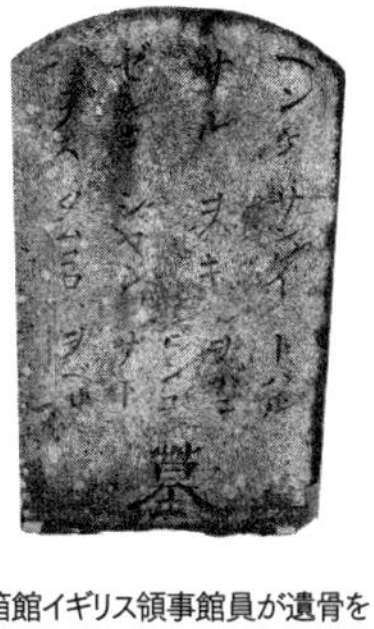

箱館イギリス領事館員が遺骨を盗掘した落部アイヌの供養碑（八雲町豊川墓地）

アイヌの姿を描いた最古の史料としては、元亨元年（一三二一）に製作された重要文化財『紙本著色聖徳太子絵伝』（茨城県那珂市上宮寺蔵）が知られている（高倉新一郎編一九七三『アイヌ絵集成』番町書房）〔図2〕。場面は、敏達天皇一〇年（五八一）に起きた蝦夷の大蜂起の際、一〇歳の聖徳太子が天皇に建言して、大和国三輪山麓を流れる初瀬川（大和川の上流）の辺りでみずから蝦夷の巨酋綾糟《あやかす》を説服されたという伝説にもとづく「十歳降伏蝦夷所」である。おそらく描いた絵師は実際にアイヌを目にしたことはなかったと思われるが、アイヌの伝統的衣装の一つで「ラプル」とよばれる鳥の羽根でつくった衣を身にまとった人が描かれていることからわかるように、アイヌに対する知識はある程度持っていたようだ。注目されるのは、蜂起を諫める馬上の太子の前にひざまずく四名の蝦夷のうち、三名が持っている半弓とよばれる短い弓と矢筒である。当時和人がアイヌに対して弓矢に長けた人々というイメージを強く持っていたからこそ、このような絵が描かれたにちがいない。

また愛知県安城市の本證寺所蔵の重要文化財『絹本著色聖徳太子絵伝』（鎌倉末〜南北朝）では、馬上の太子を前に七名のアイヌが盆にのせた「鷲の羽根」を差し出して命乞いしている。これは対アイヌ交易で入手できるオジロワシなどの猛禽類の羽根が矢羽根の材料として中近世の和人社会で珍重されたという歴史的事実を反映している。

図2　重要文化財『紙本著色聖徳太子絵伝』（元亨元年（1321）制作）

一方、延久元年（一〇六九）年に摂津国（現大阪府）の絵師秦致貞《はたのむねさだ》によって描かれた国宝『綾本著色聖徳太子絵伝』（東京国立博物館蔵）の同じ場面では、三人の蝦夷が描かれ、うち一人はラプルを身につけているが、上宮寺本や本證寺本ほどのリアリティーはない。絵巻の製作年代からみて、描かれているのはアイヌ文化成立期よりも前の人々である擦文人か、彼らと密接な交流をもっていた津軽や下北のエミシだろう。

同じ「聖徳太子絵伝」の同じ場面でありながら、一一世紀のものと一四世紀のものとでは、北方の異民族に関する情報量には格段の差がある。また、延文元年（一三五六）、足利尊氏の奉公人である小坂円忠が信濃国諏訪社に寄進した『諏訪大明神絵詞』には、一三一〇～二〇年代に起きた「蝦夷ノ管領」の座をめぐる津軽安藤氏一族の内乱に関連して、「蝦夷ケ千島」の蝦夷の記事が記されている。残念ながら絵は現存しないが、アイヌの風俗はかなり正確に記述されている。これらのことから、和人がアイヌに関する情報を得るようになったのは一二世紀ごろからであり、一四世紀には毒矢を操る狩猟民のイメージが確立していたことがわかる。

アイヌに関する本格的な地誌としては、享保五年（一七二〇）に新井白石が著した『蝦夷志』がもっとも古い。『蝦夷志』は、中国や日本の古文献に登場する毛人や蝦夷を取りあげた

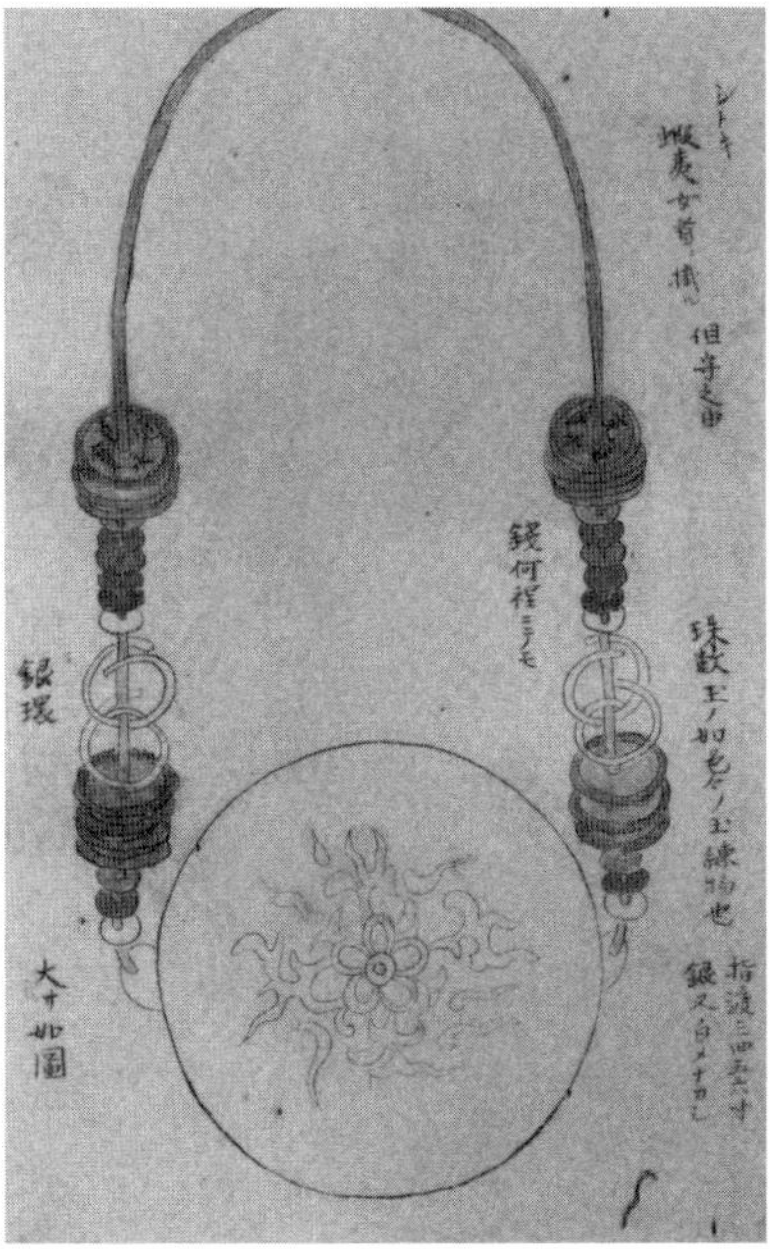

図3　『蝦夷志』より「シトキ」（首飾りにつける金属製飾板）図

「蝦夷志序」、蝦夷地全体の位置関係を述べた「蝦夷地図説」、北海道島について記した「蝦夷」、樺太島に関する「北蝦夷」、千島列島に関する「東北諸夷」と付図から構成され、アイヌに関する基礎情報として各方面に大きな影響を与えた。付図には、首飾り・半弓・矢筒・懸刀《かけがたな》などアイヌ特有の民具に関する正確な写生図とともに、寸法・材料・用法が記録されており、今日では年代的に考古資料と伝世したアイヌ民具をつなぐ重要な情報源となっている［図3］。

「縄文」を「いにしえのアイヌ」と考えた菅江真澄

一八世紀第4四半期以降、生活の糧を求めて北奥から北海道島へ渡る人々が急増するとともに、ロシアの南下を警戒する動きのなかで、蝦夷地への関心が急速に高まりを見せるようになっていく。そうしたなかで、遺物から「縄文」と「アイヌ」との関係性に言及した菅江真澄《すがえますみ》の業績は評価される。

江戸後期の博物学者であり旅行家として知られる菅江真澄（一七五四〜一八二九）は、『栖家能山《すみかのやま》』・『追柯呂能通度《つがろのつと》』・『新古祝甕品類之図《しんこいわいべひんるいのかた》』で東北北部から出土した縄文土器や土偶を記録、それらを類型化した上で、蝦夷地の出土品と比較し、今日私たちが「亀ヶ岡式土器」とよんでいる東北北部の縄文晩期の土器の製作者を「いにしえ蝦夷」とした。たとえば『新古祝甕品類之図』に掲載された青森県つがる市亀ヶ岡遺跡出土の大洞《おおほら》A式と思われる壺形土器［図4上］は「俚民、こは高麗人の来て制作たるといふ、蝦夷洲より掘りえる陶に凡似たり」と記されている。すなわち亀ヶ岡遺跡のある旧館岡村の地元民は、真澄に対してこの土器は朝鮮からやってきた人がつくったと説明したのに対して、真澄は蝦夷島から出土した土器に似ていることを根拠に「いにしえ蝦夷」（アイヌの先祖）がつくったと考えた。

また比内郡北比内橋桁《はしげた》村（現秋田県大館市）橋桁遺跡出土の縄文晩期の粗製壺は、「そのさま蝦夷國の禰母呂《ねもろ》より掘り得とて、人のもて来りしに形おなじ、これもいにしへ蝦夷の作りし陶にやあらむかし」と記し、ある人が蝦夷地の根室から掘り出したといって持ってきたものと同じなので、これも「いにしえ蝦夷」がつくった焼き物であろうとしている。亀ヶ岡遺跡のある地元の人たちが亀ケ岡式土器を高麗人の手によるものとしたのは、ひとえにその精巧なつくりが理由であろう。『新古祝甕品類之図』が著された一九世紀はじめ、アイヌが置かれていた過酷な状況に鑑みて、一般の人々には、精巧な亀ケ岡式土器を「いにしへ蝦夷」にむすびつけるという発想自体むずかしかったにちがいない。これほどまでに精巧な焼き物は、その技術が発達した朝鮮半島の人しかつくれないというのがその当時の「常識」だったのである。

それに対して、みずからも蝦夷地に渡りアイヌに大きな関心を示した真澄の元には、和人の進出が著しい蝦夷地に関する最新の情報が集まっていた。根室周辺で亀ヶ岡式土器が発見されている遺跡としては、根室市琴平町一丁目の金刀比羅神社境内に位置するベニケムイ遺跡がある。遺跡からは亀ヶ岡式系統の壺形土器［図4下］が採集されている。遺跡のある根室市金刀比羅神社は、高田屋嘉兵衛が、文化三年（一八〇六）に海上安全と漁業振興を祈願して建立したと伝えられ、境内には天保や安政といった江戸後期の年号を記した石造物も存在する。文化年間といえば、真澄が生きた時代であり、まさに彼が新古祝甕（土器・須恵器・陶器）に関心を寄せていた時期にあたる。断定はできないものの、真澄が目にした「蝦夷國の禰母呂より掘り得とて、人のもて来りし」土器は、根室の金刀比羅神社境内遺跡（ベニケムイ遺跡）の出土品であった可能性がある。和人の進出により漁場開拓に沸く根室。

その地に新たにつくられた神社の境内から出土する珍奇なものが、蝦夷地の物産として本州にもたらされる。時代状況を考えれば、いかにもありそうな話ではないだろうか。常識やアイヌに対する偏見にとらわれることなく、最新の情報をもとに、論理的な思考にもとづき、「縄文土器」の製作者を導き出そうとした点にこそ、真澄の真骨頂があるように思える。

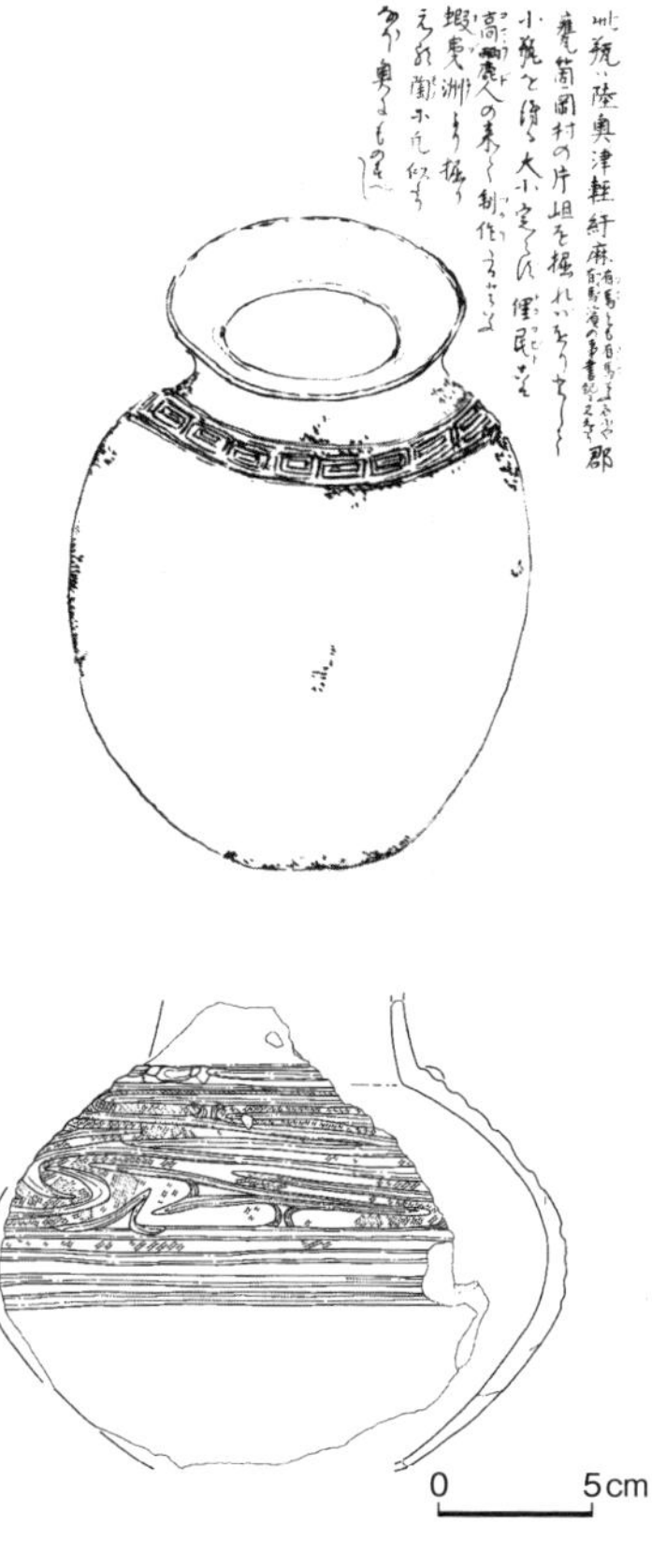

▌図4 『新古祝甕品類之図』に描かれた青森県亀ヶ岡遺跡出土の土器（上）と根室市ベニケムイ遺跡出土の亀ヶ岡式土器（下）

2 植民地研究としてのアイヌ考古学

近年「帝国日本」やそれに続く「ポスト帝国」時代に東アジア各地でおこなわれたフィールドワークや学術調査を、科学史や学問史の観点から検討する動きが本格的になってきている。検討の対象は、かつて日本が植民地や占領地とし、第二次大戦後に失った「外地」にかぎられず、明治国家による廃藩置県・琉球処分によっていちはやく内国化された北海道や沖縄県も含まれる。

アイヌ民族が日本国民に組み込まれ同化政策が本格化した明治期、考古学や人類学では日本列島の先住民をめぐって、アイヌとする学説と、アイヌ以前に住んでいた別の民族とするプレアイヌ説とで活発な議論が起きた。大森貝塚を発掘したエドワード・S・モースは、貝塚をのこした先住民について、土器を作る点、勾玉が見当たらない点、「食人の風習」がみられる点で、アイヌとは別の民族と考えた。また北米の貝塚との類似性から「日本太古の人民ハ、即ち米国太古の人民と同人種」(『日本その日その日』)とした。モースのプレアイヌ説は、ハインリッヒ・シーボルトやフレドリック・V・ディキンスなどアイヌ説をとる研究者と論争になった。ジョン・ミルンは千島での竪穴の調査などから、アイヌの伝説に登場するコロボックル(「穴に住む人」)を先住民と考えた。コロボックル＝プレアイヌ説は坪井正五郎に引き継がれた。一方で、ロミン・ヒッチコックは古代日本で大和朝廷に恭順しない「土蜘蛛」とよばれた土着の人々を先住民と考えた。

人類学者・考古学者による遺骨収集

人類学でも新たに日本国民に組み込まれたアイヌ民族や琉球列島に住む人々の系統性に関心が寄せられ、北海道や沖縄・奄美で学術標本としての遺骨収集が帝国大学の研究者を中心におこなわれた。明治期の日本人の起源論をめぐる研究では考古学と人類学は未分化な状態であったが、その後の展開は大きく異なる。すなわち考古学では編年研究が進み、縄文文化とアイヌ文化は直接つながるものではなく、少なくとも一千年以上の開きがあることが明らかにされた。加えて日露戦争後、樺太が新たに植民地となったこともあり、大正期以降、考古学の関心は、北方（シベリア・沿海州）を起源とする先史文化に移行した。再びアイヌ民族に焦点を当てた考古学的研究が脚光を集めるようになるのは、敗戦により外地のフィールドを失った研究者が、北海道・沖縄・奄美・対馬といった「内なる外地」に目を向けるようになった戦後である。一方、人類学や民族学では、「混血或いは異文化との接触に依って、アイヌ民族固有文化は急速に消滅しつつあるのであって、速やかに人類学的民俗学的総合調査を遂行しないならば、遂に永遠にアイヌ文化の究明は不可能となるかも知れない」（日本民族学協会一九五〇「アイヌ民族総合調査の計画」『民族学研究』一五—一、三四頁）との認識のもとに、一九六〇年代まではアイヌの遺骨収集や親族関係調査が続けられた。しかし一九七〇年代にはさまざまな社会運動と交錯したアイヌ民族復権運動のなかで、それまでの人類学や民族学によるアイヌ研究にも厳しい目がむけられるようになり、それらの分野でのアイヌ研究は後退せざるを得ない状態となった。

3　先史考古学とアイヌ考古学

戦後の日本考古学の出発点として、静岡市の登呂遺跡と北海道網走市の最寄（モヨロ）貝塚の発掘調査は大きな意味を持っている。戦時中、登呂遺跡は軍需工場建設により発見され、モヨロ貝塚は海軍施設建設にともない緊急調査がおこなわれた。そしてどちらも終戦直後の一九四七年から本格的な学術調査が実施された。登呂遺跡は弥生時代の集落の典型として、モヨロ貝塚はオホーツク文化を代表する遺跡として、神話に描かれることのない先史の世界を解明する学問として考古学が人々に広く認知されるきっかけとなった。一九四七年に始まるこの二つの遺跡の調査には東亜考古学会が大きな役割を果たした。東亜考古学会は、日本が植民地化した東アジアの地で考古学の調査研究を進めるため、一九二七年、京都帝国大学と東京帝国大学の教官を中心に設立された。戦後、東亜考古学会は国内に活動の場を求め、京都大学は水野清一を中心に壱岐・対馬、東京大学は駒井和愛《こまいかずちか》を中心に北海道をフィールドとして、それぞれ大陸と日本列島との文化的交流の解明を目指した。

駒井和愛による「アイヌ考古学」

戦前、東亜考古学会の中心にいた原田淑人《はらだよしと》のもと、中国や朝鮮で調査研究をおこなっていた駒井は、戦後、北海道を舞台にみずから名づけた「アイヌ考古学」を推し進める。駒井の調査は、縄文時代の貝塚（釧路市東釧路貝塚）や環状列石（余市町西崎山、深川市音江など）、続縄文時代の貝塚（森町尾白内貝塚）、オホーツク文化の貝塚（モヨロ貝塚）と多岐にわたる。駒井が環状列石に注目したのは、戦前に手がけた満州北西部（現・中国内蒙古自治区）ハイラル南方での環状列石の調査などを通して大陸文化との関係に関心があったからであり、貝塚の調査を数多く手がけたのは、貝塚から出土する人骨から、縄文人・続縄文人・オホーツク人・アイヌの関係性を追究したいと考えたからであろう。

後年に力を注いだのが、オホーツク文化・擦文文化・アイヌ文化の遺跡が重層する北見市常呂遺跡群などオホーツク海沿岸、知床半島の遺跡群の調査であった。彼の関心は「アイヌの祖先たちが、そもそもいつごろから北海道に住むようになったか、またそれがどこから渡って来て、どこに落ちついたものであるか」(駒井和愛一九七三『日本の巨石文化』学生社)にあった。つまり駒井が提唱した「アイヌ考古学」は、北海道の先住民考古学全般を指すものであった。

渡辺仁による生態人類学的アイヌ研究

駒井の後に東京大学文学部考古学研究室の教授を務めた渡辺仁《わたなべひとし》は生態人類学を専門とする。渡辺は生態人類学が構築したモデルを考古学的事象に適用することで、縄文社会が階層化社会であることを証明しようと試みた(渡辺仁一九九〇『縄文式階層化社会』六興出版)。すなわちアイヌをはじめとする北太平洋沿岸の定住型狩猟採集民の社会階層化、工芸・技術の高度化および特殊化を調査し、階層化した狩猟採取社会に共通する構造モデルをつくり、それに照らしあわせて縄文社会を階層化した社会と結論づけたのである。

渡辺自身も北海道でのフィールド調査を手がけているが、彼の関心は目の前のアイヌ民族ではなく、北太平洋の狩猟採集民全般やその先の縄文人に向けられていたといってよいだろう。渡辺にとってアイヌ社会は縄文社会をうつす鏡であって、民族調査で得られたデータはアイヌを研究するためではなく縄文を理解するための「手段」として使われた。それは、琉球が古代日本をうつす鏡と考えられ、日本文化研究の「手段」として言語学や民俗学による琉球研究がおこなわれたのと同じ構図と言ってよいだろう。

4　アイヌ史と考古学

日本列島の地域的多様性に対する関心が高まりをみせ始めた一九九〇年代ごろから、北海道・東北地方の文献史を専門とする歴史研究者により「北からの日本史」を旗印として、今日につながる「北方史」研究が始まった。対象となったのは、北海道を中心に、南は東北地方から北はカムチャツカ半島・沿海州など、ヤマト社会と歴史的な関係をもちつつも、それとは異なる歴史を歩んだ地域である。北方地域は文献史料に恵まれないことから、当初より考古学の分野を巻き込む形で研究が進められた。こうした北方史研究に併行して、北方史の主役であるアイヌに焦点を当て、彼らを中心とした歴史、すなわちアイヌ史の構築を目指す動きも進められてきた（榎森進二〇〇七『アイヌ民族の歴史』草風館、瀬川拓郎二〇〇七『アイヌの歴史―海と宝のノマド―』講談社）。

従来の中央政権を中心とする歴史の見方や「国民国家」の領域性にしばられた一国史的な見方を乗り越えようとする歴史研究の大きな潮流を背景に、近年の北方史やアイヌ史では、ニヴフやウイルタなどサハリン島の先住民や和人との交易に焦点が当てられることが多い。これによりアイヌ像は、従来の狩猟・採集民から「交易を前提とした狩猟・採集民」へと大きく変貌した。

駒井に続きアイヌ考古学を先導した宇田川洋は、チャシ・送り場・コタン（集落）・墓などアイヌののこした遺跡や彼らが製作した「アイヌ自製品」を生態学的視点から研究し、北方民族のなかにアイヌを位置づけようとした（宇田川洋二〇〇一『アイヌ考古学研究・序論』北海道出版企画センター）。宇田川の視点と方法は、佐藤宏之（二〇〇〇『北方狩猟民の民族考古学』北海道出版企画センター）、天野哲也（二〇〇三

『クマ祭りの起源』雄山閣）、瀬川拓郎（二〇〇五『アイヌ・エコシステムの考古学』北海道出版企画センター）らの研究に引き継がれている。瀬川はさらに交易に注目して異文化交流と資源利用を検討し、アイヌの地域社会の成立に迫ろうとした（二〇一六『アイヌと縄文』筑摩書房）。またアイヌの習俗・伝承・儀礼のなかにヤマトからの文化的影響を読み解いた（二〇一五『アイヌ学入門』講談社）。瀬川の研究は、北にばかり目を向けていたアイヌ考古学を南にも目を向けさせる役割を果たした。しかし瀬川が比較したのは擦文文化の考古学的データと近世後期から近代の文献史料・聞きとりデータ、習俗・伝承・儀礼であり、実際にアイヌ文化の考古資料が検討されることはほとんどなかった。

5　中近世考古学とアイヌ研究

アイヌ考古学で軽視されてきた和人や日本製品

北方史やアイヌ史では、和人とアイヌとの間でおこなわれた交易が重視されるが、「北からの」文化的影響を重視するあまり、「南から」すなわち本州からアイヌモシリ（蝦夷地）に向かった和人や日本製品にはさほど関心が示されてこなかった。今日、北方史やアイヌ史において北に比べ南からの影響が軽視される背景には、明治以降の北海道開拓のなかで培われてきたアイヌ史観に対する反動があるのではないだろうか。また民族共生をうたう日本政府としてはアイヌ民族からアイヌモシリを奪った歴史を目だたなくするため、近世以前の蝦夷地の歴史から和人や日本製品を覆い隠そうとしてはいないだろうか。一方、民族としての誇りを取りもどそうとするアイヌの人々もまた、自然と共生する「新たなアイヌ像」を尊び、和人から収奪される「古いアイヌ像」から目を背けようとしてはいないだろうか。著者には相互の正しい歴史認識をともなわない口先だけの民族共生は、政府とアイヌ民族双方にとって同床異夢との懸念がぬぐえない。

総じて北海道の考古学は、シベリア・沿海州・樺太・千島といった北方との関係性には強い関心を示してきたが、本州以南との比較研究の視点は弱く、とりわけこれまでのアイヌ考古学はその傾向がとくに強かった。アイヌの物質文化には沢山の日本製品が含まれているが、これまでのアイヌ考古学では、鉄鍋などごく一部の遺物をのぞけば、日本製品よりもアイヌ文化特有の自製品やサハリン・大陸からの移入品にばかり目が向けられてきた。本土（本州・九州・四国）では、中近世考古学は日進月歩の進化をとげており、編年など日本製品に関する中近世考古学の成果はアイヌ考古学にとっても有益なのだが、アイヌ考古学は「無文字社会の考古学」として先史考古学的アプローチが優先され、歴史考古学である中近世考古学とはこれまであまり接点がなかった。

新しいアイヌ考古学のあり方

蝦夷地の歴史は、アイヌをはじめとする北方民族と北方へ進出した和人の双方によって営まれた歴史であり、さらには中国やロシアとの関係性のなかで形成された歴史である。和人とアイヌ民族の共生実現のためには、蝦夷地がどのような経緯で民族の土地から日本国へ編入されるに至ったのか、内国化の前史を明らかにする必要がある。そう考えた筆者は、アイヌ考古学に中近世考古学の手法や成果を取り入れるとともに、考古資料(「大地に刻まれた歴史」)や石造物(「石に刻まれた歴史」)と古文書(「紙に書かれた歴史」)をコラボさせ、津軽海峡や宗谷海峡を越えた南北双方向のヒト・モノ・情報の交流の実態解明に取り組んできた(関根達人二〇一四『中近世の蝦夷地と北方交易』吉川弘文館、二〇一六『モノから見たアイヌ文化史』吉川弘文館)。

日本史の中世・近世に併行する前近代アイヌ社会の解明には、無文字社会を対象とする先史考古学と歴史考古学の両方の考え方が必要であり、物質文化の解明には出土遺物・民具・絵画資料を重ねあわせるとともに理化学的分析や民俗技術の復元実験が有効といえるだろう。

第3章 アイヌ文化成立前の北海道—アイヌ文化前史—

1 北海道の旧石器文化・縄文文化・続縄文文化

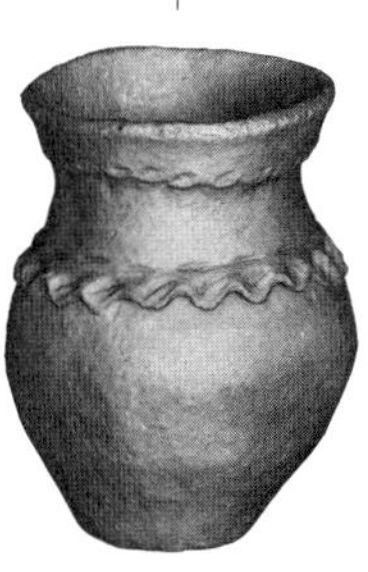

オホーツク土器
（弘前大学所蔵）

旧石器時代の北海道

日本の旧石器時代研究において、最終氷期（約七万〜一万年前）に大陸やサハリンと陸続きであった北海道は常に注目される地域である。北海道内からは陸橋を通って大陸から渡ってきたマンモスゾウ・オオツノジカ・野牛（バイソン）の化石が発見されている。最終氷期にあたる三万年前前後には年平均気温が現在よりも約七〜八度も下がり、海水面は今よりも約一三〇メートル前後低くなったが、津軽海峡はもっとも浅い所でも約一四〇メートルの水深があるため北海道と本州が陸続きになることはなく、水路状の海峡に氷橋が架かる状態であったと考えられている。この時、津軽海峡が陸化しなかったことにより、現在でも北海道と本州とでは鳥類や哺乳類に違いがみられる（ブラキストン線）。

北海道では道北の枝幸《えさし》町イタコマナイ川段丘、道南の函館市臼尻《うすじり》B遺跡、道央の美唄《びばい》市内で三万年以前の前期旧石器の可能性のある石器がみつかっているが、発見された地層の年代が判然としない。また十勝地方の幕別町忠類では約四万六〇〇〇年前に降下した支笏《しこつ》火山灰層の下からナウマン象の化石とともに石器の可能性のあるものが発見されているが、石器か自然礫かで意見がわかれる。

今のところ北海道最古の旧石器は、帯広市若葉の森遺跡をはじめ道内各地で発見されている小型の剥片に簡単な加工を施した不定形の石器群で、約三万～二万五〇〇〇年前のものとされる。こうした石器は本州の同時期のものと共通している一方、大陸にはみられない。北海道ではこれまでに約七〇〇カ所の後期旧石器時代の遺跡が確認されている。

後期旧石器時代には石刃とよばれる左右の辺が平行する縦長の剥片を連続的に剥離する技術が開発された。帯広市川西C遺跡では小型剥片石器に石刃がともなっており、北海道では石刃の出現が約二万五〇〇〇年前にさかのぼることがわかった〔図5－1〕。後期旧石器時代には石刃の鋭利な刃の一部をのこし、ほかの辺を刃つぶししたナイフ形石器が多くつくられた。北海道では石刃の両側縁と基部に鋭角な剥離を施した本州には見られない独特のナイフ形石器（広郷型ナイフ形石器）〔図5－2〕が北見市広郷遺跡や上白滝7・8遺跡など道東を中心に分

1 石刃と剥片石器(帯広市川西C遺跡)
撮影:佐藤雅彦

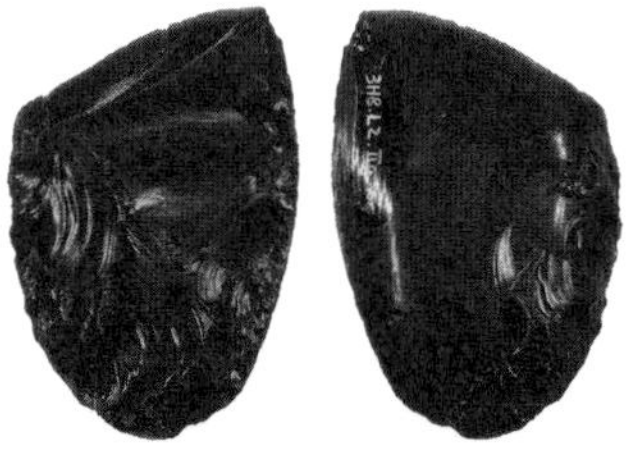

2 広郷型ナイフ形石器(北見市広郷8遺跡)

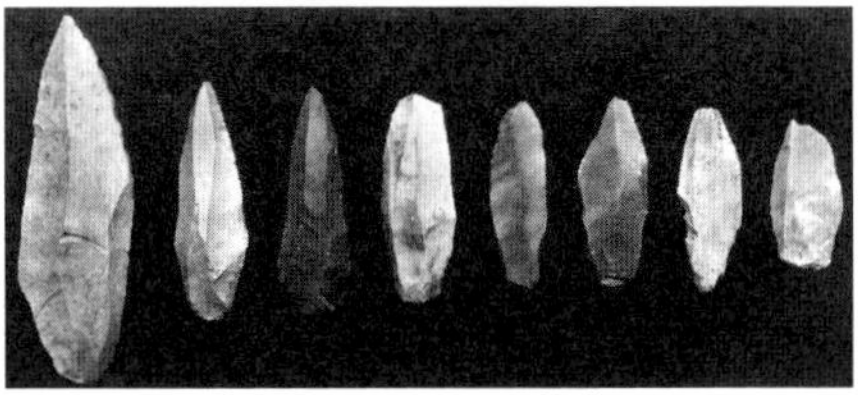

3 ナイフ形石器(長万部町オバルベツ2遺跡)

図5 北海道の石刃とナイフ形石器

布するのに対して、本州的なナイフ形石器は長万部町オバルベツ2遺跡や登別市千歳6遺跡など道央から道南部で発見されている〔図5－3〕。ナイフ形石器が流行した約二万年前には、道東と道央・道南で東西の地域性があったようだ。

ナイフ形石器に続く時代の石器として細石刃がある。細石刃はカミソリの替え刃にたとえられる小形の石刃で、動物の骨や角の側面に溝を彫り、そこに細石刃を埋め込むことで槍やナイフとして使われた。細石刃は石材が節約できる上、刃こぼれした時にも、その部分だけ新しい細石刃と交換できる画期的な石器であった。北海道の細石刃は楔形の石核から生産され、骨や角の側面に溝を彫るのに使われた荒屋型彫器をともなう〔図6〕。どちらも東北アジアに広く分布しており、この時代、北海道が大陸から伸びた半島の先端に位置していたことがよく現れている。

北海道の旧石器文化を代表するのが、二〇二三年に国宝に指定された白滝遺跡群から出土した石器群である〔図7〕。白滝遺跡群は国内最大級の黒曜石の原産地である紋別郡遠軽町《えんがるちょう》の赤石山の麓に位置し、原産地ならではの膨大な遺物、豊富な

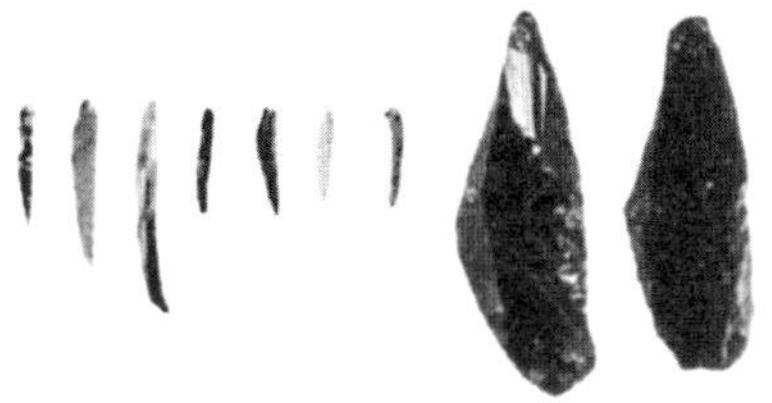

図6　北海道の細石刃文化

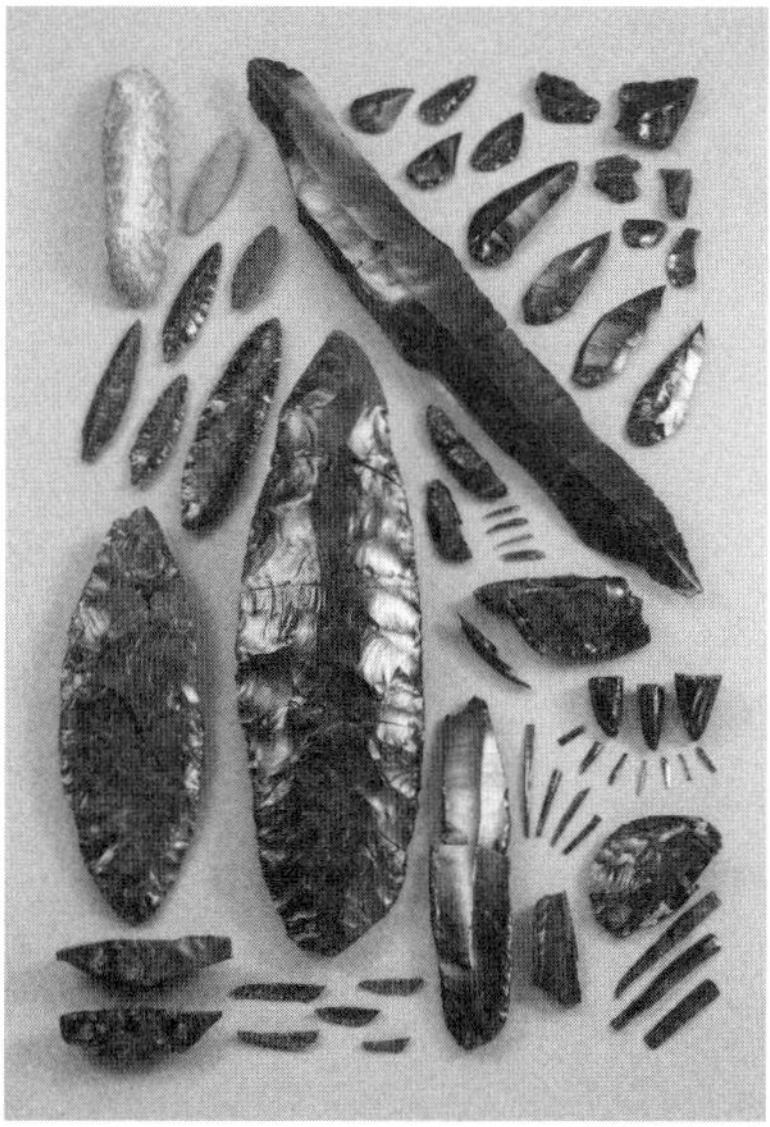

撮影:佐藤雅彦

図7　白滝遺跡群出土の旧石器

接合資料が得られている。また北海道の旧石器文化に特徴的にみられる大陸産の石や琥珀を使った装身具や鉱物由来の赤や黒の顔料は、大陸の旧石器文化とのつながりを示すものとして注目される。

北海道の縄文文化

これまで北海道内で発見されている最古の土器は、帯広市大正3遺跡から出土した約一万四〇〇〇年前の丸底で先端中央に乳房状の突起がつく土器である［図8－1］。爪形文《つめがたもん》など多様な刺突文《しとつもん》がほどこされており、文様は東日本の縄文草創期の土器と共通する。最古の土器にともなう尖頭器《せんとうき》・石鏃《せきぞく》・ヘラ形石器・削器《さっき》・掻器《そうき》・錐《きり》などの石器は、本州の縄文草創期の石器の組み合わせに近い。大正3遺跡は本州からの移民かその子孫によってのこされたという説も出されている。

農耕以前における定住生活の在り方や複雑な精神文化が評価され、二〇二一年、北海道・北東北の縄文遺跡群として北海道・青森・岩手・秋田にある一七遺跡が世界文化遺産になった。豊かな自然環境に恵まれた日本列島で、狩猟採集民でありながら定住生活を営み、小さいながらも安定した社会を一万年あまりの長期に渡って維持したことに縄文社会の大きな特色がある。縄文文化は、大陸からの影響をほと

1 北海道最古の土器（帯広市大正３遺跡）撮影：佐藤雅彦

2 富良野市西達布遺跡出土の石刃鏃

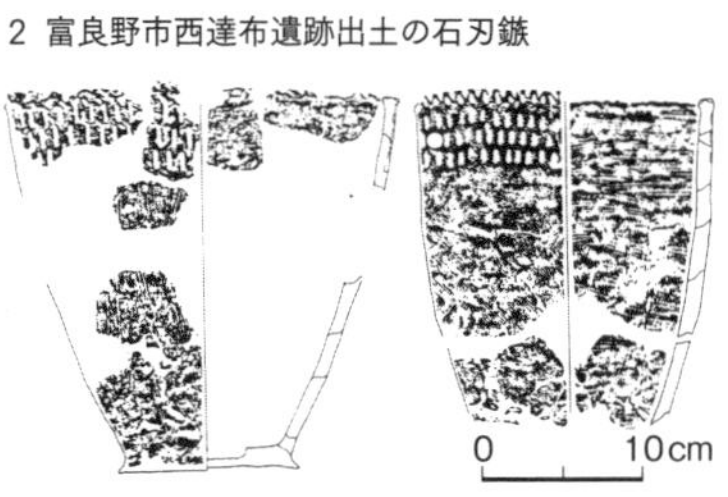

3 標茶町二ツ山遺跡第３地点出土の女満別式土器

図8 北海道最古の土器と早期の石刃鏃文化

んど受けることなく、また生産力の向上によるのではなく、宗教儀礼や優れた工芸品を発達させることにより、社会の安定を築きあげた世界史的にも稀有な文化といえる。その文化がおよんだ範囲について、北海道はその範囲に含まれるが、沖縄本島を含めるか否かについては意見がわかれる。

北海道では縄文早期後半（約七〇〇〇年前）に、ユーラシア大陸北東部に遡源をもつ石刃を素材とする鏃（石刃鏃《せきじんぞく》）が道東・道央に分布する［図8－2］。石刃鏃には大陸のアムール櫛目文《くしめもん》土器に似た文様をもつ女満別《めまんべつ》式土器［図8－3］もともなっており、縄文時代にも宗谷海峡や間宮海峡を越えて南下した人々がいたことを物語る。

北海道の縄文文化は、植生の境界にあたる道央部の石狩低地帯や、北海道南西部渡島《おしま》半島つけ根の黒松内《くろまつない》低地帯を境に、道東・道央・道南の文化圏に大別されるが、黒松内低地帯以南の道南部は縄文時代を通して本州北部と一体の文化圏を構成しており、津軽海峡が文化圏の境界になることはほぼない［図9］。

稲作がみられない続縄文文化

弥生時代前期末（約二〇〇〇年前）には本州北部の津軽平野でも水田稲作がおこなわれていたが、北海道で本格的に稲作が始まったのは明治時代であり、およそ二〇〇〇年もの間、水田稲作が津軽海峡を越えることはなかった。弥生時代から飛鳥時代に併行する時期、北海道では、縄文文化と同じように狩猟・漁労・採集を中心とし、それに雑穀の栽培が加わる続縄文文化が展開した。弥生時代以降、本州以南では農業が主要な生業となったが、北海道では江戸時代まで狩猟・採集・漁労中心の生活が

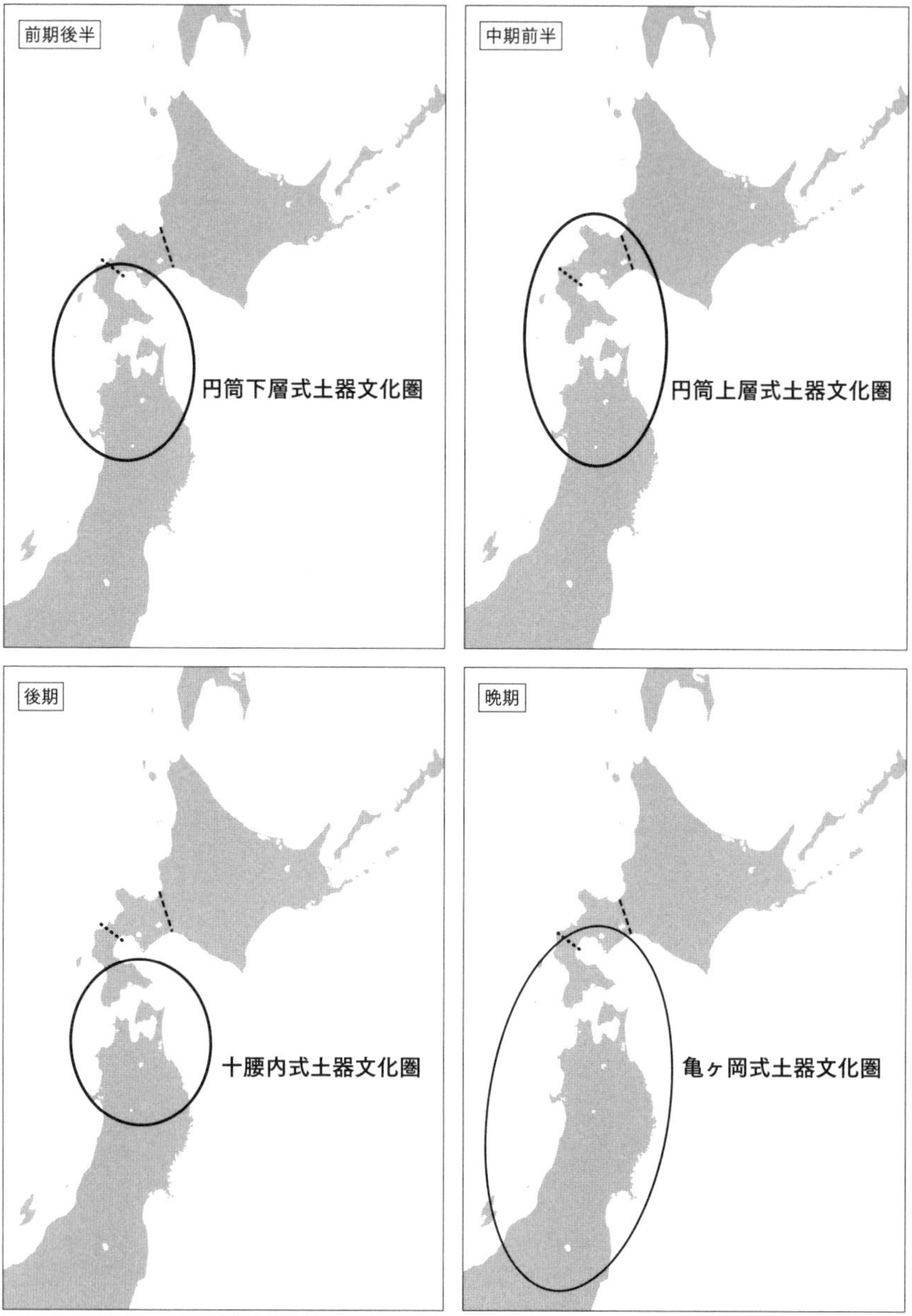

図9　津軽海峡をまたぐ縄文時代の土器文化圏

営まれ続けた。続縄文時代は、北海道が本州以南とは別の歴史を歩むことになった時代の大きな変わり目とみることができる。

青森県内でも北緯四一度以北の下北半島や津軽半島北部では、弥生時代に水田稲作がおこなわれた痕跡はみつかっておらず、北海道と同じ続縄文土器が分布する。そして弥生中期後半には大規模な洪水や気候の冷涼化にともない、津軽平野からも水田が消え、再び狩猟・採集中心の生活にもどった可能性が高い。弥生／続縄文時代にも津軽海峡は文化を隔てる障害ではなかった。弥生時代から江戸時代までの間、北海道や東北地方は、ベースとなる北の文化と北上する日本（ヤマト）文化がモザイク状に交差する境界域であった［図10］。

東北最古の水田を営んだ人々が使っていた砂沢式土器や佐渡島産の碧玉《へきぎょく》製管玉《くだたま》・南海産の貝製装飾品が北海道内からも発見されているように、弥生時代に入った途端に本州から北海道への人・物・情報の流れが途絶えるわけではない。また、弥生時代に比べ冷涼な江戸後期に松前藩が函館に隣接する大野などでしばしば稲作を試み、年によっては成功したように、函館平野と津軽平野の気候が、稲作の可否を決定づけるほど異なっているわけでもない。言いかえれば、水田稲作が困難な道央・道北・道東と異なり、道南の続縄文人は、稲作をおこなおうと思えばできたが、あえておこなわなかったのである。

弥生時代に併行する続縄文時代前期（紀元前三世紀〜紀元後二世紀ごろ）に北海道南西部にみられる恵山《えさん》文化は、豊富な骨角製漁労具や古人骨コラーゲンの炭素・窒素同位体比分析から、生業に占める海獣猟の比率が高いことがわかっている。恵山文化をになった人々は、本州との交易を視野に入れ、弥生人が水田稲作に注いだ労力を、狩猟・漁労に注ぐ道をえらんだと思われる。東北地方から出土す

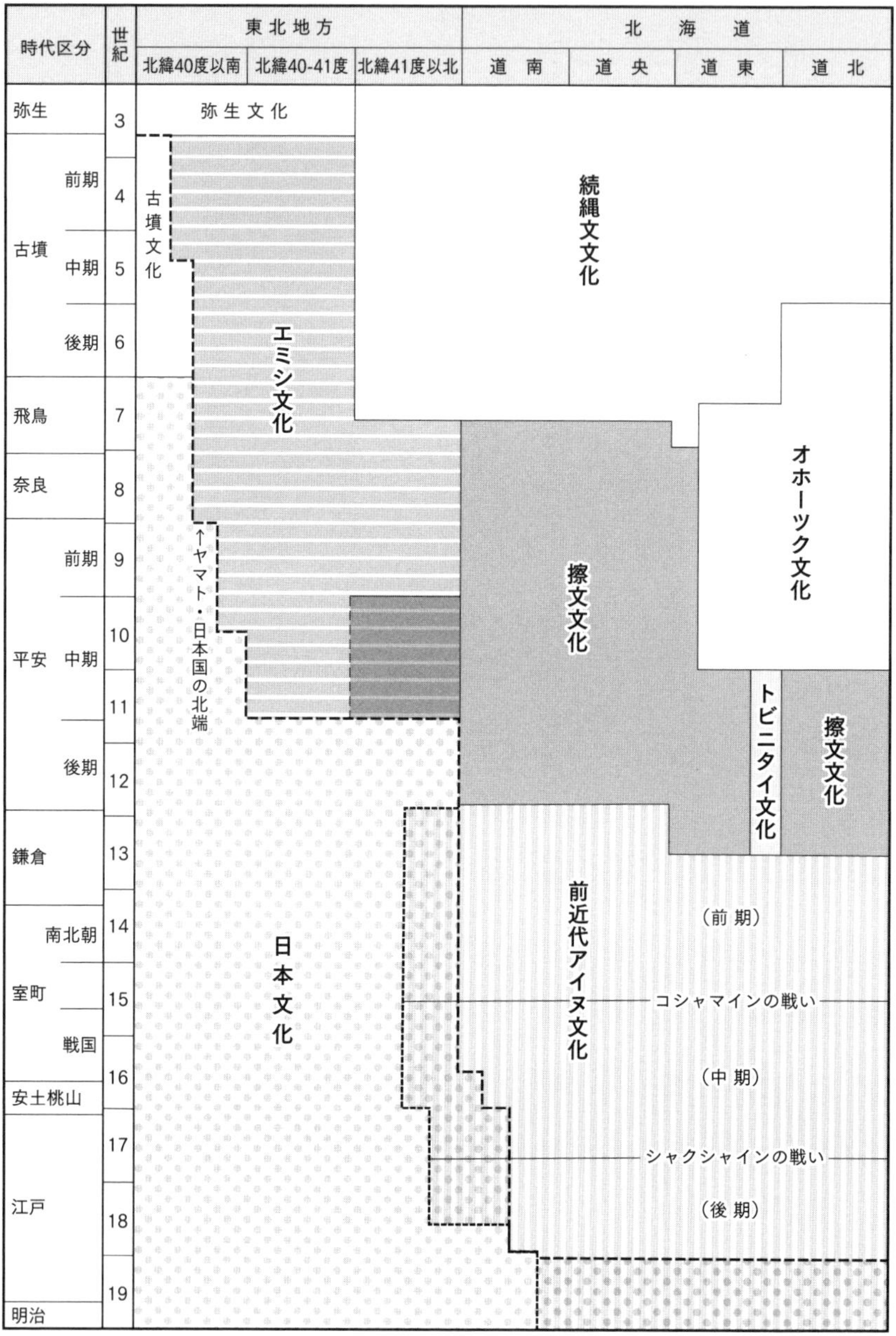

▌図10　日本史の時代区分と北日本の文化変遷概念図

る続縄文土器は、東北地方にもまた狩猟・漁労に半ば特化した人々がいたことを物語っている。

続縄文時代前期には、道南に東北北部の弥生土器の影響を受けた恵山式土器［図11－1］、道央では恵山式の影響を受けた江別太《えべつぶと》式土器［図11－2］がみられるのに対して、道北や道東では興津《おこつ》式［図11－3］・下田ノ沢《しもたのさわ》式［図11－4］・宇津内《うつない》式［図11－5］など、弥生土器の影響を受けていない土器が分布する。装身具も恵山・江別太文化では白い貝製小玉［図12－1］や緑色の本州産碧玉製管玉が好まれるのに対して、下田ノ沢・宇津内文化ではサハリン産とみられる赤味を帯びた黄色い琥珀玉［図12－2］が多くみられる。

古墳時代前期に併行する続縄文時代後期前半（三、四世紀ごろ）には東西の地域性が弱まるとともに、後北《こうほく》C2－D式とよばれる続縄文土器が南は東北地方から北は択捉《えとろふ》島など千島列島中部にまで広がりをみせるようになる［図13］。装身具では碧玉製管玉に替わり青色のガラス小玉が本州からもたらされている。

古墳時代中期から後期に併行する続縄文時代後期後半（五～七世紀前半）には、北大《ほくだい》式とよばれる続縄文土器に加えて土師器や須恵器が出土するようになる。また石器から鉄器や鉄器により加工された骨角器への置き換えが進んだことで、毛皮の内側に付いた脂肪をこそぎ落とす際に使われた皮なめし用の黒曜石製掻器をのぞき、石器類が姿を消す。

続縄文文化は水田稲作をおこなわない狩猟採集社会であることから、これまで弥生文化に比べ遅れた文化との烙印を押されてきたが、縄文文化が再評価されるようになった今日、続縄文文化についてもそうしたマイナスイメージを見直す時期にきている。狩猟採集経済の枠組みや、縄文をほどこした土器・石器製作技術など物質文化の系統に関しては、縄文文化との共通性が高い一方、移動性の高い

1 恵山式土器（島牧村チャランケチャシ）

2 江別太式土器（江別市江別太遺跡）

3 興津式土器（釧路市興津遺跡）

4 下田ノ沢式土器（羅臼町幾田遺跡）

5 宇津内式土器（羅臼町岬町遺跡）

図11　北海道の続縄文土器

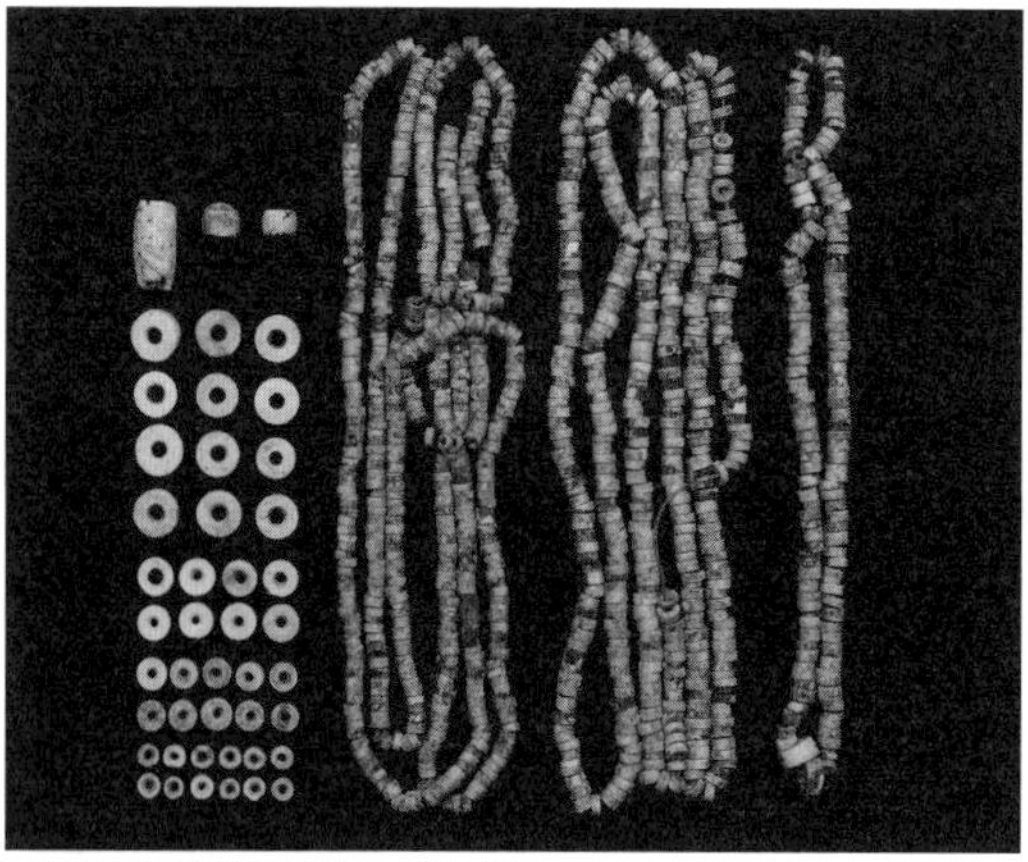

1 貝製玉類（伊達市有珠モシリ遺跡）

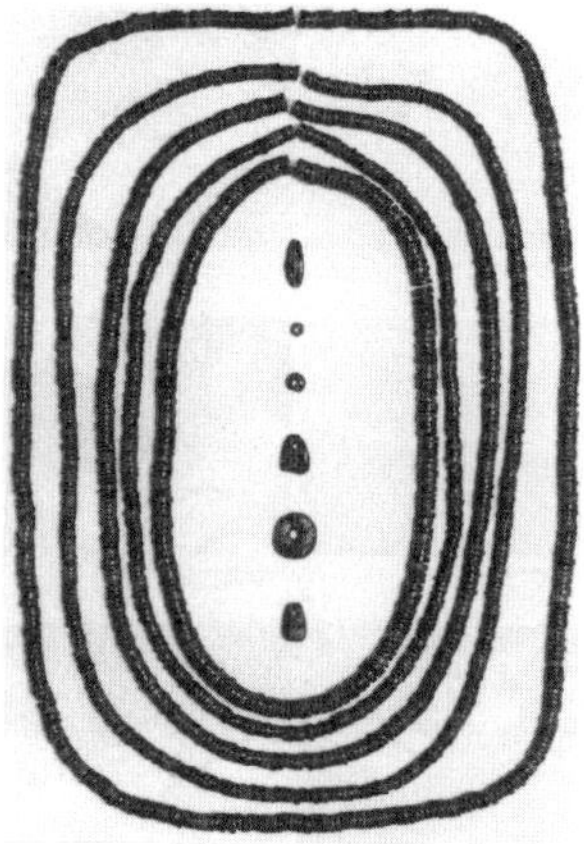

2 琥珀製玉類（余市町大川遺跡）

図12　続縄文文化の玉類

居住形態や鉄器の外部依存・利用などの点に関しては、縄文・弥生のどちらとも異なる社会経済的特徴を持っている（高瀬克範二〇二二『続縄文文化の資源利用』吉川弘文館）。そして続縄文時代後半には北海道からはサケや毛皮などの動物資源、本州からは鉄器が行き交う、後の前近代アイヌ文化期まで続く交易の基本的なスタイルが形成されたといってよいだろう。

2　オホーツク文化とアイヌ文化

オホーツク海沿岸の海洋民文化

ヤマトの古代、すなわち古墳時代中期から平安時代中期に併行する五～一〇世紀ごろ、北海道のオホーツク海沿岸に、沿海州アムール川（黒竜江）下流域やサハリンの先住民集団のひとつであるニヴフ民族の先祖にあたる人々が移住し、東は千島列島までの環オホーツク海沿岸域で海洋性に富んだ独自の文化を展開した。これをオホーツク文化とよんでいる。彼らが北海道に南下した要因の一つとして「古墳寒冷期」とよばれる大規模な気候変動が想定されている。

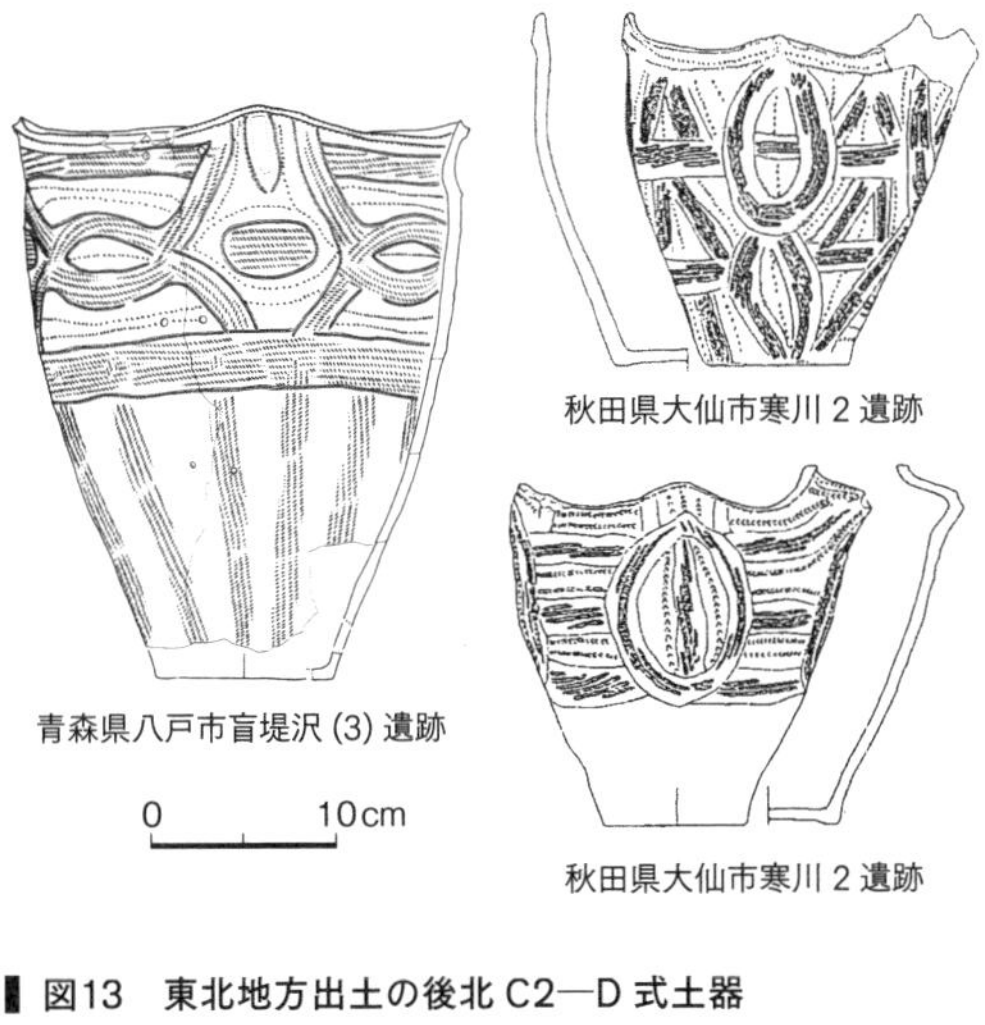

図13　東北地方出土の後北 C2—D 式土器

オホーツク文化の生業は、アザラシ・アシカ・トド・オットセイ・クジラなどの海獣猟、キツネ・クロテン・ヒグマなどの陸獣猟、ホッケ・マダラ・ニシンなどの漁労が中心だが、オオムギ・キビ・アワなどの雑穀栽培やブタ・イヌ・子グマの飼育もしていた。このうちオオムギの栽培やブタの飼育は大陸に由来すると考えられている。主要な利器は、自製の石器と骨角器で、大陸産の曲手刀《まがりてとう》・曲手刀子《とうす》・平柄《ひらえ》型斧、本州産の蕨手刀《わらびて》や袋柄《ふくろえ》型斧などの鉄器もわずかだが使われていた。オホーツク文化にみられる青銅製の帯飾り・鐸《たく》・鈴・耳飾り、鉄製の刀子・鉾《ほこ》・斧などの金属製品や軟玉製環状装飾品・碧玉製管玉といった大陸系遺物は、中国北東部の沿海州にいた民族である靺鞨《まっかつ》との交流・交易によってもたらされたと考えられている（菊池俊彦二〇〇九『オホーツクの古代史』平凡社新書）。

オホーツク文化を代表する遺跡のひとつが、第2章でも触れた網走市のモヨロ貝塚である。モヨロ貝塚からは、竪穴住居跡に近接して貝塚と多数の墓が発見されている。竪穴住居跡の多くは大型で、建て替えが認められ、奥壁際にクマの頭骨を積み上げた骨塚とよばれる祭祀施設をともなうものもみられる［図14］。

図14　モヨロ貝塚の竪穴住居跡（上）と住居内にあるクマの頭骨を積み上げた祭壇（下）

オホーツク海に面する道北の枝幸町目梨泊《めなしどまり》遺跡からは、大陸由来の青銅製帯飾りや本州製の蕨手刀、金銅装直刀など注目すべき遺物が数多く発見されている［図15］。目梨泊遺跡で発見されている刀や刀子を副葬した伸展葬墓（遺体の手足を伸ばした状態で埋葬する墓）は、アイヌ墓に共通する。出土品のなかでひときわ目を引くのが、錫粉《すずふん》で蒔絵を施した漆塗り鞘に、宝相華文蹴彫《ほうそうげもんけりぼ》りに魚子地《ななこじ》の金銅製足金物《あしかなもの》を装着した豪華な直刀である。これまでオホーツク文化を担った人々の交易相手が、八世紀中ごろを境に靺鞨から擦文集団に変化したことが指摘されていたが、九世紀ごろのものとみられる目梨泊遺跡のこの金銅装直刀は、オホーツク文化の担い手が、毛皮交易を通して、律令国家ともパイプをもっていたことを物語っている。

土器の変遷や分布状況からみて、オホーツク文化の広がりは、前期（五、六世紀）にはサハリン島の南半から北海道のオホーツク海沿岸であったが、中期（七、八世紀）になると北はサハリン島北部から東は千島列島、西は奥尻島へと拡大したことがわかっている。そして擦文文化圏の拡大にともない、道北では九世紀、道東でも九世紀後半から一〇世紀にかけ擦文文化との融合・吸収が進むが、サハリンでは一二世紀ごろまでオホーツク文

青銅製帯飾（重要文化財）

金銅装直刀（刀身全体）

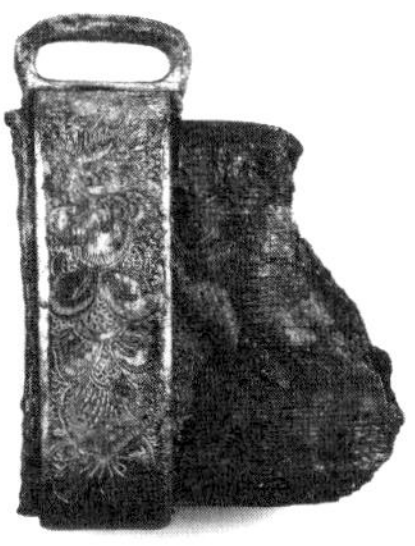

金銅装直刀（足金物）

金銅装直刀（足金物）

図15　枝幸町目梨泊遺跡の出土品

化が継続した。

オホーツク文化とアイヌ文化とのつながり

近世以降のアイヌ文化にはよく知られたクマ送りの儀礼「イオマンテ」があり、その源流はオホーツク文化にあるといわれている。一方で、そのほかの習俗や、生業・集落などの物質文化については、オホーツク文化と擦文文化のどちらがアイヌ文化に引き継がれたのか意見がわかれたままとなっている。アイヌ文化の文化要素の系譜をめぐる論争に終止符を打つには、次の検討が必要だろう。

① 九～一〇世紀、擦文文化によるオホーツク文化の同化の過程で、擦文文化のなかに組みこまれたオホーツク文化の文化要素を抽出する。

② 一三、一四世紀のアイヌ文化のサハリン・千島列島への北上にともなう大陸文化の受容を明らかにする。

③ アイヌ文化を構成する文化要素の系譜をオホーツク文化と擦文文化に限定せず、ヤマト文化も視野に入れて検討する。

3 擦文文化とアイヌ文化

続縄文時代終末期（七世紀前半）には、石狩低地帯の恵庭市や江別市周辺に、鉄製の武器や農耕具、耳環などを副葬した土坑墓があらわれる［図16］。被葬者は、東北地方を北進する律令国家と朝貢関係を結ぶことで刀剣類を手に入れた首長層と考えられる。ヤマト社会の影響により続縄文社会でも階層分化が進行していた。

そして七世紀後葉には北海道でも本州の土師器の影響により器面から縄文が消失し、刷毛目文《はけめもん》（擦文）が取って代わる。擦文土器の誕生である。初期の擦文土器の甕《かめ》は土師器の壺と坏《つき》が一緒に出土しており、本州からの影響の大きさがうかがい知れる。

そうした変化の背景には、本州北部太平洋側の地域から石狩低地帯の恵庭・千歳周辺に移住したエミシ集団の存在が大きい。彼らは壁際に竈《かまど》を持つ竪穴住居をはじめ、畑作農耕・鍛冶・機織りなどの技術、鉄製品・土師器・須恵器といったエミシ社会の生活様式・生活用具を北海道に持ち込んだ。八世

▌図16　続縄文時代終末期の首長墓と副葬品（恵庭市西島松5遺跡）

紀から九世紀前半にかけ、石狩低地帯の恵庭・千歳周辺では、新たな移住者のリーダーたちが、東北地方の末期古墳の系譜を引く墳墓（北海道式古墳）に埋葬された。

擦文文化の年代観と広がり

擦文文化は、土器の変遷にもとづき、第1期（七世紀後葉〜八世紀前葉）、第2期（八世紀中葉〜一〇世紀初頭）、第3期（一〇世紀前葉〜中葉）、第4期（一〇世紀後葉〜一一世紀中葉）、第5期（一一世紀後葉〜一二世紀）に区分されている（榊田朋広二〇一六『擦文土器の研究』北海道出版企画センター）。第2期には擦文土器から土師器的な特徴が消えて幾何学的な文様が施されるようになるとともに、北海道式古墳も姿を消す。東北北部の太平洋沿岸から石狩低地帯周辺へ移住した集団は、八世紀末ごろには大多数を占める土着の集団と融合し、彼らに吸収されたとみられる。

擦文土器は、第2期までは道中央部を中心に分布し、それ以外の地域では客体的にみられるにすぎなかったが、第3・4期には、分布域は全道におよび、さらに北はサハリン南部・千島列島南部に達し、南は本州北端の津軽・下北地方で出土数が増える。擦文土器の分布拡大により、道東ではオホーツク土器からトビニタイ土器［図17］へと変容するとともに、トビニタイ土器と擦文土器の共存を経て、

図17　トビニタイ土器
（羅臼町トビニタイ遺跡2号竪穴）

トビニタイ土器は擦文土器に吸収され消滅する。
擦文文化の終末は土器の消滅をもって規定される。擦文土器の終末年代をめぐってはさまざまな議論がおこなわれてきたが、現在は道南・道央部では一二世紀、道北や道東でも一三世紀代には土器が作られなくなったとの見方が支配的である。

擦文文化の生業

擦文時代の主な生業は、伝統的な狩猟・漁労・採集と、新たに本州から持ち込まれた畑作による雑穀類の栽培である。主要な栽培植物は、当初はアワで、九世紀以降キビが多くなり、一〇世紀中葉以降はヒエが中心になることが判明している（榊田朋広・高瀬克範二〇一九「石狩低地帯北部における先史・古代の植物利用」『日本考古学』四八）。アイヌ社会ではヒエとアワが「ウムレクハルカムイ」（夫婦の食糧神）とされる。ヒエ粥はアイヌの重要な伝統食であり、ヒエを醸した濁酒は儀礼に欠かせなかった。ヒエを中心とするアイヌ文化の雑穀栽培は、擦文時代後半期までさかのぼることができる。

擦文時代の狩猟・漁労活動は、一〇世紀を境に、それ以前の自給自足的なあり方から特定の品物の生産へと大転換したとされるが、その理由は本州との交易にあったと考えられている。交易の対象となったのは、狩猟ではエゾシカやヒグマの皮とワシ羽、漁労ではサケとコンブである。ヤマト社会では、武士が台頭し始める一〇、一一世紀以降、軍事物資であるワシ羽やシカ皮の需要が急増した。一方、同時期に北海道では、日高地方内陸部で遺跡数が増加しており、この地で擦文人が本州向けのワシ羽を獲得していたようだ（澤井玄二〇〇七「十一～十二世紀の擦文人は何をめざしたか」『アイヌ文化の成立と変容』法政大学国際日本学研究所)。

擦文時代のサケ漁に関しては、道内有数のサケの産地である石狩川水系で、遺跡の立地から交易品となる干鮭《からざけ》生産のためのサケ漁がおこなわれたと考えられている（瀬川拓郎二〇〇五『アイヌ・エコシステムの考古学』北海道出版企画センター)。擦文時代のコンブに関しては、秋田県大仙市払田柵《ほったのさく》跡出土の「狄藻《えびすめ》」（コンブ）と記された木簡［図18］や、渡島半島の初期擦文時代の集落分布がマコンブの生息する太平洋側にかたよることなどから、渡島半島と三陸地方を結ぶ昆布交易がおこなわれていたと想定されている（蓑島栄紀二〇一五『「もの」と交易の古代北方史』勉誠出版)。アイヌの対和人交易で重要な移出品のうち、皮革・矢羽根・サケ・コンブは、擦文時代の後半には、すでに出揃っていた可能性が高いといえるだろう。

本州から北海道へ渡った交易品

本州から北海道に向けた移出品では、素材鉄や鉄製品が最も重要である。擦文時代中期（九世紀後半〜一〇世紀）には、道内でも鉄の再生や再加工に使われた鍛冶遺構が増えるが、製鉄炉や上部構造

「具　狄藻肆拾□」

コンブは『和名類聚抄』に「和名比呂女、一名衣比須女」とあるように、「えびすめ」とよばれていた。『延喜式』（民部下）では諸国交易雑物料として、陸奥からコンブを貢納することが定められている。

図18　秋田県大仙市払田柵第107次調査出土第59号木簡

をもつ専用の精錬炉は確認されていない。擦文文化の遺跡から出土する鉄製品は刀子をはじめとする加工具が主体で、農耕具や漁労具、武器・武具類は少ない。貴重な鉄の刀子は、骨角製・木製の狩猟・漁労具の製作や狩猟・漁労で得られた動物の解体などさまざまな場面で十分な威力を発揮し、交易品の増大に大きく貢献したと考えられる。

　道内では擦文時代後期（一一、一二世紀）に太平洋沿岸地域で鉄製品の出土が著しく増えることから、東北北部と北海道太平洋沿岸を結ぶ交易が活発化したと推測されている（笹田朋孝二〇一三『北海道における鉄文化の考古学的研究』北海道出版企画センター）。擦文文化の代表的な威信財としては、七、八世紀に石狩低地帯の墓に副葬された鉄製の刀と、一〇、一一世紀に北海道太平洋沿岸の遺跡からみつかっている佐波理《さはり》とよばれる錫と銅の合金で作られた鋺《かなまり》が挙げられる［図19］。これらの威信財は、北方交易の主要な担い手が、七、八世紀には東北地方太平洋側のエミシと石狩低地帯の擦文人であったのが、一〇、一一世紀には北奥外浜《ほくおうそとがはま》（青森県の陸奥湾沿岸）のエミシと北海道太平洋沿岸の擦文人へと交代したことを示唆している。

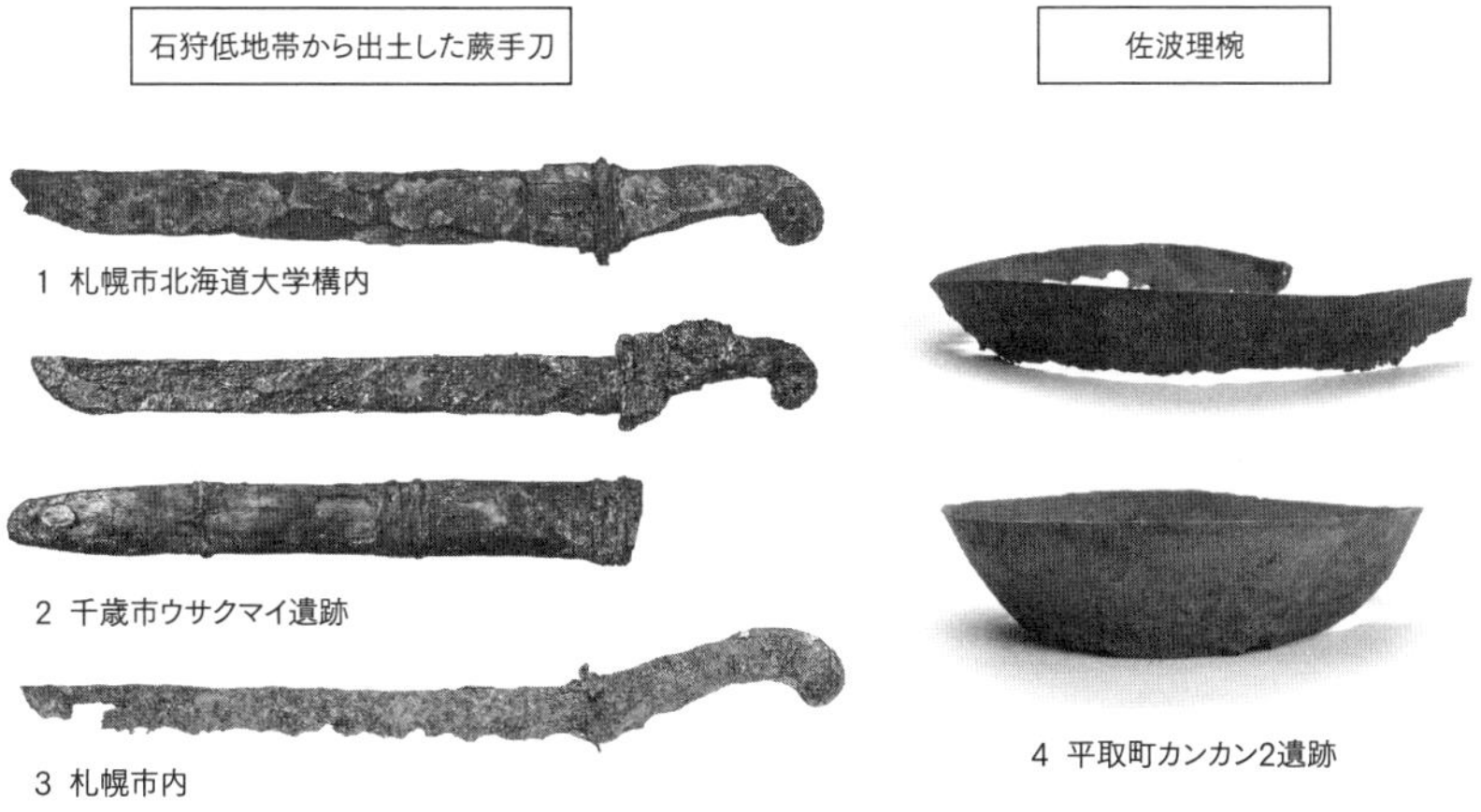

図19　擦文文化の威信財

本州北部のエミシ社会の混乱と北方交易

擦文文化と本州の交易が活発化した一〇世紀後半から一一世紀には、擦文土器の分布域が本州北部に拡大する一方、青森県五所川原市内で焼かれた須恵器が北海道内に流通していた。そしてこの時期、北緯四〇度以北の本州北部のエミシ社会では大きな変化が起きていた。律令体制下でエミシ支配や北方交易を司ってきた秋田城の機能が弱まったことをきっかけとして、環壕集落や高地性集落といった防御性集落が築かれたのである。防御性集落は、津軽海峡周辺に分布しており、北海道南西部の乙部《おとべ》町小茂内《ちょうこもない》遺跡でも確認されている［第4章図32参照］。その出現には、エミシ社会内部の対立、北奥の在地民と出羽・陸奥国からの移民との軋轢、エミシ社会と在地系豪族である安倍氏・清原氏との摩擦などさまざまな要因が考えられている。こうした状況は奥州藤原氏による北方支配の開始まで続くが、この間、秋田城と入れ替わり北方交易を担ったのが、津軽海峡周辺域のエミシである。彼らのもとには交易による莫大な富がもたらされ、それが社会的な緊張関係を生む根源となったと考えられよう。

陸奥湾に面する青森市新田《にった》（1）遺跡は、北奥外浜のエミシによる北方交易の拠点の一つと考えられている。二重の溝に囲まれた集落で、計画的な区画割が確認されているほか、通常のエミシ集落にはみられない斎串《いぐし》、馬形・刀形などの形代といった陰陽道の祭祀具、付札木簡状の木製品、「忌札見知可」と記入された木簡（物忌札）、都の貴族が正装する際に用いる檜扇《ひおうぎ》などが出土したことから、北と南の双方から人や物が行き交う特別な交易場であったとみられる。

奥州藤原氏の登場

一二世紀、北奥のエミシと入れ替わり北方交易の主導権を握ったのが奥州藤原氏である。藤原清衡による中尊寺供養願文に「粛慎挹婁之海蠻類向陽葵」（中国北東部や黒竜江沿岸の住民は奥州藤原氏の支配下にある）と記されているように、実態はともかく、奥州藤原氏自身は擦文人だけでなく、沿海州や中国東北部の先住民族までも朝貢民として従えているとの認識を内外に誇示しており、北方世界の覇者を自負していた。

奥州藤原氏による交易で北からもたらされた産物としては、史料上確認できる「羽毛歯革」（中尊寺供養願文）、「水豹皮」（アザラシの皮）・「鷲羽」（『台記』仁平三年九月一四日条、『吾妻鏡』文治五年九月一七日条）といった、武器・武具の原材料となる動物性資源や、後の蝦夷地交易で大きな比重を占めることになるコンブなどの海産物と考えられてきた。それらはことごとく有機質であり、出土品はもちろん伝世品ですら確認することがむずかしい。奥州藤原氏による北方交易の実態はこれまでベールに包まれていたといってよいだろう。

平泉と北海道をつなぐ交易拠点

ところが近年、北海道と東北の両方で、奥州藤原氏と擦文

図20　厚真町宇隆1遺跡出土常滑焼壺

人との交渉を示す新発見が相次いだ。

きっかけとなったのが、北海道苫小牧市に隣接する厚真町宇隆《うりゅう》1遺跡で発見された一二世紀中葉の常滑焼の壺である〔図20〕。この壺は道内出土の中世陶磁器ではもっとも古く、しかも口の部分が意図的に打ち欠いてあることから、経典を埋める際に容器として使われた可能性が高い。末法思想が広まった一二世紀には、「日本」各地で経塚がつくられており、東北地方では奥州藤原氏が関与した経塚が多く営まれているが、一二世紀の北海道は「日本」ではなく、仏教とは無縁の擦文人が暮らしていたのである。末法思想とは無縁の北の大地に、誰がどのような目的で、この常滑焼の壺を運んだのか。多くの研究者が注目するなか、間もなくして奥州藤原氏の名前が挙がった（瀬川拓郎二〇一一『アイヌの世界』講談社）。壺のなかには経典はのこっておらず、直接この壺と奥州藤原氏をむすびつける物証はない。慎重を期して、壺が発見された場所周辺の調査が試みられたが、経塚の存在を示す明確な遺構は確認されなかった。

この話には続きがある。二〇一七年、津軽海峡の対岸、陸奥湾に面する青森県平内《ひらない》町小湊地区の白狐塚《びゃっこづか》遺跡で一二世紀の経塚がみつかったのである〔図21〕。経塚は三角点の設置の際に中心部が破壊されていたが、発掘調査により愛知県内で焼かれた渥美焼や常滑焼の壺、宮城県石巻市の水沼窯の製品に似た壺など多くの経容器が発見された。水沼窯は奥州

図21　青森県平内町白狐塚遺跡の経塚（左）と出土品（右）

藤原氏の本拠地・平泉を流れる北上川の旧河口近くに位置し、奥州藤原氏が渥美から工人を招いて陶器を焼かせたと考えられている。白狐塚遺跡から見つかったのは、その水沼窯の製品の類似品で、焼け損じた破片なども含まれることから、近くに窯があったと考えられる。経塚や窯の造営に奥州藤原氏が関与していた可能性はきわめて高い。つまり、この発見により、奥州藤原氏の本拠地である平泉と、本州側の北方交易の拠点である奥州外浜（陸奥湾沿岸）、そして常滑焼の壺が出土した北海道厚真町が点と点でつながったのだ。

擦文文化とアイヌ文化の接点

再び厚真町に話を戻そう。宇隆1遺跡出土の常滑壺以上に衝撃的だったのは、その後に同じ厚真町の上幌内《かみほろない》2遺跡の墓から出土した和鏡である［図22］。この鏡は菊・薄《すすき》と二羽の鳥が表現された秋草双鳥鏡《あきくさそうちょうきょう》で、一二、一三世紀を代表する和鏡の一つである。一二世紀代の秋草双鳥鏡は、東北地方でも奥州藤原氏の本拠地である岩手県平泉町柳《やなぎ》之御所《のごしょ》跡や山形県東根市大森山経塚などで発見されている。

鏡が出土した墓の被葬者は二〇歳代の女性で、鏡のほかに小刀二点、ワイヤー製の腕輪、縫い針三点、首飾り二点、黒曜石の転礫四点が副葬されていた。首飾りのうち一点はワイヤー製垂飾《すいしょく》を一八個連ねたもので、もう一点は中国・北宋銭の熙寧《きねい》元宝（一〇六八年初鋳）と元

撮影：佐藤雅彦

▍図22　厚真町上幌内2遺跡出土秋草双鳥鏡

豊通宝（一〇七八年初鋳）、ガラス玉一九点、銅製の管三点を連ねていたとみられる［第4章図28参照］。

ワイヤー製の垂飾と鉄製腕輪は、沿海州など大陸から北回りでもたらされたと考えられる装身具で、後で詳しく触れるように、初期アイヌ墓に特徴的な副葬品である。一方、黒曜石の転礫は擦文後期の墓に副葬されるものであり、この墓が擦文文化を受け継いだ初源期のアイヌ墓であることを示している。

鏡が鋳造されたのは一二世紀中ごろとみられるが、墓に埋められたのがいつなのかは、今のところ断定できない。鏡には伝世がつきものである。しかし、墓の形態や鏡以外の副葬品など総合的にみて、この墓は現在知られる限りもっとも古いアイヌ墓であり、一二世紀後半から一三世紀につくられたとみて間違いないだろう。この墓の副葬品は、まさしく一二世紀に擦文文化が南の日本文化と北の大陸文化の影響により変質し、次の時代の新しい文化、つまりアイヌ文化が形成されたことを物語っている。

墓に納められた鏡は、まさに奥州藤原氏との交易によってこの地にもたらされた可能性が高い。鏡の対価となったものは何であろうか。そのヒントが鏡の背面の付着物と鏡の下から発見された毛皮にあった。背面に付いていた毛は直径約三〇〇ミクロンで、毛髄質《もうずいしつ》の形状からシカやエゾシカの可能性が指摘されている。一方、鏡の下の毛皮の毛は直径一〇〇ミクロンで、毛髄質の発達が悪く、細いスポンジ状であることからクマの刺毛と判定された。この墓にはエゾシカやヒグマの毛皮も副葬されていたのである。和鏡と交換された北の産物にエゾシカやヒグマの毛皮が含まれていた可能性は高い。

奥州藤原氏と北方交易

一方、本州でも二〇一七年、岩手県平泉町の国史跡無量光院跡第37次調査で驚くべき発見があった。奥州藤原氏三代目の秀衡が建立した無量光院南西隅の土塁の下、藤原清衡の居館であった柳之御所遺跡西側の郊外と推定される場所から、擦文土器が出土したのである〔図23左〕。発見された擦文土器は、出土した地層や一緒に出土したロクロ製かわらけの年代、炭化物のAMS放射性年代測定値からみて一二世紀前半とみられる。擦文土器には小さな鋸歯状沈線が横に連続しており、鋸歯状沈線内には一、二本の短い沈線が充填されている。このような文様は、一一世紀後半から一二世紀前葉の擦文後期の土器の特徴であり、千歳市の美々《びび》8遺跡や苫小牧市のタプコプ遺跡に類例がある〔図23右〕。また無量光院跡から出土した擦文土器にはロクロかわらけと同じ海成粘土が使われていることから、擦文人が平泉で製作したと考えられている（井上雅孝二〇二二「無量光院跡出土の土器は擦文土器か？」『岩手大学平泉文化研究センター年報』一〇）。おそらくこの擦文土器の製作者は、交易や朝貢のため、北海道の太平洋沿岸部から遠路はるばる藤原清衡が治める平泉をおとずれ、しばし滞在していたのであろう。

奥州藤原氏が活躍した一二世紀の北方交易は、基本的には、一〇、

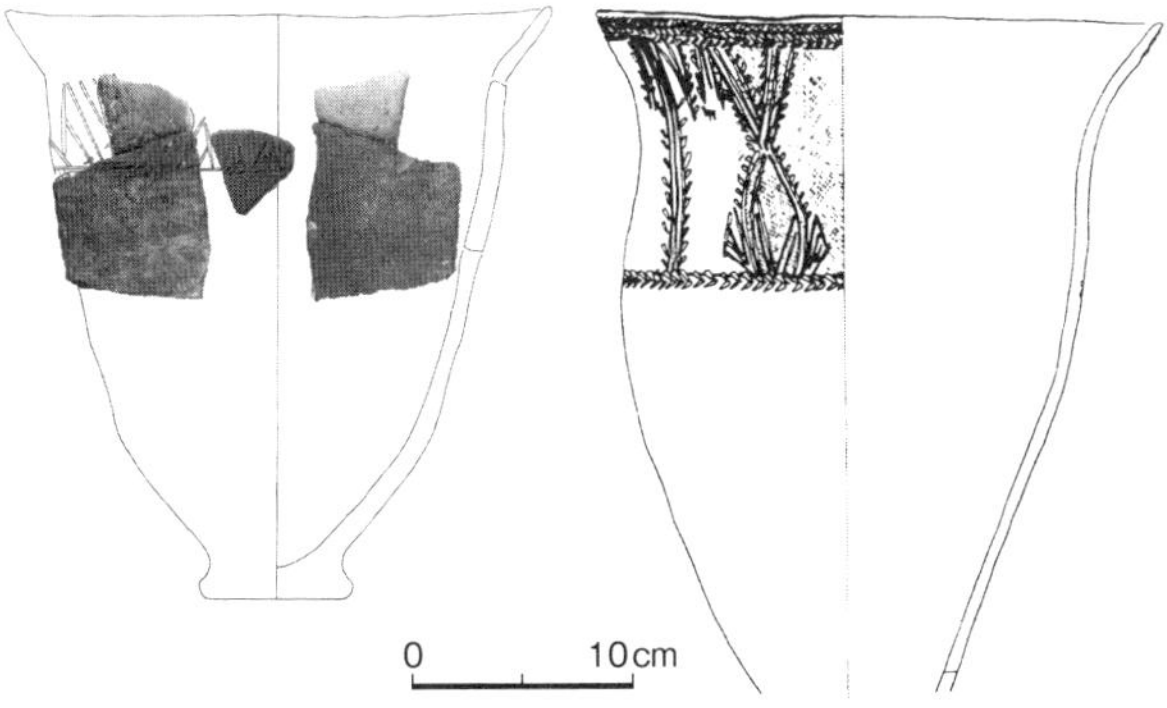

▌図23　岩手県平泉町無量光院跡出土の擦文土器（左）と同じ特徴を持つ千歳市美々8遺跡出土の擦文土器（右）

一一世紀に北奥外浜のエミシと北海道の擦文人との間をつないだ、太平洋・日本海の両方のルートを踏襲していたと考えられる。厚真町の常滑壺や秋草双鳥鏡の製作年代がともに一二世紀中葉であることからみて、北方交易を推進したのは、三代秀衡の可能性が高い。

奥州藤原氏が滅亡した際、藤原泰衡は「夷狄嶋《えぞがしま》を差し、糠部郡《ぬかのぶ》に赴く」(『吾妻鏡』文治五年九月三日条)とあるように、糠部郡すなわち、青森・岩手北部の太平洋側を経由して北海道への逃亡を図ろうとしていた。泰衡の北海道逃亡計画は、途中、配下の河田次郎が本拠とした肥内(比内)郡贄《にえの》柵《さく》(秋田県大館市)で、裏切りにより殺害されてしまったため頓挫したが、「糠部経由夷狄嶋行」こそまさに太平洋ルートにほかならない。厚真町から出土した常滑壺や秋草双鳥鏡と同じように、泰衡は北奥外浜を経由し、北海道の太平洋沿岸に渡ろうとしていたのではないだろうか。後世に「義経北行伝説」が生まれた背景には、奥州藤原氏と北海道との歴史的な結びつきがあった。

常滑壺や秋草双鳥鏡はどちらも経塚に縁が深く、奥州藤原氏が北奥のエミシと同じように、北海道の擦文人とも仏教と交易のセットで接しようとしていたことをうかがわせる。たしかに藤原清衡が推し進めた北奥の統治には仏教が絶大な力を発揮した。しかし同じ手は擦文集団には通用しなかった。彼らが仏教を受け入れることは決してなかったのである。佐波理鋺や和鏡といった金属製品が威信財として積極的に受け入れられたのに対して、常滑焼の壺やそのなかに治められた経典の価値は擦文人には理解されなかった。そして藤原秀衡が意欲を示した北方交易は、奥州藤原氏の滅亡によって頓挫したのである。

第4章 アイヌ文化の形成と特徴

1 時代区分論

アイヌ文化期という時代名称

前章で述べたように、北海道では弥生時代以降、続縄文文化、オホーツク文化、擦文文化と、「日本」本土のヤマト（日本）文化とは異なる文化が展開した。「日本」本土では、国家が形成された飛鳥時代以降、政治史にもとづき時代区分がおこなわれているのに対して、北海道では江戸時代に蝦夷地が幕領化される一九世紀まで、旧石器時代や縄文時代と同じように、引き続き文化史にもとづく時代区分、すなわち続縄文時代、オホーツク文化期、擦文時代、アイヌ文化期が用いられてきた。このうち続縄文時代、オホーツク文化期、擦文時代が純粋に考古学によって設定されたのに対して、アイヌ文化期は、近世の文献や絵画からうかがえる「アイヌ文化」や、民族学や文化人類学によって記録された一九世紀以降の「アイヌ文化」を前提としており、擦文時代と明治時代の間をつなぐ時代区分として用いられてきた。なお、オホーツク文化は続縄文時代と擦文時代の道北・道東の文化であるため、オホーツク時代ではなく、オホーツク文化期と表記される。一方、アイヌ文化は擦文時代に後続

金属板象嵌技法が使われた
アイヌの飾り矢筒

するが、時代名称としてはアイヌ時代ではなくアイヌ文化期が用いられてきた。

「アイヌ文化期」という時代区分については、「一二、一三世紀に突然アイヌ民族があらわれた」とか、「明治以降アイヌ文化は消滅した」との誤解を生むとの批判がある。明治以降、アイヌ文化は大きく変容しつつも現在まで存続しており、今では日本政府もその継承と振興を掲げている。今日に続く近現代アイヌ文化を尊重するためにも、これまで擦文時代と明治時代をつなぐ時代区分として使われてきた「アイヌ文化期」は「前近代アイヌ文化期」とよび改めたほうがよいだろう。

時代区分に民族名が使われていることも問題を複雑にしている。誤解やわかりにくさを解消するため、アイヌ文化期に代わる名称として、アイヌ文化の遺跡が多く、積極的に伝統継承に取り組んできた平取町《びらとりちょう》二風谷《にぶたに》にちなんで「ニブタニ文化期」が提唱されたこともあった（瀬川拓郎二〇〇七『アイヌの歴史―海と宝のノマド―』講談社）。しかし旧石器時代に代わる岩宿時代や縄文時代に代わる大森時代同様、一般には定着していない。

アイヌ史的時代区分

二〇二〇年に開館した国立アイヌ民族博物館の展示解説は、「私たちの歴史」＝「アイヌ史」と記述し、時代区分をしていない。しかし日本史であろうがアイヌ史であろうが、歴史的叙述に時代区分は欠かせない。そこで民族の特性を活かした時代区分が必要との観点から、近年、文献史の研究者からアイヌ史的古代・中世・近世という時代区分案が提起されている。

アイヌ史的古代は、本州との交易により鉄器が広がる続縄文時代後半期から擦文文化期に相当する。

擦文時代や前近代アイヌ文化期へとつながる北方圏の交流・交易の枠組みが、続縄文時代後半期に形成されたとの立場である（蓑島栄紀二〇一四「古代北海道地域論」『岩波講座日本歴史二〇（地域論）』）。

アイヌ史的中世は、一三世紀のアイヌ民族のサハリン進出に始まる。アイヌ史的中世と近世の線引きに関しては、道南のアイヌ首長たちと松前大館の蠣崎《かきざき》氏が講和した際に「夷狄《いてき》之《の》商舶《しょうはく》往還《おうかん》之《の》法度《はっと》」が結ばれた天文二〇年（一五五一）とする意見（谷本晃久二〇一一「〝アイヌ史的近世〟をめぐって―アイヌ史の可能性、再考―」『アイヌ史を問いなおす―生態・交流・文化継承―』勉誠出版）と、商場《あきないば》知行制《ちぎょうせい》、樺太アイヌの清朝辺民体制への編入、帝政ロシアによる千島アイヌからの毛皮税（ヤサーク）徴収、弘前藩による本州アイヌの同化政策などにより、アイヌの交易の自立性が失われた一八世紀とする意見（中村和之二〇一四「中世・近世アイヌ論」『岩波講座日本歴史二〇（地域論）』）に分かれている。

では、縄文時代とアイヌ史との関わりはそのように位置づけられるのだろうか。「日本」本土とちがって、北海道では縄文人と朝鮮半島や大陸系の渡来人との混血がほとんどなかった。その後の五世紀から一〇世紀には、道北・道東では沿海州やサハリンから南下してきたオホーツク人と、道南では一五世紀以降に北上した和人との間で混血が生じたものの、一九世紀に爆発的に和人の進出が増えるまでは大規模な民族の交代は認められない。その意味ではアイヌ民族史は縄文時代にさかのぼるといえる。

文字を必要とせず、みずからの歴史を文字記録にのこさなかった前近代のアイヌ民族の歴史を明らかにするには、バイアスのかかった日本・中国・ロシアなどの古記録よりも、彼ら自身の物質文化の解明が最優先されるべきであり、それには考古学がもっとも有効である。「前近代アイヌ文化期」に関しても、改めて考古学的な検証が求められている。

2 アイヌ文化の形成過程

「アイヌ文化はいつ始まったのか?」という問いに答えるには、アイヌ文化を定義し、擦文文化とアイヌ文化を切りわける必要がある。しかし日本文化とは何かと問われて言葉に窮するように、アイヌ文化を定義するのは容易ではない。これまでは、擦文文化と前近代アイヌ文化の遺跡の年代には隔絶があり、文化の年代的境界がどこにあるのかということについて考古学的にはとくに問題にはならなかった。だが近年、前章で紹介したような厚真町内の遺跡からこのミッシングリンクを埋めるような発見が相次ぎ、擦文文化と前近代アイヌ文化の連続性に注目が集まるようになった。しかし考えてみれば、縄文と弥生、弥生と古墳、江戸と明治、いずれも文化史的には連続性が強く、ある日を境に人々の生活がまるっきり様変わりするわけではない。擦文文化とアイヌ文化が連続的であっても何ら不思議はない。問題は、何をもって時代区分の基準とするのか、である。

擦文文化と前近代アイヌ文化をわけるもの

擦文文化と前近代アイヌ文化をわけるもっとも重要な指標は土器があるかどうか、である。土器の有無によって旧石器時代と縄文時代に線が引かれているように、土器のあるなしは文化を区別する決定打となりうる。前章でも述べたように、擦文文化の終末は土器の消滅をもって規定される。擦文土器の終末年代についてはさまざまな議論がおこなわれてきたが、現在は道南・道央では一二世紀、道北・道東でも一三世紀代には土器が作られなくなったとの意見が有力である（小野裕子二〇〇七「擦文文化後半期に関する年代諸説の検討」『古代蝦夷からアイヌへ』吉川弘文館）。

では、土器を使わなくなった人々は代わりに何で調理をおこなったのであろうか。答えは鉄の鍋である［図24］。本州では一二世紀ごろ、煮沸具が土器から鉄鍋に置きかわった。新旧の文化のはざまにあった人々は、和人との交易用の品を獲得するために、土器の生産をやめてまで狩猟や漁労に専念し、交易で手に入れた鉄鍋を使うようになったのである。北海道では鉄鍋の流入は本州に比べ遅れるものの、擦文後期には内耳鉄鍋を模倣した鍋型土器（内耳土器）が作られ、炉をもつ竪穴住居で使用された。

北海道でも擦文後期には平地式住居が登場し、住居形態は竪穴式から平地式へと移行する。平地式への移行は道北・道東に比べ道南・道央が早い。住居構造の変化にともない、炊事場は壁際の竈から、中央部付近の囲炉裏へ移行した。長胴の甕は竈の使用

1 北海道アイヌの内耳鉄鍋（千歳市内）

2 北海道アイヌの吊耳鉄鍋（余市町大川遺跡服部地点）

3 千島アイヌの内耳土鍋（占守島潮見川1号竪穴）

4 鉄鍋が描かれたアイヌ絵（「熊の胙を羹とする図」）

▌図24 北海道アイヌの鉄鍋と千島アイヌの内耳土鍋

に適した土器であるのに対して、吊り手のある鉄鍋は囲炉裏に掛けて使うのに向いている。つまり、土器から鉄鍋への食文化の変化は、竪穴式から平地式への住まいの変化と連動しているのである。竪穴式の建物は、半地下式の倉庫や工房のような作業場として中世まであるが、住居としては使われなくなる。前近代アイヌ文化期にはチセとよばれる中央に囲炉裏を設けた平地式の住居［図25-1］が一般的となるが、より寒さの厳しいサハリンや千島では一九世紀まで越冬用の住まいとしてトイチセとよばれる竪穴住居が使われていた［図25-2］。また北海道で土器作りが途絶えた後も、鉄鍋の入手が困難なサハリンや千島では土器が作られ続けており、千島アイヌは一九世紀まで内耳土鍋を使っていた。

擦文時代から前近代アイヌ文化期への変化は、本州の古代から中世にかけて起きた〈竪穴住居と土器〉という組み合わせから〈平地式住居と鉄鍋〉という組み合わせへの変化と連動している。しかし一方で、同じ平地式住居とはいえ、本州の中世から近世前半までの一般的な民家は、柱穴を掘ってそのなかに柱を据えた、いわゆる掘立柱建物であるのに対して、アイヌのチセは、柱穴を掘らずに先端

1　平地式住居（チセ）と高床式倉庫（プー）
（1872年北海道内でシュティルフリート撮影）

2　越冬用の竪穴式住居（トイチセ）
（1899年千島の色丹島？で鳥居龍蔵撮影）

図25　19世紀の写真にみるアイヌ民族の建物

を尖らせた柱を地面に打ち込んでつくられている。またプーとよばれるアイヌの伝統的な倉庫［図25－1左奥］は高床式だが、高床式倉庫は奄美群島や奈良時代以前の建物にはあっても、いわゆる日本建築にはみられない。

初期アイヌ文化に関する遺跡が多く見つかっている厚真町では、ニタップナイ遺跡やオニキシベ遺跡から長楕円形の炉と外踏ん張り式の打ち込み柱から構成された擦文後期の平地式住居がみつかっている。これにより、チセの起源が一〇世紀までさかのぼることがわかった。しかしチセの打ち込み柱やプーの高床構造といった建築工法が北海道内で生まれたのか、それとも道外から技術がもたらされたのかについては、今もまだわかっていない。高床式倉庫については、文化の中心から地方に言葉が

		アイヌ文化の文化要素	オホーツク文化	擦文文化	ヤマト文化	アムール女真文化
		■自製品　▲半自製品　□移入品	●直接的 ○間接的			
生業		海獣猟	●			
		陸獣猟	●	●		
		貝類の採集(貝塚の形成)	●			
		サケ漁	○	●		
		アワ・キビ・ヒエの雑穀栽培		●	○	
		板綴じ船(準構造船)	○	●	○	
		■骨角製銛頭	●	●		
		■骨鏃	●			
		■骨製中柄		●		
生活用具	衣	■動物衣(毛皮・鳥羽・魚皮)	●	●		●
		■樹皮衣・草皮衣		●		
		▲木綿衣			●	
		□小袖・陣羽織			●	
		▲金属製耳飾り	●			
		▲首飾り(タマサイ)		●		○
		□ワイヤー製装身具				●
		□メノウ玉				●
		金属板象嵌技法				●
	食	□鉄鍋			●	
		□漆器			●	
		■木器(白木)		●		
		刻印(シロシ・イトクパ)		●		
	住	■平地式住居(チセ)		●	○	
		■高床式倉庫(プー)	?	?		?
儀礼・信仰		子熊飼育型のクマ送り儀礼	●			
		物送り儀礼(イワクテ)	●	●		
		チャシ		●		
		民俗方位		●		
		■木幣(イナウ)		?		
		■捧酒箸(イクパスイ)		●		
		▲アイヌ刀(蝦夷刀)			○	
		伸展葬	●	●		
		刀剣類の副葬	●	○		
		方形竪穴／溝内の土坑墓		●		
		方形木棺			●	
		方形配石荼毘墓				●

表1　アイヌ文化の文化要素とその起源

伝播し、その地方に古い語形が残るとする方言周圏論になぞらえて、古代日本の建築様式が周縁部（北と南）に残ったとの意見もあるが、だとすれば、擦文時代の高床式倉庫跡をみつける必要がある。

生業の特徴とそのルーツ

アイヌ文化が、先行する続縄文文化・オホーツク文化・擦文文化を引き継ぐとともに、ヤマト（日本）文化の影響も受けていることはよく知られている。問題はアイヌ文化にいつごろからヤマト（日本）文化の影響がみられるようになったのか、である。アイヌ文化形成のメカニズムと形成時期を解明するには、アイヌ文化を特徴づけている文化要素が、何に由来するのか改めて整理しなおす必要がある。そこで、アイヌ文化の要素を、生業、生活用具（衣・食・住）、儀礼・信仰に分け、関連する諸文化との関係を検討した［表1］。

アイヌの主な生業は、交易品の生産と自家消費を兼ねた狩猟・漁労、そして自給のための採集と雑穀栽培である。オホーツク文化に比べ、擦文文化では動物の骨や骨角器の保存に適した貝塚が営まれなかったため、擦文文化の狩猟・漁労の実態はこれまであまりよくわかっていなかった。一方、オホーツク文化の遺跡には貝塚が多いことから、以前はアイヌ文化の狩猟・漁労は、オホーツク文化の伝統を色濃く引き継いでいるとの論調が目立った（埴原和郎ほか一九七二『シンポジウム　アイヌ—その起源と文化

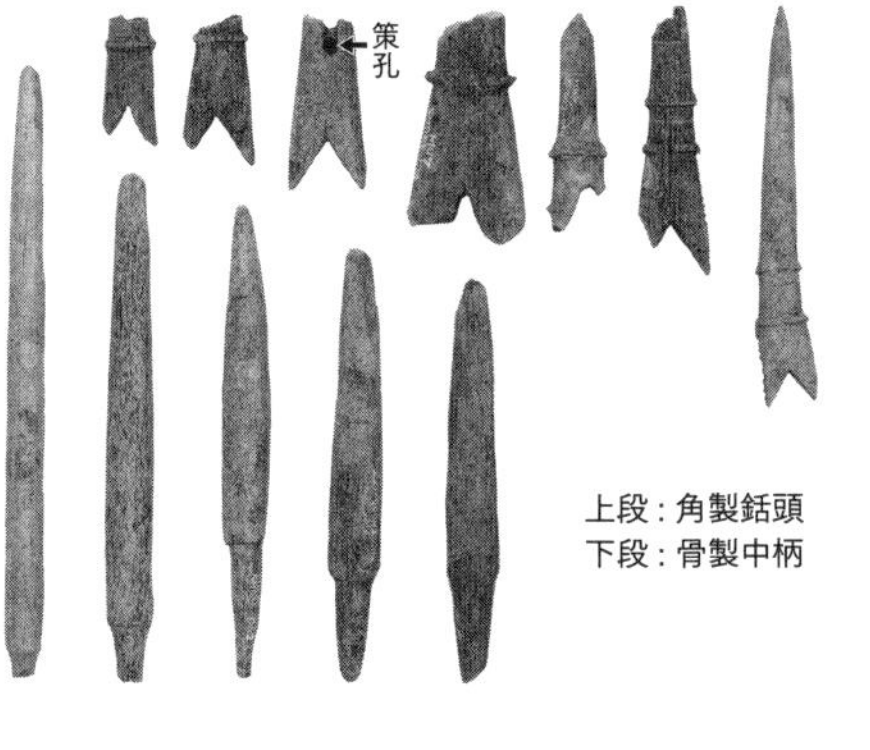

図26　擦文文化の角製銛頭と骨製中柄（伊達市南有珠7遺跡）

形成—』北海道大学図書刊行会)。しかし近年は、遺跡の分布や立地から、和人向けの交易品を生産するため、擦文人がサケ漁やエゾシカ猟、ワシ・タカ類の捕獲を計画的におこなっていたと推測されるようになった。また、擦文文化の銛頭《もりがしら》の多様性が一六世紀ごろまで引き継がれることや、アイヌの矢に特徴的な骨製中柄《なかえ》の出現が擦文文化に求められることなど、擦文文化とアイヌ文化の骨角製漁労・狩猟具の共通性が認識されるようになった〔図26〕(高橋健二〇〇八『日本列島における銛猟の考古学的研究』北海道出版企画センター)。そして第三章で述べたように、ヒエを中心とするアイヌ文化の雑穀栽培についても、擦文時代後半期までさかのぼることが明らかになっている。

次にアイヌの衣食住の系統性について民具や考古資料からみてみよう。

衣服・アクセサリー

アイヌの衣服は、毛皮衣・鳥羽衣・魚皮衣・樹皮衣・草皮衣などの自製品、交易により入手した木綿を縫製

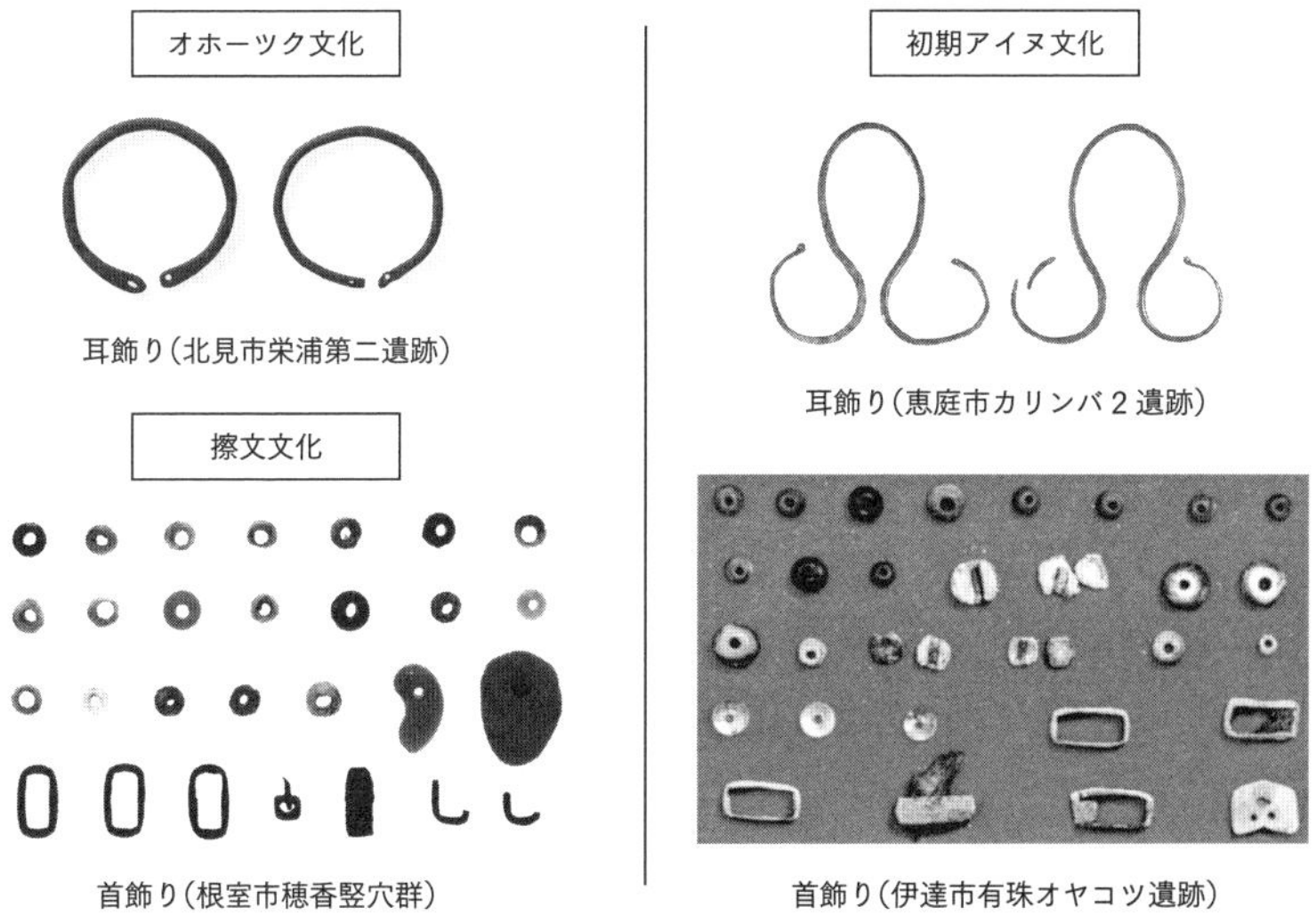

図27　オホーツク文化・擦文文化と初期アイヌ文化のアクセサリー

した半自製品、小袖・陣羽織などの「日本」製品、蝦夷錦とよばれる中国製の絹織物に大別される。とくに、サハリンでは日本から遠く離れ木綿を入手する機会が少ない上、寒さが厳しくオヒョウやシナノキなど樹皮衣の素材が手に入りにくいため、、草皮や毛皮・魚皮などが衣服に多く使われている。

中世・近世の和人とちがって、アイヌは多くのアクセサリーを身につけていた。それらのアクセサリーのうち、ニンカリとよばれる金属製の耳飾りはオホーツク文化の銀製耳飾りに由来し、タマサイとよばれるガラスや金属製の玉を用いた首飾りの祖型は擦文時代にすでに出現している［図27］。また同じ装身具でも一五世紀以前の初期アイヌ文化に特徴的な鉄製の針金を素材とするワイヤー製装身具［図28］やメノウ玉は、沿海州やサハリンのアムール女真文化に由来する。アイヌの服飾文化は、オホーツク文化・擦文文化・アムール女真（パクロフカ）文化の三者の影響により一三世紀ごろに形成されたのである。

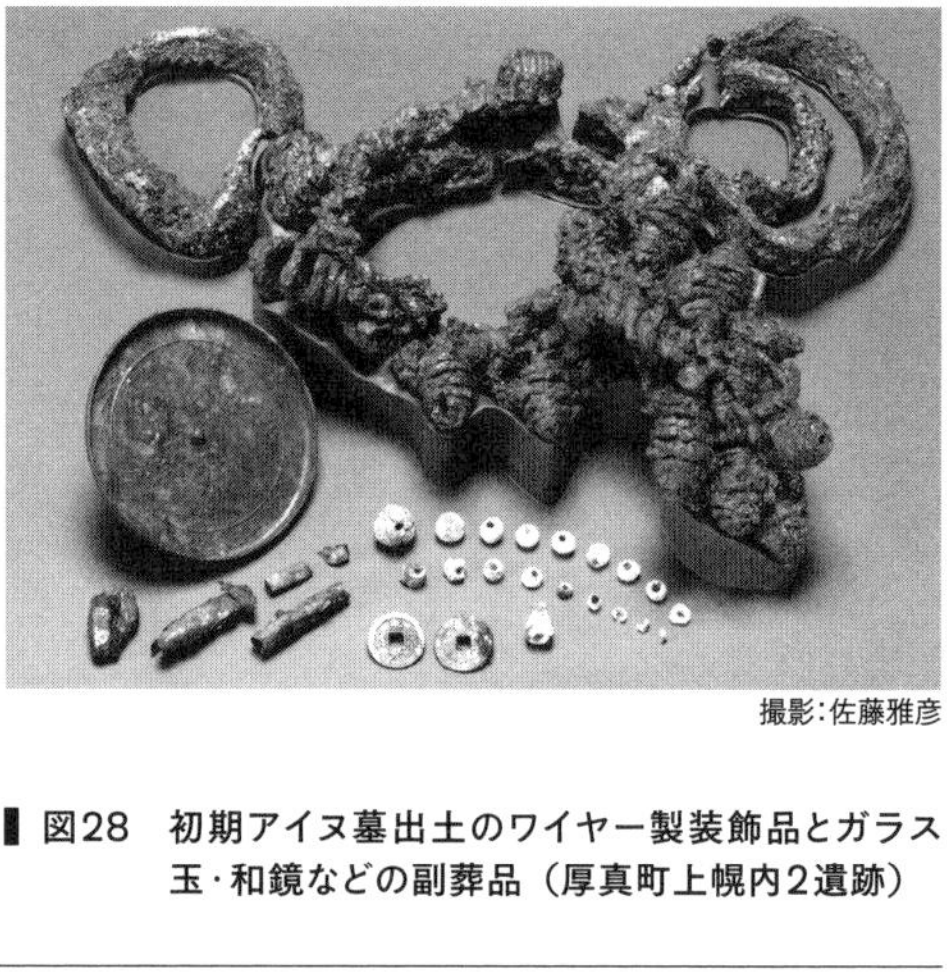
撮影:佐藤雅彦

図28　初期アイヌ墓出土のワイヤー製装飾品とガラス玉・和鏡などの副葬品（厚真町上幌内2遺跡）

器物

アイヌの食文化を特徴づける器物は、交易により和人から入手した鉄鍋や漆器と自製の木器である。札幌市K39遺跡では擦文時代後期～晩期の漆椀が発見されているが、北海道内で漆器の出土例が増えるのは一四世紀以降である。同様に鉄鍋についても一一世紀ごろから流入しはじめ、一二～一三世紀には北海道全域に広がるとする説（関口明・越田賢一郎・坂梨夏代二〇一五『北海道の古代・中世がわかる本』亜璃西社）もあるが、確実に一二世紀以前にさかのぼる出土例は確認できていない。北海道で鉄鍋や漆器が普及するのは、道南・道央で一三世紀、道東・道北にまで拡大するのは一四世紀であろう。

ところで漆器や木製品などアイヌの民具には、シロシとよばれる所有印やイトクパとよばれる刻印が多くのこされており、出土資料にも確認できる。似たような刻印は、一〇世紀中葉の日本海沿岸の擦文土器の椀類の底面に出現し、時間とともに複雑で固有な文様が派生していくことが指摘されている（瀬川拓郎二〇一四「祖印か所有印か―擦文時代における底面刻印の意味と機能―」『環太平洋・アイヌ文化研究』一一）。刻印は擦文文化とアイヌ文化の系統性を示す文化指標のひとつといえるだろう［図29］。

図29　アイヌ民具のシロシ（所有印）と擦文土器の刻印

住まい

次にアイヌの住まいであるチセを取り上げる。チセには地域性があり、渡島半島南端の函館市尻岸内《しりきしない》から胆振《いぶり》の白老《しらおい》では萱葺きの「キ・キタイ・チセ」、白老から十勝の広尾にかけ太平洋沿岸では葦葺きの「シヤリキ・キタイ・チセ」、広尾からクナシリ島にかけては樹皮葺きで入口の玄関兼物置（モセム）がない「ヤアラ・キタイ・チセ」が分布するという（瀬川拓郎二〇〇七『アイヌの歴史―海と宝のノマド―』講談社）。擦文時代の竪穴住居は広葉樹を用いて屋根は萱葺き、オホーツク文化の竪穴住居は針葉樹で建てられ樹皮葺きが一般的とみられる。道東に分布する「ヤアラ・キタイ・チセ」は樹皮葺きや入口施設のない形状に、オホーツク文化の竪穴住居の伝統が受け継がれている可能性が指摘されている。

儀礼や信仰の特徴とそのルーツ

次にアイヌ文化の儀礼や信仰のルーツをみてみよう。

アイヌ文化の代表的な儀礼であるイオマンテは、飼育した子熊を殺し、神の世界へ送り返すもので、古くから多くの研究者が注目してきた。この子熊飼育型のクマ送り儀礼はアムール川下流域からサハリン・北海道の先住民族に広く認められ、そのルーツはオホーツク文化期にさかのぼることが明らかにされている（宇田川洋一九八九『イオマンテの考古学』東京大学出版会、天野哲也二〇〇三『クマ祭りの起源』雄山閣）。

アイヌ語でイワクテとよばれる物送りは、万物に魂や霊的存在を認めるアミニズム（精霊信仰）にもとづき、生物の遺骸や役割を終えた器物を、この世に再び戻ってくることを願い、恵みをもたらす神々の世界へと送り返す儀礼であり、元をたどれば縄文文化にまでさかのぼる。日本本土では農耕社会の成立とともに動物儀礼は下火になるが、北海道では続縄文時代以降も途切れることなく継続し、アイヌ文化へと引き継がれた。

厚真町上幌内《かみほろない》モイ遺跡では擦文後期の一〇世紀後葉から一一世紀前葉、札幌市K39遺跡大木地点では初期アイヌ文化期の一四世紀前半にさかのぼる祭祀具や日用生活用具などを送った送り場が発見された。これにより、擦文文化からアイヌ文化に魂送りの思想が引き継がれたことが確かめられたのである。上幌内モイ遺跡の送り場では、交易により和人から入手した銅鋺（佐波理鋺）が意図的に壊され、火を受けた状態で発見されており、送りの儀礼の際に意図的に器物の機能を喪失させる行為がおこなわれたとみられる。一方、札幌市K39遺跡で見つかった土や分厚い灰の堆積は、アイヌ文化の幣《ぬさ》場《ば》（祭りや儀礼を行う場所）の一つで、ウナラエウシとよばれる炉などから出た灰の送り場が一四世紀にまでさかのぼることを意味している。

アイヌ文化にともなう送り場は、竪穴住居跡などの窪地を利用したものが古く、一六世紀ごろから貝塚があらわれ、二〇世紀には御神木の根元や岩陰の利用例が増える（宇田川洋一九八五「アイヌ文化期の送り場遺跡」『考古学雑誌』七〇―四）。旭川市嵐山の岩陰では、花矢や家紋を刻んだ椀などの伝統的器物のほか、ガラスの酒瓶や缶（一九六一年製）、ヒグマ・イタチ・リス・タヌキ・ウサギなどの動物骨が入ったビニール袋、乳児用のオルゴールメリーの部品などが発見されており、一九六〇年代まで送り場として機能していたことが確認されている。

アイヌ文化のなかの動物

アイヌが重視した動物神は、陸では熊、空ではシマフクロウ、海ではシャチであり、送り儀礼の重要な対象となった。シマフクロウは、モシリコルカムイやコタンコルカムイすなわちコタン（里）を守る神とよばれた。

レプンカムイ（沖にいる神）とよばれるシャチは、しばしばクジラを襲い、陸に打ち上げられたクジラはアイヌの人々の貴重なタンパク源となった。このためシャチは海の神々のなかでもっとも重視された。たとえば、函館市桔梗2遺跡から出土した縄文時代中期中葉のシャチ形の土製品は、シャチに対する信仰が四〇〇〇年以上前にさかのぼることを示している［図30左］。また余市から石狩周辺の日本海沿岸にはカムイギリとよばれる木でつくられたシャチの形代が残されている［図30右］。カムイギリにはイナウキケとよばれる削り掛けとともに、海の恵みであるニシン・サケ・マグロ・サメ・アザラシ・イルカ・クジラなどの木彫りが吊り下げられており、シャチがさまざまな海の恵みをもたらすカムイと考えられていたことがわかる。

北海道太平洋沿岸の胆振・日高のアイヌは、乱獲によって海獣が減少したため、一九世紀後半にはキテとよばれる銛を用いたメカジキ猟を活発化させた。日高アイヌが多く暮らす沙流川《さるがわ》流域では、河口左岸に位置するシノタイ遺跡でメカジキを主体とする一九世紀の動物の送り場が発見されている（大塚和義一九八一「失われたアイヌの儀礼—発掘されたメカジキ漁と送り儀礼—」『アニマ』九七、平凡社）。送り場に

縄文中期のシャチ形土製品
（函館市桔梗２遺跡）撮影：T.Ogawa

木製のシャチの形代
（カムイギリ）

図30　シャチ信仰を示す縄文時代の土製品（左）とアイヌ民具（右）

は地面に突き立てた状態のメカジキの吻骨《ふんこつ》が直線的に並んでおり、エリモ岬の方向に向け祈りが捧げられたと推測されている［図31上］。

二〇世紀におこなわれた民俗調査によれば、ヒグマ以外にキツネ・カワウソ・テンなどが動物の魂送りの対象になっている例が多くみられるが、エゾシカは対象から外れる場合が多い。一方、遺跡から出土するエゾシカの骨の状況や雄シカの頭骨が置かれた祭壇を描いたアイヌ絵から、かつてはエゾシカが送りの対象となったことがうかがえる。厚真町ニタップナイ遺跡では寛文七年（一六六七）に降下した樽前《たるまえ》b火山灰（Ta－b）の下から、エゾシカの送り場が発見され、近くからは幣場跡とみられる柱穴列もみつかっている［図31下］。獣骨集中区6では三メートル四方の範囲から三歳前後の一九頭分の頭骨が出土したが、すべて下顎骨《かがくこつ》が外されており、オスとメスとが区別されて積み重ねられていたとみられる。

エゾシカは、降雪や飢餓がボトルネックとなって短期間のうちに集団サイズや分布域が大幅に変動する。和人との交易においてシカ皮に対す

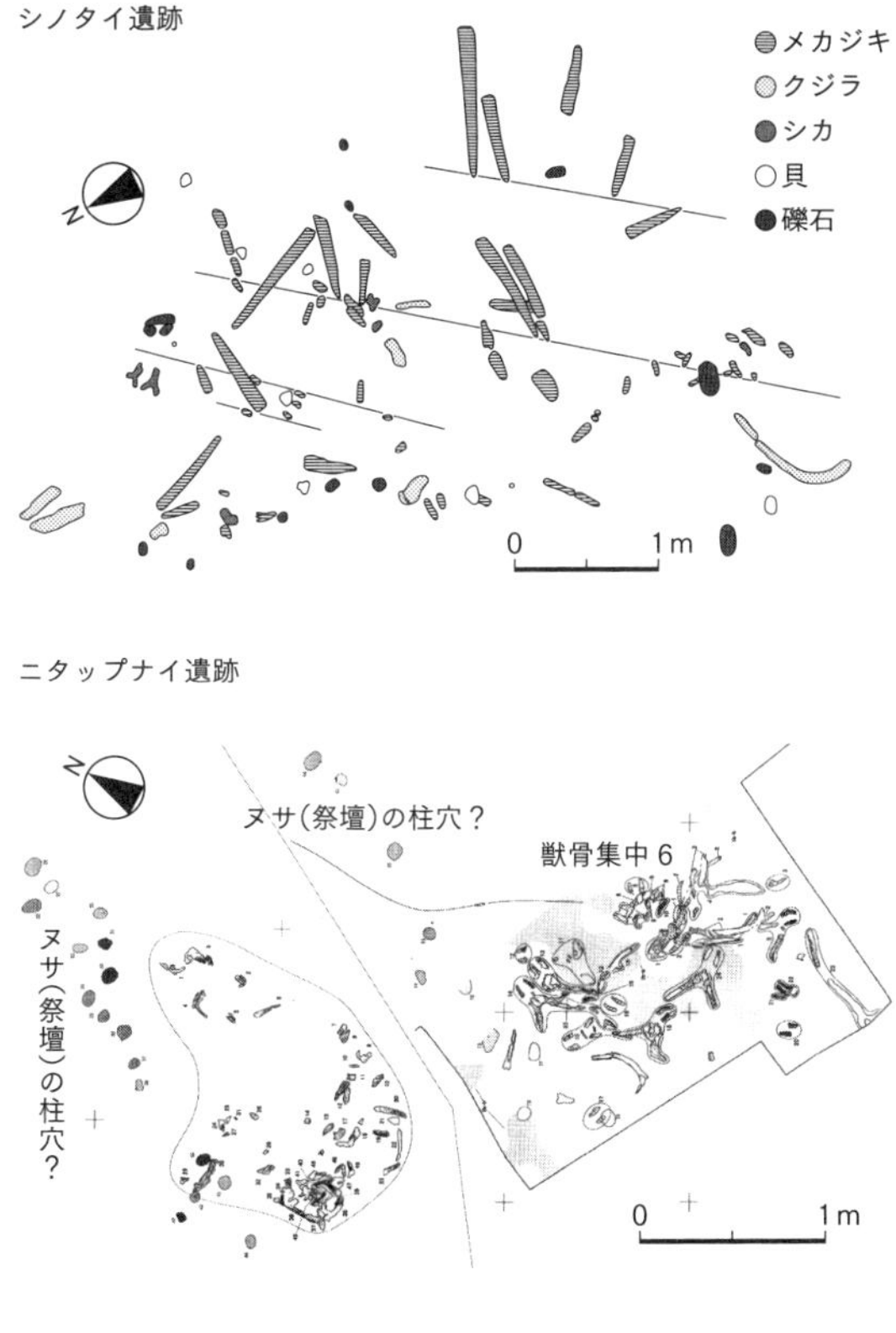

図31　発掘調査で発見された送り場

る需要が拡大するなか、拡張と収縮をくり返すエゾシカは安定した狩猟対象とはいえず、そのことがシカの神格性の喪失につながったと推測されている（高橋理二〇一五「アイヌの送り場」『季刊考古学』一三三、雄山閣）。

アイヌと動物とのかかわりを考える際、和人との毛皮交易を前提とした狩猟活動が重要である。これにより獲得された熊皮、熊胆《ゆうたん》、キツネ・テン・カワウソ・ラッコなどの小型動物の毛皮、矢羽用のワシ羽は、アムール川下流域・サハリンの諸民族との交易（山丹《さんたん》交易）によりアイヌが入手した中国産の絹製品やガラス玉などとともに軽物《かるもの》とよばれた。このようなアイヌの狩猟形態は、山丹交易が幕府による官営交易となる文化九年（一八一二）以降に盛んになった可能性が高いが、ここで注目されるのは、これら軽物の対象となった動物は、アイヌが近年まで魂送りの対象とした動物であったことである。一方で、エゾシカは軽物には含まれず、魂送りの対象からも外されていた。このように、アイヌの動物儀礼は縄文文化に起源を持つが、和人との関係のなかで時代とともに変容したといえるだろう。

チャシとはなにか

次にアイヌ文化に特徴的な遺跡として古くから研究されてきたチャシをみてみよう〔口絵1〕。チャシは前近代アイヌ文化期にみられる高所につくられた施設で、北海道・サハリン南部・南千島に広く分布する。

チャシの機能をめぐっては琉球のグスク同様、軍事施設か祭祀施設かで議論があった。またチャシ

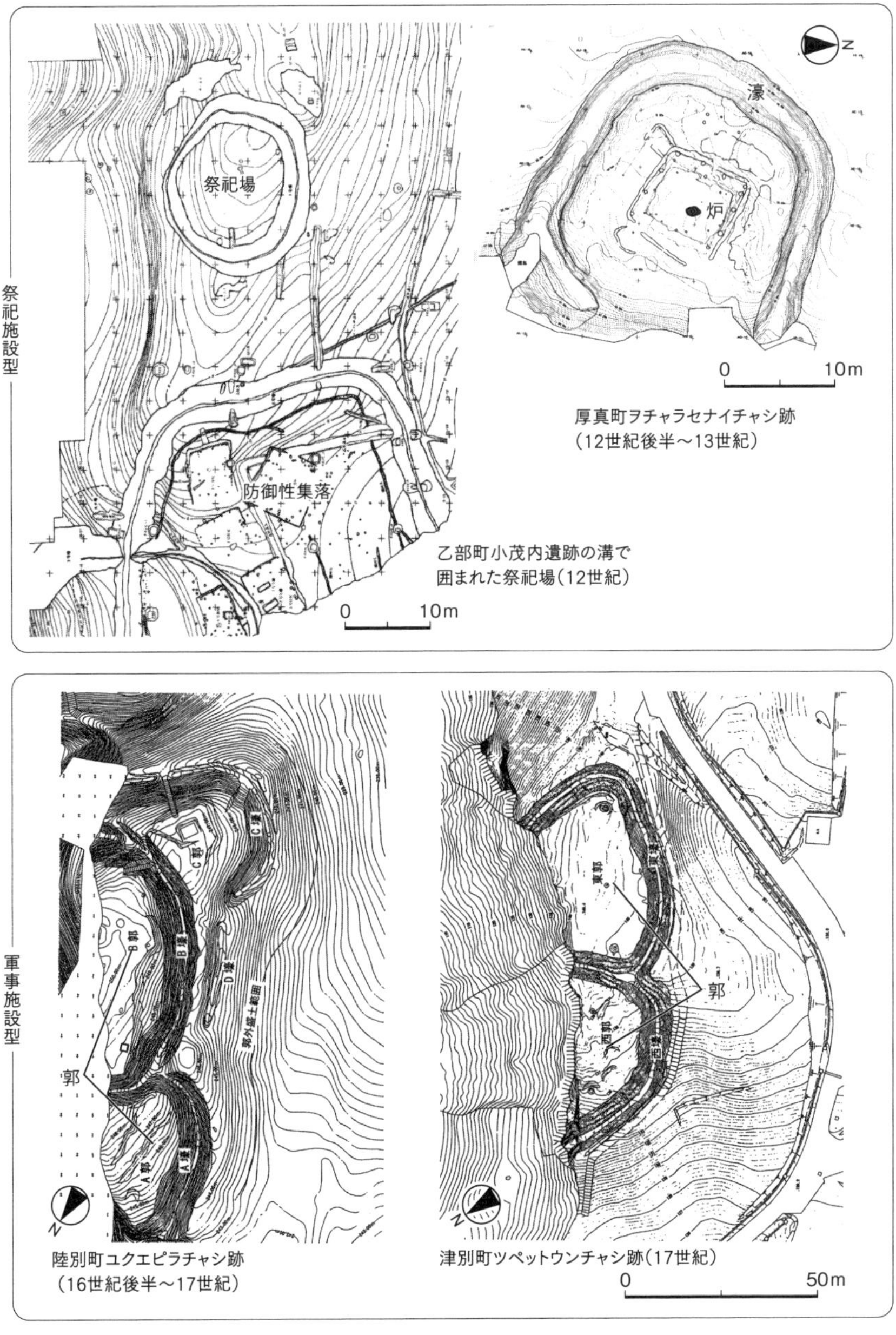

乙部町小茂内遺跡の溝で囲まれた祭祀場（12世紀）

厚真町ヲチャラセナイチャシ跡（12世紀後半～13世紀）

陸別町ユクエピラチャシ跡（16世紀後半～17世紀）

津別町ツペットウンチャシ跡（17世紀）

▌図32　チャシの成立と変遷

の起源については、東アジア地域の要害遺跡にもとめる説（右代啓視二〇〇八「要害遺跡の研究」『中世日本列島北部～サハリンにおける民族の形成過程の解明』北海道大学総合博物館）も出されてはいるが、近年ようやく古手のチャシ跡の発掘調査が進んだことで、グスクと同じように、チャシ本来の機能は祭祀場であり、軍事施設としての性格は後から付加された可能性が高いことが判明した［図32］。

厚真町ヲチャラセナイチャシやむかわ町ニサナイチャシなど一二、一三世紀のチャシ跡は、円形の壕で囲まれ、小型・単郭を特徴とする。ヲチャラセナイチャシでは、壕の内部に方形の周溝と炉をもつ平地式住居があり、有柄《ゆうへい》鉄鏃・鉄斧・刀子・鹿歯などが出土している。一六、一七世紀には、陸別町ユクエピラチャシや津別町ツペットウンチャシのように、軍事施設となりうる大規模な複郭のチャシが営まれるようになる。寛文九年（一六六九）のシャクシャインの戦いの際には、新ひだか町シベチャリチャシなどシベチャリ川流域チャシ群、寛政元年（一七八九）のクナシリ・メナシの戦いの際には、根室市ノツカマフ1・2号チャシなど、海をのぞむ崖上に半円形や方形の壕をめぐらす根室半島のチャシがアイヌの軍事拠点となった。

円形の壕で囲まれた祭祀場と思われる遺構は、厚真町上幌内モイ遺跡や道南の乙部町《おとべちょう》小茂内《こもない》遺跡でもみつかっており、時期は擦文後期にさかのぼる。小茂内遺跡ではコ字状の壕で囲まれた一二世紀の防御性集落を見下ろす場所に築かれている。

儀礼のための道具　イナウとイクパスイ

アイヌの宗教儀礼にはさまざまな器物が用いられるが、遺跡からも木幣（イナウ）や捧酒箸（イクパスイ）が発見されている［図33］。イナウは木材の表面を刃物でリボン状に薄く削り、花房や房状にしたもので、屋内外に立て神々に捧げたり、神格を宿して祭祀の対象となったりする。イナウと考えられる木製品は千歳市ユカンボシC15遺跡（擦文後期～一四世紀）に報告例がある。イナウの起源については、ニヴフやウイルタなどサハリンの先住民からアイヌに伝わったとする説が有力だが、擦文後期にまでさかのぼるとなると、後述する一三世紀のアイヌ民族のサハリン進出によって逆にアイヌから彼らに伝えられた可能性も考慮しなくてはいけない。

イクパスイはトゥキパスイともいい、漆塗り杯（トゥキ）の酒を神霊に捧げる際に使われる道具である。民俗資料では木製が多いが、まれに竹や鹿角でつくられたものもある。出土品では千歳市ユカンボシC15遺跡（続縄文～擦文前期）出土例がもっとも古く、千歳市美々8遺跡では寛文七年（一六六七）に降下した樽前b火山灰層の下から出土している。また上之国勝山館に隣接する宮ノ沢右岸地区からは漆椀とともに一六世紀末から一七世紀初頭のものが出土している。

伝世したアイヌ民具のイクパスイはヤナギ・イタヤカエデ・ツリバナ（エリマキ）などでつくられているが、遺跡出土の一六世紀以前のイクパスイにはスギやアスナロなど北海道以北には自生しない木が使われ

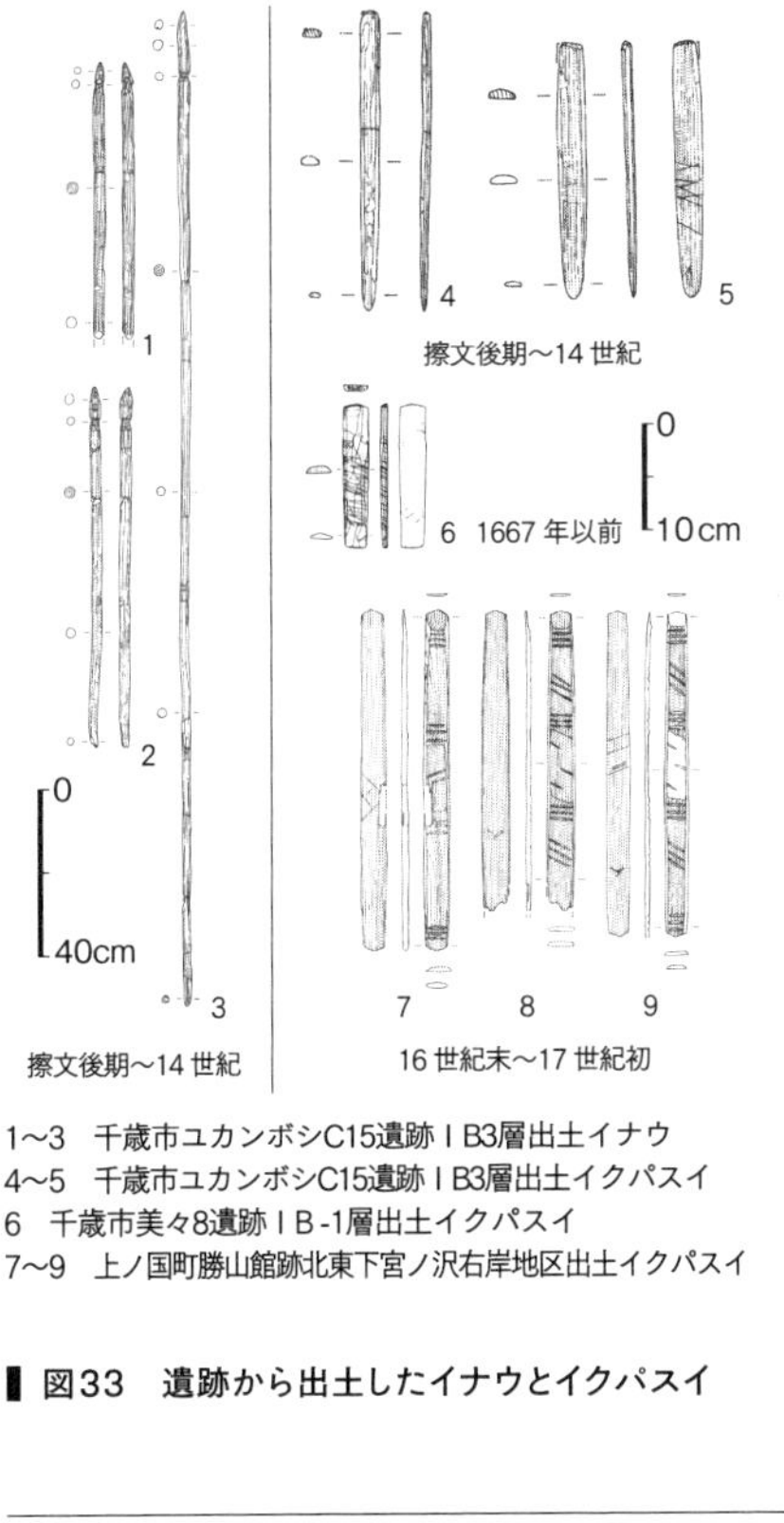

1～3 千歳市ユカンボシC15遺跡ⅠB3層出土イナウ
4～5 千歳市ユカンボシC15遺跡ⅠB3層出土イクパスイ
6 千歳市美々8遺跡ⅠB-1層出土イクパスイ
7～9 上ノ国町勝山館跡北東下宮ノ沢右岸地区出土イクパスイ

▌図33 遺跡から出土したイナウとイクパスイ

ていることから、古くは本州から移入した木製品を転用していたとみられる。アイヌの首飾り（タマサイ）には刀装具や和鏡・銭といった他民族との交易で入手したさまざまな金属製品が転用されているが、彼らは移入したモノを自分たちの文化的脈絡のなかで理解し、もともとの製作者がみたらビックリ仰天するようなものに作り変える才能があった（関根達人二〇一六『モノから見たアイヌ文化史』吉川弘文館）。しかし、アクセサリーであるタマサイのパーツに自分たちでは作れない「日本」製のさまざまな金具を転用するのはわかるとしても、宗教儀礼に使うイナウやイクパスイを作るのに北海道に自生する樹木ではなく、あえて「日本」製の木製品からの転用材を使うのには何か特別な理由があったはずである。またイナウとイクパスイの起源が本当に擦文時代にさかのぼるのかについては、出土事例の増加を待って引き続き慎重に見きわめる必要があるだろう。

さまざまな文化が融合したアイヌの墓

次にアイヌ文化の葬墓制のルーツとその特徴をみてみよう。

擦文中期から後期の墓は、道東部では住居内埋葬、道央部では土坑墓が主流で、死者は手足を伸ばした状態（伸展葬）で葬られる。住居内埋葬は遺体を竪穴住居内に葬るもので、古くは縄文時代からみられ、廃屋墓とよばれる。近年、厚真町上幌内2遺跡などで発見されている方形の竪穴状のくぼみの中央に長方形の墓坑をもつ初期アイヌ墓は、道東の擦文文化にみられる廃屋墓との連続性がうかがえる［図34］。しかし大多数のアイヌ墓は、基本的には道央の擦文文化の墓を踏襲しており、遺体は長方形の墓坑内に伸展葬で葬られる。

ところが、一四世紀ごろの初期アイヌ墓のなかには、一般的なアイヌ墓とはまったく異なる方形配石荼毘《だび》墓というものが存在する［図35］。それらの墓は、①方形の配石、②複数遺体の合葬、③埋葬施設での火葬（荼毘墓）など大陸に由来する共通した特徴をもつ。

方形配石墓は、沿海地方の渤海の遺跡にみられる石室墓に起源を求めることができる。中国吉林省敦化市の六頂山墓地遺跡や、ロシア沿岸地方ハサン地区のクラスキノ土城西門外などで発見されている渤海時代の石室墓は、規模が大きく形態も整ったものが多いが、年代が下るにつれ簡略化し、伊達市有珠《うす》オヤコツ遺跡や余市町大川遺跡の方形配石荼毘墓へとつながるものと推測される。

合葬墓や荼毘墓もまた沿海地方に起源を求めることができる。沿海州アムール川流域のアムール女真文化では、一一世紀末の土坑墓の墓地において埋葬地点の上で火葬（クレマーツィヤ）する習俗がみられる。ウラジオストク近郊のナデジュジンスコエ墓地では、女性と幼児の合葬例や、「埋葬焼却の仮屋」の痕跡も確認されている。アムール女真文化の火葬は、靺鞨以来の伝統的な土葬に「エグスグマーツィヤ」とよばれる遺骨掘り出しや棺焼却をともなう除厄浄化儀礼が加わり、発達・複雑化したものと考えられている。ロシア沿岸地方オクチャブリ地区のスイフン川右岸に位置するチェルニャチノ5遺跡から

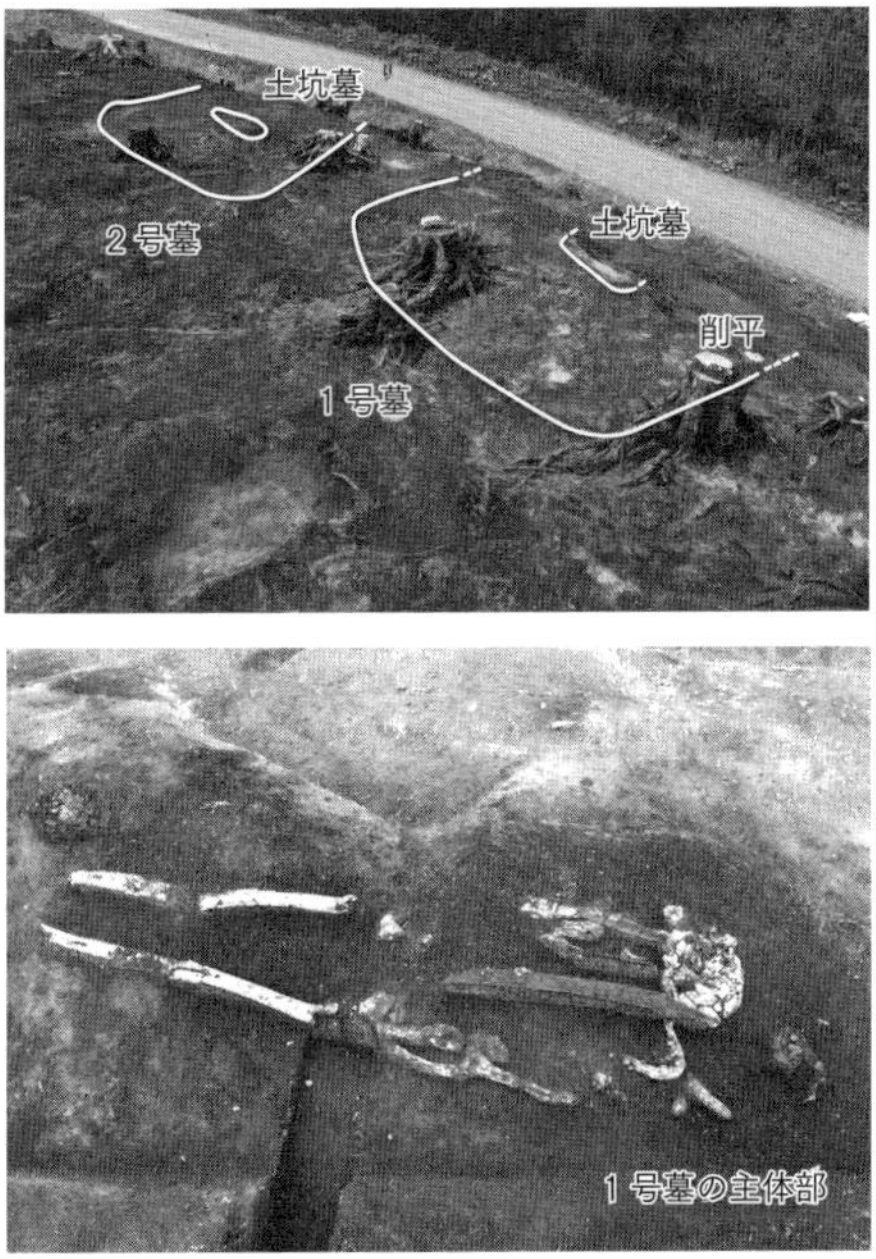

▍図34　初期のアイヌ墓（厚真町上幌内2遺跡）

発見された墓はすべて二次的な火葬を受けており、そのなかに、土坑の底部に石を敷き詰め、遺体を納めた棺もしくは木製構造物を置いて火をつけるものや、土坑内に遺体を納めた棺もしくは木製構造物を置き、土坑の周りを石で囲い、それらを焼く墓が報告されている。

北海道では墓に多くの副葬品を納める厚葬の習俗が、縄文時代後期から続縄文時代へと引き継がれた。厚葬の習俗はオホーツク文化にもみられるが、擦文中期から後期の墓では葬送儀礼に使われたと思われる黒曜石の転礫をのぞけば、副葬品に乏しい。一般的な中世・近世の和人墓も副葬されるのは六道銭（死者に持たせる銭）や煙管《キセル》くらいなのに対して、アイヌ墓の副葬品の豊富さは際立っている。

アイヌ墓の副葬品でもっとも多いのはマキリとよばれる小刀（刀子）［口絵6－4］で、副葬率は約六割を超す［図36］。マキリに次いで多いのが漆器で、約半数の墓に副葬されている。太刀・腰刀は四割弱、煙管は約二割の墓にみられる。副葬率が一割を超すものとしてはほかに、鉄鍋・山刀・首飾り（玉類）・耳飾りがある。また、矢（鏃・中柄）や矢筒などの狩猟具、鉤銛《かぎもり》・銛・釣り針などの漁労具、鉈《なた》・鎌・針・針入といった工具類、鍔《つば》や小柄《こづか》などの刀装具、鎧の小札《こざね》、和鏡、陶磁器を副葬した墓もある。鉄鍋は女性の墓にかぎられ、通常、死者の足元に置かれる。

アイヌ墓の副葬品で目を引くのが、マキリ、太刀・腰刀、煙管、鉄鍋、山刀などの多様な金属製品であり、とりわけ鉄製品の豊富さにはおどろかされる。これらの金属製品や漆器は日本製品であり、交易品である。これらは、一三世紀以降、擦文時代とは比較にならないほど多くの日本製品が北海道に流入するようになったことを如実に物語っている。北海道における鉄器の出土量は、一一世紀と一四世紀に増加し、とくに鉄鍋・刀剣が副葬品の組成に加わる一四世紀代が大きな画期とされる（笹田朋孝二〇一三『北海道における鉄文化の考古学的研究』北海道出版企画センター）。アイヌ文化では擦文文化の一〇

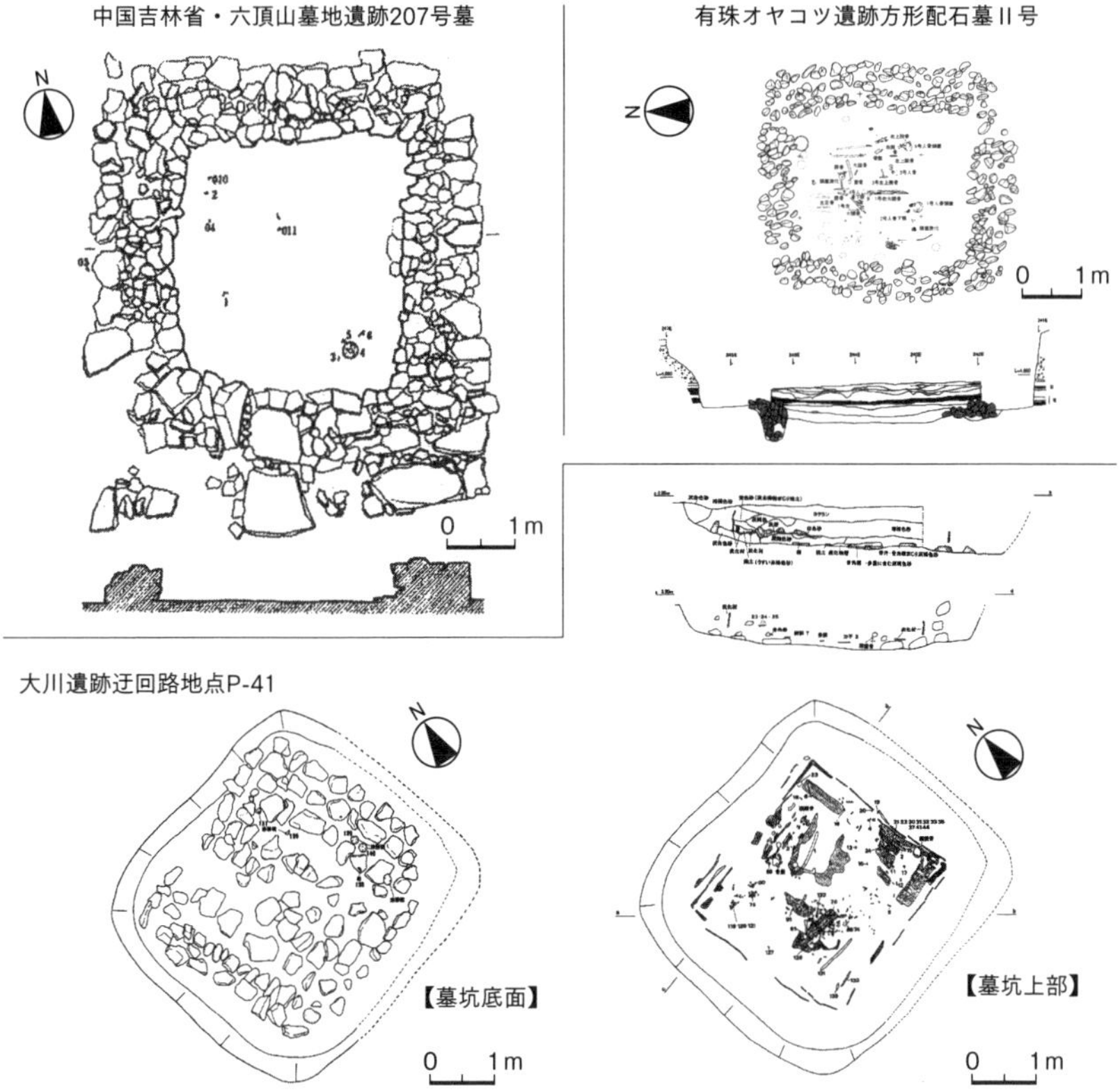

▌図35　渤海の石室墓と初期アイヌ文化期の方形配石茶毘墓

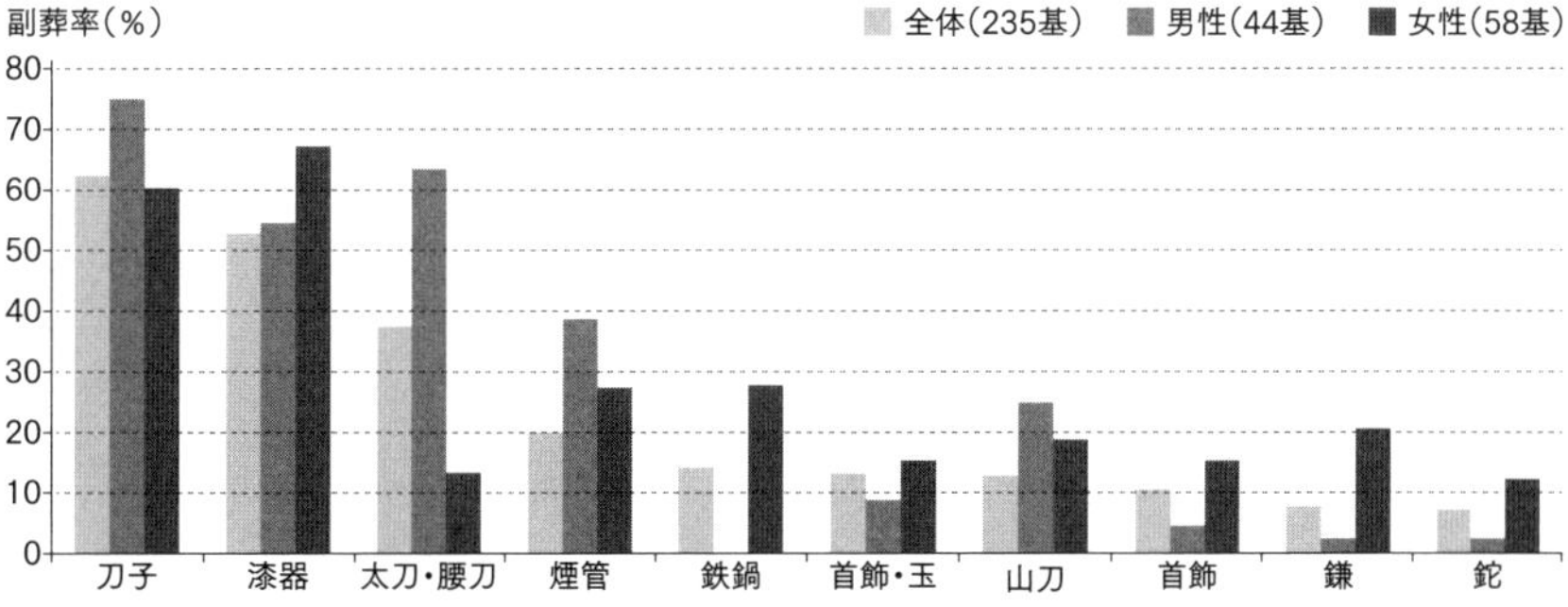

▌図36　アイヌ墓の副葬品

倍以上の鉄器が使用されたとの試算もある（天野哲也一九八九「擦文期北海道にもたらされた鉄の量とこれに関連する諸問題—アイヌ期との比較において—」『たたら研究』三〇）。アイヌの遺跡からこれほどまでに多量の鉄製品が出土するのは、和人社会と異なり鉄を鋳なおすリサイクルシステムが十分確立していなかったことに一因がある。その点を考慮したとしても、擦文時代以前と比べ鉄製品の移入量が爆発的に増加したという事実は揺るぎようがない。

以上のように、アイヌ文化は、擦文文化をベースとしながらも、一方で生業や儀礼に関してはオホーツク文化の伝統も受け継いでおり、そこに新たにヤマト文化や大陸のアムール女真文化の要素が加わることで形成された。擦文文化とオホーツク文化という「北海道の古代文化」の上に、南のヤマト文化、北のアムール女真文化が重なることで、それらの文化が「化学反応」を起こして生まれたのがアイヌ文化なのである。もちろん個々の文化要素を取り上げれば、縄文文化や続縄文文化にまでさかのぼるものもある。また精神文化の基本的要素は、擦文時代後半期にはすでに形づくられていた可能性が高い。しかしアイヌ文化を特徴づける物質文化の諸要素の大部分が出そろうとともに、北海道を中心に北はサハリン南部から南は本州北端部にいたるアイヌモシリが形成されたのは一三世紀であり、それ以降をアイヌ文化期とするのが、考古学が導きだす時代区分の答えである。

3　中世的世界の形成とアイヌ文化の成立

中央集権体制の崩壊が導いたもの

日本や朝鮮などアジアの国々が中央集権国家のモデルとした唐が滅んだのち、一一、一二世紀には東アジア各地で民族の自立意識が強まった。日本では唐を手本とした律令国家が次第に支配域を南北に拡大する一方、国家に属さない東北北部・北海道や奄美群島の住人との間で交易活動を展開した。東アジアでは、民間商人を主体とする海を介した交易が活発化した。日本列島でも律令的支配体制の解体にともない、北方交易の担い手は国家の出先機関である秋田城から北奥のエミシを経て「俘囚の長」を自任する安倍・清原・奥州藤原氏へ、南方交易の主体は大宰府・筑紫館（鴻臚館《こうろかん》）から寺社や権門《けんもん》（有力な公家）にうつり、博多を根拠とした南宋出身の貿易商人（博多綱首《こうしゅ》）が担うこととなった。

一二世紀、西日本を中心に最初の武家政権を樹立した平氏は、それまで政権を担っていた貴族と異なり、対外貿易に積極的であった。すなわち平清盛は、瀬戸内海の海上ルートと博多などの対外交渉の窓口を押さえるとともに、摂津国福原の外港大和田泊《おおわだのとまり》を拡張し、南宋との貿易を活発化させた。一方ほぼ時を同じくして奥州の覇者となった平泉藤原氏も、権力基盤強化のため、北海道の擦文集団との交易拡大を図ろうとした。

そしてヤマトに武家政権による中世的世界が形成された一二・一三世紀ごろ、日本列島の北と南にヤマトとは異なる独自の民族社会、すなわちアイヌと琉球が誕生した。この二つの民族社会は、一一・一二世紀の東アジア地域における民族意識の高揚と海を介した交易活動の活発化によって出現したのである。中世・近世のヤマトが農業国家であったのに対して、アイヌと琉球が交易型社会であったのは、そうした歴史的経緯と地理的条件の二つの要素によってはじめから方向づけられていたといえる。

日本海交易の展開とアイヌ文化

アイヌ文化の成立の要因の一つに大量の日本製品の流入が挙げられるが、それを支えたのが一三世紀以降、列島的規模で活発に展開するようになった日本海交易である。日本海沿岸の若狭・能登・越後などでは、古代末から中世初期にかけて、国府や府中が内陸部からより港湾に近い場所に進出する現象が確認されている。そうした変化の要因は、中世には港湾や流通をより強力に掌握することが一国行政上不可欠となったことにある。古代の港湾は律令国家の管理下にあったが、平安時代には国衙《こくが》に結集していた「在庁官人」とよばれる地元の武士が次第に府中に付属する湊に権益を拡大していった。

そして中世前期には、中央の大神社に所属する神人《じにん》とよばれる人々が北陸各地に下りて湊町の開発や整備をし、流通の担い手になっていった(仁木宏・綿貫友子二〇一五『中世日本海の流通と港町』清文堂出版)。彼らは神人としての特権を使って関税や守護方の検断を逃れる一方、漁民や運送業者を組織して湊町を成長させた。

北海道と本州をむすぶ北方交易もまた、こうして次第に形成されていった日本海沿岸の湊町を中継する中世的物流システムに組み込まれた。十三世紀以降、幕末の箱館開港にいたるまで、中世・近世を通して日本海ルートが主体となって、畿内・北陸と北海道をむすぶ北方交易が展開し、その結果、北海道は次第に日本経済圏に取り込まれ、次第にアイヌの経済的な自立性が失われることとなった。

日本の中世・近世はまさに船の時代であり、水運の発達によって建築資材（木材・石材）・陶磁器・石造物などの重量物を含め、多種多様な生活物資の広域流通が可能となった。その結果、一三世紀以降、国産の壺・甕・擂鉢《すりばち》、中国産磁器の碗や皿といった陶磁器が日本社会に深く浸透したが、アイヌ社会が陶磁器文化圏に含まれることはなかった。

もちろんアイヌがまったく陶磁器を受容しなかったわけではない。北海道内から中近世陶磁器が出土した場合、その使用者がアイヌなのか和人なのか判断するのは容易ではない。しかし、ごくわずかだがアイヌ墓やデポ（埋納遺構）、チャシ跡などからあきらかにアイヌが所有していたと考えられる陶磁器が出土している。

アイヌが初めて陶磁器を受容したのは、余市町大川遺跡のアイヌ墓に副葬されていた青磁鎬蓮弁文《しのぎれんべんもん》碗や青磁双魚文鉢［図37－1～3］などからみて、一三世紀末から一四世紀前葉ごろと考えられる。続く一四世紀中葉から後葉には小樽市船浜遺跡のアイヌ墓から青磁線描き蓮弁文碗と珠《す》洲《ず》焼の擂鉢が出土している［図37－4・5］。これらは津軽半島の十三湊《とさみなと》を経由して余市で荷揚げされたものであろう。

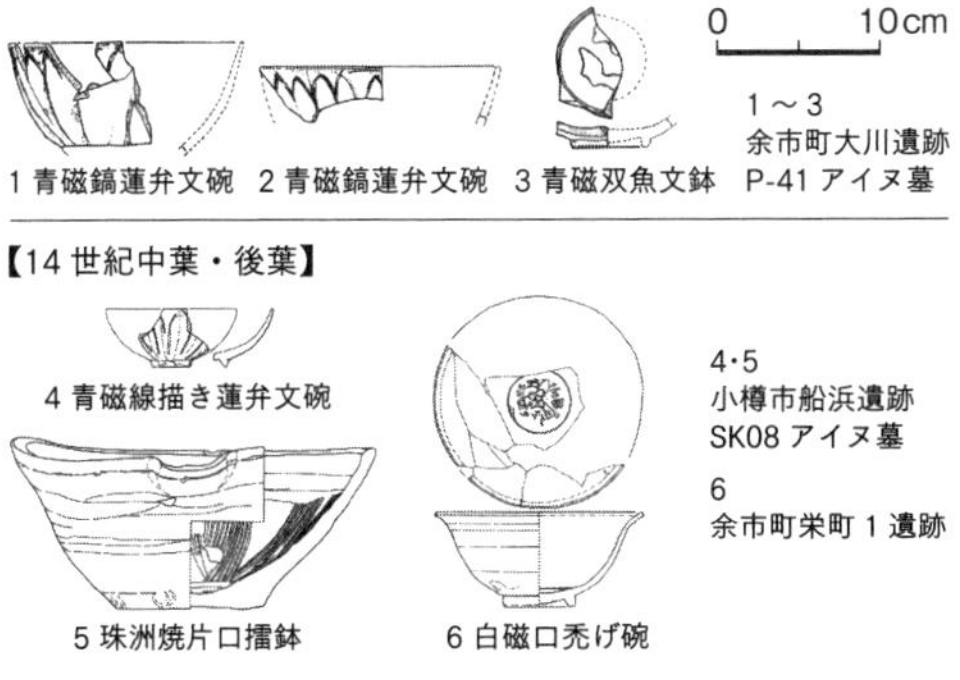

▌図37　アイヌが使用した中世陶磁器（13世紀末葉～14世紀後葉）

一四世紀末から一五世紀中葉には、千歳市美々8遺跡やユカンボシC15遺跡のような石狩低地帯のアイヌ集落からごくわずかだが陶磁器が出土するようになる。余市町大浜中遺跡では一五世紀後半から一六世紀初頭のデポ（埋納遺構）において、非常に質の高い日本製の武器・武具［口絵4－3・4］やニンカリ（耳飾り）が出土しているが、これと一緒に中国産青磁端反《はぞり》碗一点・青磁雷文帯碗一点・青磁線描き蓮弁文碗二点・青磁端反皿三点・青磁稜花《りょうか》皿二点、古瀬戸天目碗一点の計一〇点におよぶ完形の陶磁器が発見されている［図38］。これは、本州で抹茶碗として使われた陶磁器碗が十三湊を介して余市に運ばれ、それをアイヌが手に入れたものと思われ、青磁碗はすべて見込み（内底面）に茶筅《ちゃせん》擦れらしきリング状ないし線状痕がある。碗が五点、小皿が五点と数が一致しており、小皿を天目台の代わりに碗の下に置き使用した可能性が考えられる。それらは日常的な食器ではなく、威信財であり、漆器と同じように儀式の場で酒器として用いられた可能性が高い。

一六世紀前葉から後葉には、和人の蝦夷地進出にともなって日高の平取町二風谷周辺や陸別町ユクエピラチャシ跡、津別町ツペットウンチャシ跡、釧路町遠矢《とおや》第2チャシ跡など道東のチャシからごくわずかだが陶磁器が出土するようになる。しかしその後、一七、一八世紀もアイヌの遺跡から出土する陶磁器が増えることはなかった。漁場で和人と飲食をともにするようになる一九世紀までアイヌが日常的に陶磁器を用いることはなかったのである。彼らが食膳具としてえらんだのは、中国産の磁器や日本産の陶器ではなく、自製の木器と日本産の漆器であった。

図38　余市町大浜中遺跡の一括出土陶磁器（14～16世紀初頭）

高級漆器を好んだアイヌ

漆器は、漆掻き・木地作り・漆工などの専門性の高い分業によりつくられるため、古代日本社会では漆器の生産は律令国家や有力寺院などに掌握されていた。陶器や土器に比べ高価な漆器は、金属器やガラス器とならぶ貴族の食器や調度品であった。平安時代後期、国家権力の衰退により後ろ盾を失った漆工技術者は地方へ拡散するとともに、より簡便な漆器を作りはじめた。平安末期以降、日本社会における漆器は、手箱・硯箱に代表される高級な調度品と、飯椀・汁椀・菜椀からなる組椀のような安価な食器に二極分化する。

アイヌ社会に受容された漆器は、杯（トゥキ）・高杯（タカイサラ）・膳（オッチケ）・片口（エトゥヌプ）・耳盥《みみだらい》（キサルシパッチ）・行器《ほかい》（シントコ）などが多い（佐々木利和二〇〇一『アイヌ文化誌ノート』吉川弘文館）。アイヌは、中世以降の日本社会でよく目にする組椀や手箱・硯箱といった類の漆器にはさして興味を示さなかった。漆器は彼らにとってあくまで酒儀礼の道具であり、酒器や酒を醸すための容器（酒槽器《しゅそうき》）として使われた［図39］。

アイヌが使った漆器は、墓やチャシ跡、集落跡、送り場（貝塚）などから出土している。アイヌ墓における漆器の副葬率は五割強と刀子に次いで高く、森町御幸町遺跡をはじめ、千歳市の末広遺跡・

図39　アイヌの漆器

ウサクマイ遺跡・美々8遺跡、平取町二風谷遺跡、せたな町南川2遺跡、泊村堀株《ほりかっぷ》1遺跡、余市町大川遺跡・入舟遺跡、稚内市泊岸《とまりきし》1遺跡、礼文町香深井《かぶかい》5遺跡など多くの出土例がある。アイヌ墓に副葬された漆器は椀・杯類がもっとも多く、膳・盆・折敷《おしき》類がそれに次ぎ、ほかに高杯・皿・行器・天目台・鉢・蓋などがみられる。

余市町大川遺跡迂回路地点の方形配石荼毘墓や厚真町オニキシベ2遺跡1号墓からは、鎌倉から出土するような一三世紀末から一四世紀ごろのスタンプ文をもつ漆器が出土している「口絵2－2・図40－1」。北海道内の出土漆器は、本州の一般的な近世遺跡に比べ、江戸前期には余市町入舟遺跡の高台寺蒔絵椀「口絵2－1」をはじめ蒔絵や琉球沈金の技法などの加飾がある優品や、堅牢で実用性に優れた根来系の朱漆器が目立ち、江戸後期から幕末には一般品の範疇に入るものが多いという（北野信彦二〇〇二「アイヌ社会の漆器考古学が意味するもの」『考古学ジャーナル』四八九、ニューサイエンス社）。

平取町二風谷遺跡では、周溝がめぐる一七世紀代の1号墓から赤色漆と黒色漆による市松模様の角《すみ》切《きり》折敷と、黒地外面に雲文と菱形金箔を配置した南部箔椀がセットで出土している「図40－10」。礼文町香深井5遺跡でも一七世紀後葉の1号墓から、赤色系漆（根来系）膳と南部箔椀がセットで出土している。このように一八世紀以前のアイヌ墓では、膳に伏せた漆椀と箸を添えて細い紐で縛った状態で出土する事例が多く、千歳市の末広遺跡でも一七三九年に降下した樽前a火山灰の下に埋もれたアイヌ墓からそうした状態で漆椀が出土している「図40－4～9」。

これらアイヌの遺跡から出土する一八世紀以前の漆器は、一九世紀代を主体とするアイヌ民具の漆器に比べ、総じて質が高い。またアイヌ社会に伝世した一九世紀の漆器には、一見文様は派手だが漆塗りの工程が粗雑なアイヌ向けにつくられた安物が数多くみられるが、そうしたものは一八世紀以前

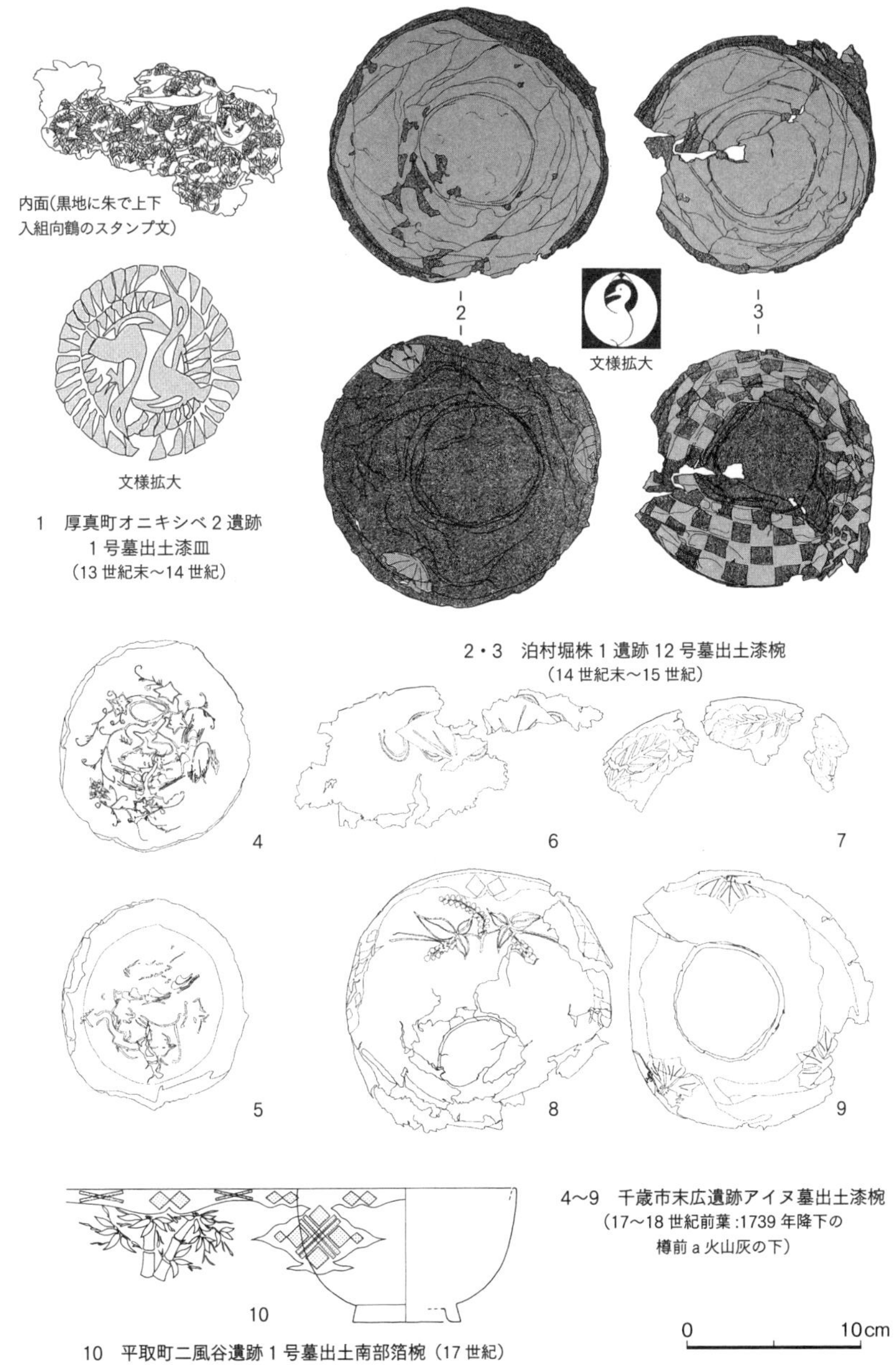

内面(黒地に朱で上下
入組向鶴のスタンプ文)

1　厚真町オニキシベ2遺跡
1号墓出土漆皿
(13世紀末～14世紀)

2・3　泊村堀株1遺跡12号墓出土漆椀
(14世紀末～15世紀)

4～9　千歳市末広遺跡アイヌ墓出土漆椀
(17～18世紀前葉:1739年降下の
樽前a火山灰の下)

10　平取町二風谷遺跡1号墓出土南部箔椀(17世紀)

図40　アイヌの遺跡から出土した漆器

には確認できない。一八世紀以前にアイヌが受容した漆器は、日本国内の流通品のなかでも比較的高級品が多く含まれているのである。

「古き良き日本」をもとめたアイヌ

ところで、日本の中世を特徴づける文化にお茶と仏教があるが、アイヌはそのどちらにも関心を示さなかった。実際、彼らは交易を通して和人から多くの物資を得ていたが、陶磁器より漆器をえらんだように、自分たちの価値観に照らして必要なものだけを受け入れていたのである。アイヌの物質文化をみるかぎり、彼らの価値観の基準となっているのは、同時代の日本（中世・近世の日本）ではなく、「古き良き日本」、すなわち古代の日本であったようだ。

「三種の神器」に代表されるように、玉・鏡・刀剣は、古代日本社会のなかで支配者の権威を象徴する宝物であった。このうち、刀剣だけは中近世の武家社会でも宝物としての地位を失わなかったが、中世以降の日本社会では、鏡が宝物として扱われるのは宗教儀礼の場面にかぎられ、玉にいたってはほとんど顧みられることがなかった。ところが、アイヌ社会では、二〇世紀にいたるまで玉・鏡・刀剣がイコロ（宝物）として大事にされ、墓にも納められた。

アイヌは交易で入手した和鏡に紐孔をあけたり、柄鏡の柄を切断したりして、タマサイ（首飾り）のシトキ（金属製の飾り板）に転用した。タマサイを身につけた際、シトキに転用された和鏡は姿をうつす鏡面が身体側、文様をもつ鏡背が外側となる。彼らにとって鏡は姿形をうつす道具ではなく、装身具を兼ねた祭祀具であり、古代の鏡が宿していた呪術性を求めつづけたのである［第3章図22参照］。

テーマ別 おすすめ本 2

古代史ロマン

律令国家誕生前夜。王族、豪族たちの興亡の跡をさぐる

律令国家前夜
遺跡から探る飛鳥時代の大変革

前園実知雄 著

A5 判　288 頁　2700 円+税

三輪山を望む地に成立したヤマト政権は、推古天皇の時に王宮を飛鳥に遷した。やがて仏教を掲げて律令国家「日本」へと向かう。厩戸皇子の幻の斑鳩京をはじめ王家の皇子たちがそれぞれの理想の国を追い求めた飛鳥時代を遺跡から考える。

倭国の古代学

坂 靖 著

A5 判　336 頁　2700 円+税

動乱のつづいた東アジアの情勢のなかで、倭国には各地に王が割拠し、それぞれ独自の外交をおこなっていた。激動の時代を経て、倭国大王が中央と地方の関係を築くまでの過程を描く。

ヤマト王権の古代学
「おおやまと」の王から倭国の王へ

坂 靖 著

A5 判　272 頁　2500 円+税

弥生時代に、奈良盆地でもっとも高い生産力をもった地域集団は、古墳時代に「おおやまと」古墳集団となって佐紀古墳集団をとり込み、ヤマトの支配を実現し、王権を確立した。その過程を考古学から探る。

テーマ別 おすすめ本 3

古墳を旅する

古墳の歴史と魅力を探る旅のお供に！

装飾古墳ガイドブック
九州の装飾古墳

柳沢一男 著

A5 判　160 頁　2500 円+税

鮮やかな色彩、不思議なデザイン、その出現と展開をカラー写真・図版でたどる。装飾古墳の外観写真や石室図、分布の地図、図像の変遷図など、たんに絵柄を鑑賞するのではない、「知る・わかる」ガイドブック。

よみがえる百舌鳥古墳群
失われた古墳群の実像に迫る

宮川 徏 著

A5 判　260 頁　2500 円+税

戦後開発で多くの古墳が破壊され、主要巨大古墳が天皇陵・陵墓参考地とされてベールに包まれたままの百舌鳥古墳群。地元堺市に生まれ育った著者が、みずからの調査と保存運動の体験から、百舌鳥古墳群の全体像に迫る。

古墳空中探訪［列島編］

梅原章一 著　**今尾文昭** 解説

B5 判　128 頁　2800 円+税

古墳を空からみると、山・平野・川・海などの地形と道、港などの人文要素と古墳の関係が見えてくる。列島編では、古市古墳群、百舌鳥古墳群をはじめ、北は岩手から南は鹿児島まで、列島の主要古墳を空撮。

テーマ別 おすすめ本 4

考古学の達人

研究史に数多くの足跡を残した考古学者にせまる

考古地域学を学ぶ
戸沢充則の考古学

海戸塾（代表 勅使河原彰） 編

四六判　304 頁　2300 円+税

個別・細分化した科学分析が隆盛するなか、考古学は何を目指すのか。戦後、旧石器時代・縄文時代研究をリードした考古学者、戸沢充則の貝塚文化、井戸尻文化などの実践から、考古学で歴史叙述する方法を解説。

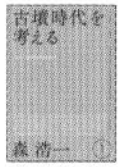

森浩一著作集（全 5 巻）

森 浩一 著　**森浩一著作集編集委員会** 編

四六判　各 2800 円+税

自身の目で見ることを重んじ、活動した考古学者・森浩一。その学問は考古学だけでなく、民族学、民俗学、国文学など多岐にわたる。本著作集は、膨大な著作の中から主要な論文を選び、氏の思考を辿ることができるように整理、編集した。

森浩一古代学をつなぐ

前園実知雄・今尾文昭 編

A5 判　368 頁　3500 円+税

森浩一古代学の全貌がわかる解説書。列島各地をおとずれ、現場主義を貫き、文献史料を疎かにしなかった森浩一の幅広い研究姿勢を間近に見てきた研究者 9 名が、森がとり組んだテーマを語り、展開する。

テーマ別 おすすめ本 5

13 歳からの考古学

未来の考古学者たちに贈るファンタジー小説！

なんでファラオは男なの？
古代エジプト女王の源流を探す旅

山花 京子 著

四六判　392 頁　2200 円+税

自信がなくて引っ込み思案な佐藤美羽は、どこにでもいる中学 1 年生の女の子。古代エジプトで、女性で王様になったハトシェプストの軌跡をたどる旅を通して、女性と社会との関わり方に興味を持ちはじめる。

なんで信長はお城を建てたの？
「お城」のはじまりを探す旅

畑中英二 著

四六判　300 頁　2000 円+税

「13 歳からの考古学」シリーズの第 3 弾。近世城郭のはじまりを探す旅。安土城、姫路城、甲賀の小城へ、「お城」のはじまりを探して、主人公ホタカは旅をする。そして安土城の発掘調査に参加し、興味がどんどん深まっていく。

なんで洞窟に壁画を描いたの？
美術のはじまりを探る旅

五十嵐ジャンヌ 著

四六判　324 頁　2000 円+税

「13 歳からの考古学」シリーズの第 2 弾。なぜ先史時代のラスコーの人々は洞窟に壁画を描いたの？その答えを求めて、東京、パリ、ボルドー、レゼジー、ラスコー、そして長野へ、主人公の理乃が旅をする。

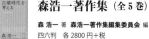

各巻の表紙写真の左上にある ● の中の数字はシリーズ通し番号

旧 旧石器時代の巻（一部）

北の黒曜石の道　北海道
白滝遺跡群〔改訂版〕
木村英明 著　1500円＋税

氷河期を生き抜いた狩人　長野
矢出川遺跡〔改訂版〕
堤 隆 著　1700円＋税

地底の森の旧石器人　宮城
富沢遺跡
佐藤祐輔 著　1600円＋税

サヌカイトに魅せられた旧石器人　奈良
二上山北麓遺跡群
佐藤良二 著　1600円＋税

武蔵野に残る旧石器人の足跡　埼玉
砂川遺跡
野口 淳 著　1500円＋税

島に生きた旧石器人　沖縄
沖縄の洞穴遺跡と人骨化石
山崎真治 著　1600円＋税

縄 縄文時代の巻（一部）

北の縄文人の祭儀場　北海道
キウス周堤墓群
大谷敏三 著　1500円＋税

原始集落を掘る　長野
尖石遺跡〔改訂版〕
勅使河原彰 著　1700円＋税

石にこめた縄文人の祈り　秋田
大湯環状列石
秋元信夫 著　1500円＋税

中国山地の縄文文化　広島
帝釈峡遺跡群
河瀬正利 著　1500円＋税

国宝「火焔型土器」の世界　新潟
笹山遺跡
石原正敏 著　1600円＋税

南九州に栄えた縄文文化　鹿児島
上野原遺跡
新東晃一 著　1500円＋税

弥 弥生時代の巻（一部）

弥生集落像の原点を見直す　静岡
登呂遺跡
岡村 渉 著　1500円＋税

日本海を望む「倭の国邑」　鳥取
妻木晩田遺跡
濵田竜彦 著　1600円＋税

邪馬台国の候補地　奈良
纒向遺跡
石野博信 著　1500円＋税

朱に魅せられた弥生人　徳島
若杉山辰砂採掘遺跡
西本和哉 著　1700円＋税

北近畿の弥生王墓　京都
大風呂南墳墓
肥後弘幸 著　1600円＋税

邪馬台国時代のクニの都　佐賀
吉野ヶ里遺跡
七田忠昭 著　1600円＋税

シリーズ「遺跡を学ぶ」刊行遺跡MAP

中国エリア

- 弥 妻木晩田遺跡（鳥取）【111】
- 歴 上淀廃寺（鳥取）【116】
- 弥 加茂岩倉遺跡（島根）【53】
- 歴 石見銀山（島根）【90】
- 弥 西谷墳墓群（島根）【123】
- 弥 楯築弥生墳丘墓（岡山）【34】
- 古 月の輪古墳（岡山）【42】
- 旧 恩原遺跡群（岡山）【65】
- 古 造山古墳群（岡山）【148】
- 縄 帝釈峡遺跡群（広島）【36】
- 歴 草戸千軒町遺跡（広島）【40】
- 歴 長登銅山跡（山口）【164】
- 歴 山陰の製鉄遺跡（中国地方）【157】

近畿エリア

- 歴 斎宮跡（三重）【58】
- 古 宝塚一号墳（三重）【117】
- 歴 安土城（滋賀）【2】
- 古 雪野山古墳（滋賀）【8】
- 歴 紫香楽宮（滋賀）【20】
- 歴 近江国府（滋賀）【67】
- 縄 粟津湖底遺跡（滋賀）【107】
- 縄 北白川遺跡群（京都）【86】
- 弥 大風呂南墳墓（京都）【108】
- 歴 鳥羽離宮跡（京都）【131】
- 弥 池上曽根遺跡（大阪）【23】
- 古 陶邑遺跡群（大阪）【28】
- 歴 大坂城（大阪）【43】
- 古 仁徳陵古墳（大阪）【55】
- 古 今城塚古墳（大阪）【77】
- 古 紫金山古墳（大阪）【81】
- 弥 観音寺山遺跡（大阪）【91】
- 歴 難波宮（大阪）【95】
- 古 盾塚・鞍塚・珠金塚古墳（大阪）【105】
- 古 高安千塚古墳群（大阪）【138】
- 古 黒姫山古墳（大阪）【147】
- 古 馬
- 古 藤
- 古 箸
- 古 桜 メ
- 弥 纒
- 古 南
- 歴 山
- 縄 大
- 古 佐
- 歴 飛
- 歴 奈
- 弥 唐
- 旧 二上
- 古 布留
- 歴 平城
- 古 高松 キト
- 古 岩橋

九州エリア

- 古 王塚古墳（福岡）【10】
- 古 歴 沖ノ島（福岡）【13】
- 古 豊前石塚山古墳（福岡）【22】
- 弥 吉武高木遺跡（福岡）【24】
- 弥 板付遺跡（福岡）【48】
- 歴 博多遺跡群（福岡）【61】
- 歴 大宰府（福岡）【76】
- 古 岩戸山古墳（福岡）【94】
- 古 船原古墳（福岡）【141】
- 歴 首羅山遺跡（福岡）【149】
- 弥 須玖遺跡群（福岡）【163】
- 歴 肥前窯（佐賀）【5】
- 弥 安永田遺跡（佐賀）【114】
- 弥 吉野ヶ里遺跡（佐賀）【115】
- 歴 長崎・平戸（長崎）【38】
- 歴 ホゲット石鍋製作遺跡（長崎）【122】
- 歴 鷹島海底遺跡（長崎）【150】
- 縄 曽畑貝塚（熊本）【7】
- 旧 沈目遺跡（熊本）【68】
- 歴 田原坂（熊本）【153】
- 歴 豊後府内（大分）【56】
- 古 西都原古墳群（宮崎）【121】
- 縄 上野原遺跡（鹿児島）【27】

沖縄エリア

- 旧 沖縄の洞穴遺跡と人骨化石（沖縄）【104】
- 歴 沖縄陸軍病院南風原壕群（沖縄）【137】
- 琉 首里城（沖縄）【145】

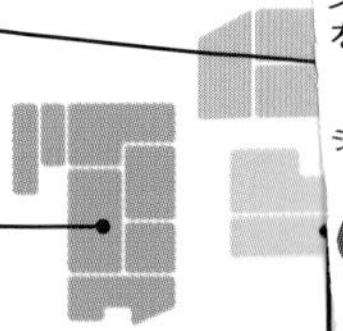

四国エ

- 弥 矢野遺跡（
- 歴 板東俘虜収
- 弥 若杉山辰砂
- 古 喜兵衛島製 古墳（香川）
- 縄 上黒岩岩陰
- 歴 久米官衙遺
- 古 葉佐池古墳
- 弥 田村遺跡（高

新刊

オホ
東京大
A5判並製
海を越え
化の宝庫
土器のお

藤森栄
掘る
藤森 栄
戦後、考
た在野の
文農耕論
を鋭く問

シリーズ

165
吉川 耕
明治年
た。昭和
かった。
と半世紀

164
池田
東大寺
良時代の
でる淬
よる銅

タマサイについても同じことがいえる。すなわちタマサイは日常的に身につけるアクセサリーの一種ではなく、祭りや葬儀の時に必要な特別な装身具であった。タマサイのなかには、太刀を佩くための金具である足金物《あしかなもの》や七つ金《がね》をガラス玉に連ねたもの［口絵3－2・4］や、刀の鍔に似せた金属板や和鏡をわざわざ鍔の形に加工してシトキとしたものが存在する［口絵3－3・図41］。また和鏡に加工を加えて鍔に転用したものが存在する［口絵3－1］。アイヌにとって太刀や腰刀は単なる武器ではなく、呪術性を帯びた威信財でもあった。刀は儀礼に用いられ副葬品にもなった。また時としてツクナイ（償い）とよばれる賠償品や担保ともなった。

彼らはとくに刀の鍔には鏡以上に強い霊力が宿ると信じていたようだ。鍔が敵の刃から我が身を守ってくれるからだろうか。一三、一四世紀のタマサイにみられるもっとも古いシトキがいずれも銅板や和鏡を鍔形に加工したものであるのは、タマサイに鍔のもつ強い霊力を付与したいとの思いが込められているように思える。まさに、「刀剣に付随した鍔一枚でさえこれを病者の枕元に置けば病魔を退け、又その苦痛を訴える処をこの鍔でなでれば、その苦痛は立ちどころに去ると云はれた位貴ばれた為に、この鍔を護身用に婦人の玉飾のシトキと云う中心飾にこれを配し、又死者あるときはその冥福を祈る為にこの鍔を胸につけて送り、この実物の無きものは木型に写してまで死出の旅路につけてやる」（金田一京助・杉山寿栄男一九四三『アイヌ芸術』三（金工・漆器篇）、第一青年社）のである。

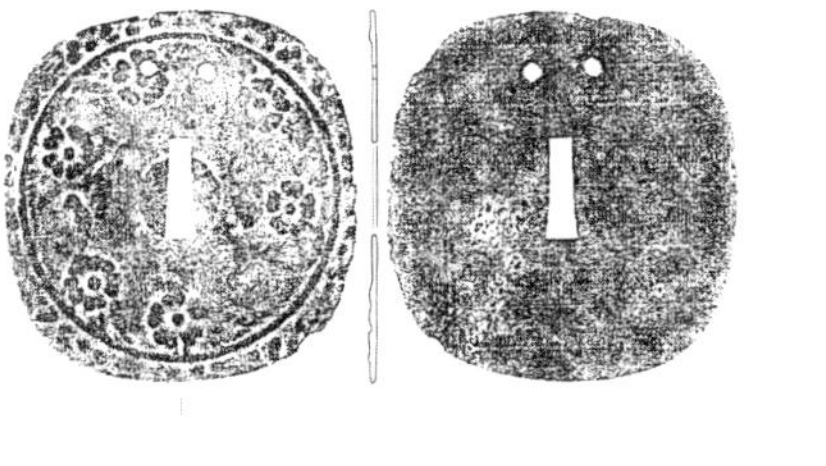

図41　アイヌ墓に副葬された鏡（厚真町オニキシベ2遺跡）

アイヌにとっての武器と武具

擦文・オホーツク文化期には、本州に由来する蕨手刀・毛抜形《けぬきがた》太刀・直刀と、大陸に由来する曲手刀があった［図42］。日本では一〇世紀ごろから、馬上から刀を振り下ろすのに適した彎刀《わんとう》があらわれ、さらに強度と切断力強化のため刀身の断面が長菱形となって、反りと鎬《しのぎ》造りを特徴とする日本刀が生まれた。蝦夷刀《えぞがたな》は日本刀と同じ彎刀だが、断面は鎬を持たない平造りを特徴とする。日本刀の発生と時を同じくして、擦文後期の一〇、一一世紀にはすでに蝦夷刀の祖形と思われる彎刀が存在していた。

日本では騎馬戦が廃れ、徒戦《かちいくさ》が主流となった戦国時代以降、刀の主体は太刀から打刀《うちがたな》に変わったが、蝦夷刀・蝦夷《えぞ》拵《ごしらえ》は太刀様式のままであった［図43・44］。

一三世紀後半から一四世紀初頭には、彎刀を樹皮巻の鞘に納めた蝦夷刀・蝦夷拵が出現するが、一四世紀代までは古代刀の系譜を引く木柄《きづか》の直刀も遺存しており、拵の装飾性は低い。一五、一六世紀には蝦夷拵の装飾性が

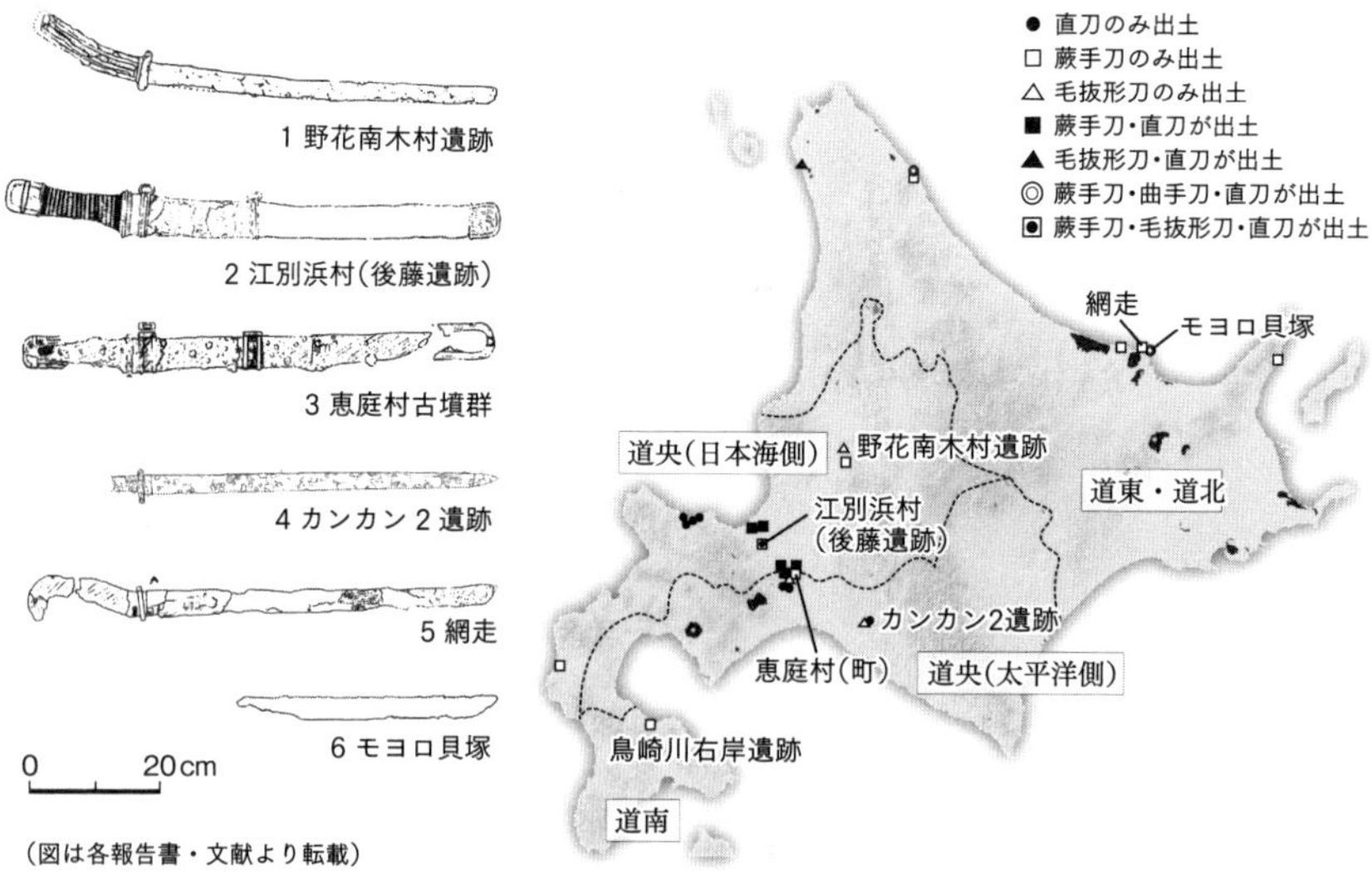

図42　北海道内出土の古代刀（擦文時代・オホーツク文化期）

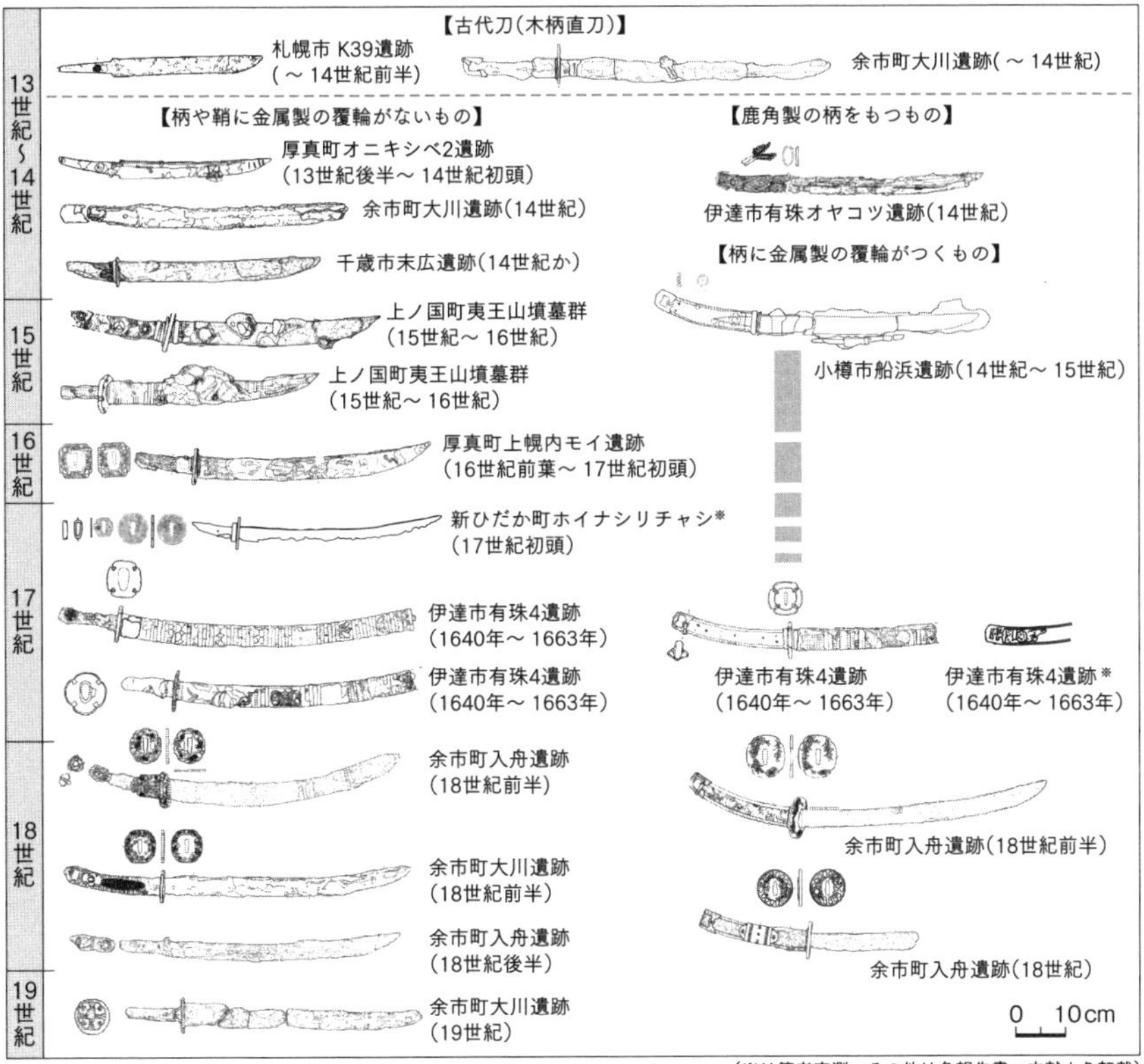

(※は筆者実測　その他は各報告書・文献より転載)

図43　蝦夷刀の変遷

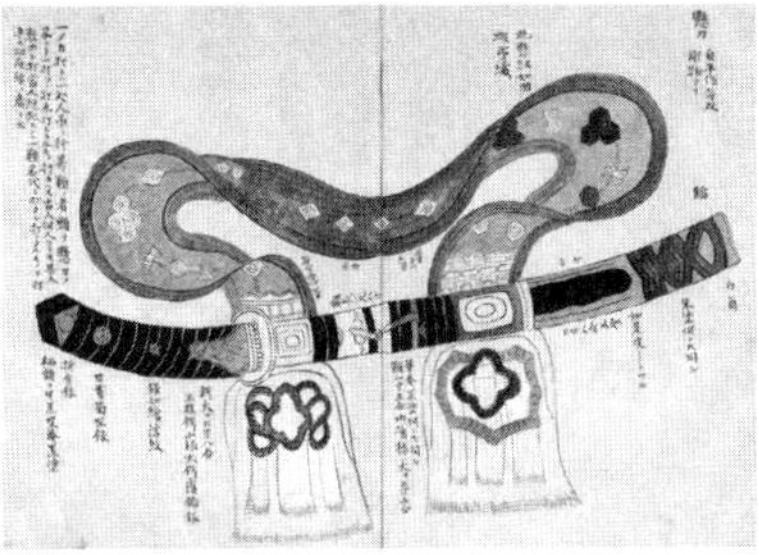

1『蝦夷志』(1720年)

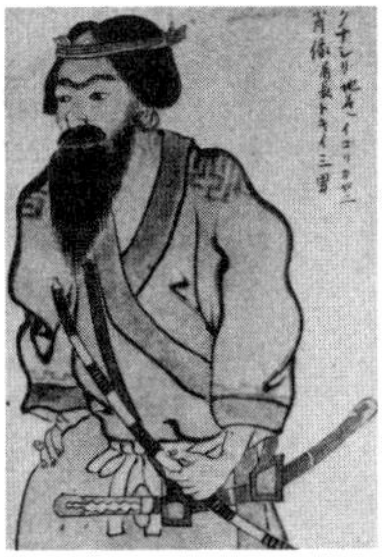

2『蝦夷島奇観』(1720年)

3『蝦夷国風図絵』(18世紀)

図44　絵画資料にみる蝦夷刀

増し、刀身は彎刀のみとなる。一六世紀以降、蝦夷刀は銀製刀装具による加飾が進み、次第に儀礼用の「切れない刀」へと変化する。出土資料を見るかぎり、一七世紀にはすでに伝世品に見られるような、いわゆるアイヌ文様が彫られた木製のエムシ鞘が存在していたようだ。

日本では弓矢から槍や鉄砲主体の戦法に変わった一六世紀を境に、甲冑も鉄や革の小札を紐で連結する方式から横一列の板札《いたざね》や一枚板へと変化し、耐久性と生産性の向上が図られたが、遺跡から出土する武具や伝世品を見るかぎり、アイヌはそうした当世具足には価値を見いださなかったようだ。彼らは一貫して中世前期の古式ゆかしい様式の武器・武具を好んだのである［口絵4］。

このようにアイヌにとって武器や武具は、戦の道具という本来的な機能と同じくらい、いやそれ以上に宝物や呪術具としての機能が大切であった。そのことをもっともよく表わしているのが、宝物のなかでもとりわけ大切に扱われた、先が二又にわかれる兜の前立を模した鍬形《くわがた》［図45］である。

アイヌの鍬形は、兜の前立に比べて大振りで、本物とは異なり基部（台部）が円形で、基部から先端まで一体型で作られている。アイヌは鍬形をベラシトミカムイ（「箆《へら》のついた宝器」の意）やキロウウシトミカムイ（キロウは「角」の意）とよび、病人の枕元に置けば災いを払うが、家に置いておくと祟りをなすため、普段は「地室に蔵し」（新井白石一七二〇『蝦夷志』）あるいは「深山巖窟に秘蔵し安ずる」（松前広長一七八一『松前志』）という。

北海道内では、アイヌの人々が密かに隠しておいたと思われる鍬形が岩陰や地中から発見されている。現在、札幌テレビ放送本社ビルがある札幌市北一条西八丁目付近からは、明治二〇年（一八八七）、平安時代後期から末期に製作された十二間星兜《じゅうにけんのほしかぶと》の鉢や大鎧の脇冠板《わきかんむりいた》の残欠とともに、二点の鍬形が出土している［口絵6－1・図45上］。また道央部の夕張市の西側に隣接する栗山町桜山からは七点もの鍬形が一括出土している（東京国立博物館一九九二『東京国立博物館図版目録（アイヌ民族資料篇）』東京美術）。

「松前応挙」の異名をもつ松前藩の家老にして著名な絵師でもあった蠣崎波響《かきざきはきょう》の代表作「夷酋列像《いしゅうれつぞう》」では、寛政元年（一七八九）に起きたクナシリ・メナシの戦いの際、麻烏太蝋潔《マウタラケ》とともに三〇〇人あまりのアイヌを率いて松前藩に味方し、騒動参加者が西北部から逃亡するのを防いだ東部ウラヤスベツ（斜里町）の乙名《おとな》（首長）の超殺麻《チョウサマ》が蝦夷錦を羽織り、鍬形を手にしたポーズで描かれている。同じく波響が天明三年（一七八三）にモンベツ（紋別市）の酋長の東武の求めに応じて描いた「東武画像」では、蝦夷錦を羽織った東武が朱塗唐草蒔絵の行器に腰かけ、右手に鍬形を抱えた姿で描かれている［図45下］。

　これまでみてきたように、アイヌの精神文化には古代日本の影響はみられるものの、中世日本の文化的影響はほぼ認められない。また物質文化の面でも一四世紀ごろまで、すなわち中世前期の文化的特徴を堅持し続けており、戦国時代以降の新たな影響を見いだすことはできない。アイヌ社会は中世前期よりも中世後期、

▌図45　出土した鍬形（上）とアイヌ絵に描かれた鍬形（下）

中世後期よりも近世と、次第に日本社会との関係性を深める一方で、彼らの価値観は中世前期の段階で「固定」され、それ以降大きく変わることはなかったと結論づけられるだろう。

4 擦文人のサハリン進出とアイヌ文化の形成

アクセサリーが物語る大陸との交流

これまで述べてきたように、アイヌ文化の形成には南からの影響、すなわち中世的世界の形成にともなう列島的規模での交易ネットワークの成立が大きく関係していたが、同時に北からの影響もあった。

話は一一世紀にさかのぼる。サハリン出土の擦文土器（M・M・プロコーフィエフ、V・A・デリューギン、S・V・ゴルブノーフ著、中川昌久訳、菊池俊彦・中村和之監修二〇一二『サハリンと千島の擦文文化の土器：サハリンと千島へのアイヌ民族の進出』函館工業高等専門学校）の年代から、サハリンへの擦文人の集団移住が一一世紀にはじまったと推定される。彼らが仲介役となって北海道にも大陸の文化がもたらされ、それが擦文文化からアイヌ文化への変化の一つの要因となったのである。

アイヌ文化にみられる大陸的特徴としては、すでに述べた方形配石茶毘墓以外に、タマサイ（首飾り）やニンカリ（耳飾り）、ワイヤー製装身具などのアクセサリーと、筆者が金属板象嵌《ぞうがん》技法とよぶ装飾技術がある。これらはいずれも一二、一三世紀ごろに始まる。そして一四世紀ごろに姿を消す方形配石茶毘墓とワイヤー製装身具をのぞき、近代のアイヌ文化にまで引き継がれる。

中近世の日本では男女ともにネックレス・イヤリング・指輪などのアクセサリーを身につけることはなく、ガラス玉はもっぱら神仏の荘厳に用いられた。一方、玉を身につける習俗をもつアイヌ社会や琉球では多くのガラス玉が使われた。アイヌは、タマサイ・ニンカリ・額装帯・衣服といった装身具をはじめ、木製容器や根付などさまざまな器物にガラス玉を用いたが、みずからガラス玉を作ることはなかった。彼らはもっぱら沿海州や本州との交易によって異民族からガラス玉を入手していたのである。

アイヌにかぎらず北太平洋の先住民の多くはガラス玉を好み、交易によって中国・日本・ロシアに加え、ヨーロッパや中東で作られたガラス玉を入手していた（大塚和義編二〇〇一『ラッコとガラス玉―北太平洋の先住民交易』国立民族学博物館）。彼らは遠く海を越えてもたらされた神秘的なガラス玉に高い価値を見いだし、時に儀礼にむすびつくユニークな玉文化を生みだした。ガラス玉は、価値観の異なる「未開」と「文明」が接触したことを示す重要な証であり、玉にあけられた孔を通して北太平洋を舞台とする国家と民族の歴史が見えるのである。

一五世紀以前のタマサイに使われたガラス玉は、丸玉や平玉のほか、滴玉《しずく》・瓢箪玉・トンボ玉・みかん玉・切子玉・管玉と変異に富む。またワイヤー製垂飾品・目貫や七つ金などの刀装具・サメの歯・銭・メノウ玉など、ガラス玉以外のものも多用されていた［口絵5－1～3］。色も青や緑以外に透明・黒・茶・白・赤・黄・灰と多彩で、散花・散点・流水といったトンボ玉も目立つ。一方、一六～一八世紀にはトンボ玉や滴玉・瓢箪玉などが激減し、直径一センチメートル以下の青系の小型丸玉・

平玉が主体となる［口絵5－4・5］。これら一八世紀中ごろまでのガラス玉は、サハリンを経由して大陸からもたらされた「カラフト玉」であった。

タマサイが呪術性を帯びた宝器であり、儀式などの特別な時に女性が使用するのに対して、ニンカリは男女を問わず日常的に身につけるアクセサリーであった。オホーツク文化には大陸からもたらされた銀製の耳飾りが存在するが、擦文文化にはニンカリのような金属製の耳飾りはみられない。タマサイ同様、ニンカリも大陸の文化に由来する装身具であった。

アイヌ墓からは男女を問わず、約六基に一基の割合で遺体の両耳に装着された状態で二個一対のニンカリが出土する。出土品を手がかりとして、一三世紀から一九世紀までのニンカリの変遷を追うことができる［図46］。最古のニンカリは一三世紀にさかのぼり、「Ω」形で錫《すず》製である。一四世紀には「の・C」字形のニンカリがあらわれ、一五、一六世紀には「Ω」形と併存した後、一七世紀には「Ω」形に代わって主流となる。また一六世紀には金属とガラス玉・金属玉を組み合わせるタイプのニンカリが出現する。一八世紀後半には、「?」形のニンカリが登場する。ニンカリの材質は一四世紀までは錫製のみだが、一五世紀には真鍮製があらわれる。一七世紀には銀製のものも見られるが、一八世紀以降は錫製のものが姿を消し、真鍮製が主体を占めるようになる。

ワイヤー製装身具は、ワイヤー（針金）状の鉄線を編んで作るアクセサリーで、腕輪、チェーン状の首飾り、革製の腰帯につけるコイル状の垂飾などがある［図28・47］。ワイヤー製装身具はすべて一五世紀以前の初期アイヌ文化期にかぎられる。サハリンや沿海州での出土事例はまだ十分に調べられていないが、日本と渤海との交易ルートである「日本道」の出発点の港として注目されているロシア連邦沿岸地方クラスキノ土城から類品が出土しており、アムール女真文化に由来する可能性が高い。

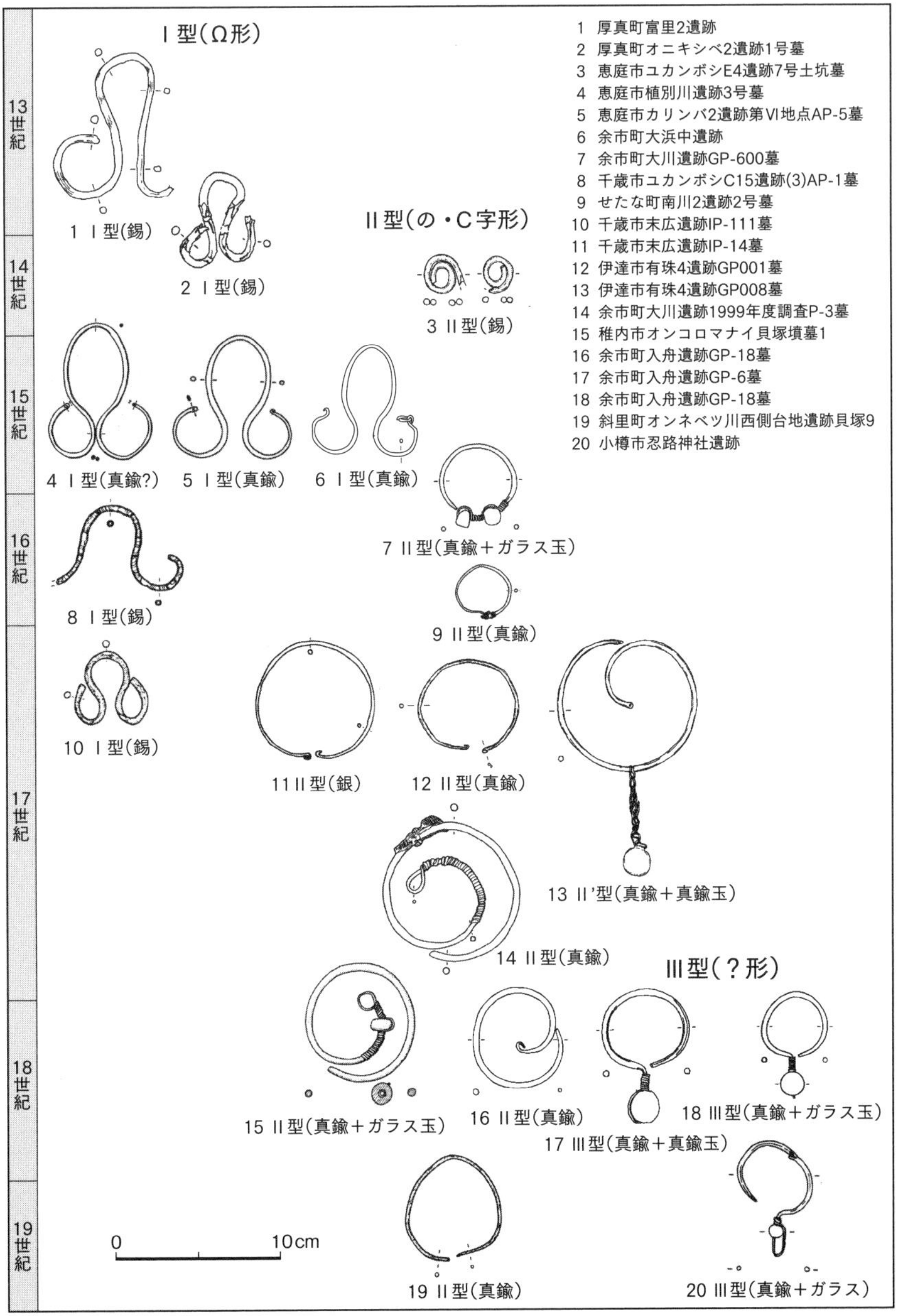
13世紀
14世紀
15世紀
16世紀
17世紀
18世紀
19世紀
Ⅰ型（Ω形）
Ⅱ型（の・C字形）
Ⅲ型（？形）
1 厚真町富里2遺跡
2 厚真町オニキシベ2遺跡1号墓
3 恵庭市ユカンボシE4遺跡7号土坑墓
4 恵庭市植別川遺跡3号墓
5 恵庭市カリンバ2遺跡第Ⅵ地点AP-5墓
6 余市町大浜中遺跡
7 余市町大川遺跡GP-600墓
8 千歳市ユカンボシC15遺跡(3)AP-1墓
9 せたな町南川2遺跡2号墓
10 千歳市末広遺跡IP-111墓
11 千歳市末広遺跡IP-14墓
12 伊達市有珠4遺跡GP001墓
13 伊達市有珠4遺跡GP008墓
14 余市町大川遺跡1999年度調査P-3墓
15 稚内市オンコロマナイ貝塚墳墓1
16 余市町入舟遺跡GP-18墓
17 余市町入舟遺跡GP-6墓
18 余市町入舟遺跡GP-18墓
19 斜里町オンネベツ川西側台地遺跡貝塚9
20 小樽市忍路神社遺跡
1 Ⅰ型（錫）
2 Ⅰ型（錫）
3 Ⅱ型（錫）
4 Ⅰ型（真鍮?）
5 Ⅰ型（真鍮）
6 Ⅰ型（真鍮）
7 Ⅱ型（真鍮＋ガラス玉）
8 Ⅰ型（錫）
9 Ⅱ型（真鍮）
10 Ⅰ型（錫）
11 Ⅱ型（銀）
12 Ⅱ型（真鍮）
13 Ⅱ'型（真鍮＋真鍮玉）
14 Ⅱ型（真鍮）
15 Ⅱ型（真鍮＋ガラス玉）
16 Ⅱ型（真鍮）
17 Ⅲ型（真鍮＋真鍮玉）
18 Ⅲ型（真鍮＋ガラス玉）
19 Ⅱ型（真鍮）
20 Ⅲ型（真鍮＋ガラス）
0
10cm

▍図46　ニンカリの変遷

五〇〇年以上続く金属板象嵌手法

金属板象嵌手法とは、木の表面に円形や方形の銀や銅の薄板を嵌める装飾技法で、アイヌの民具ではイカヨピコㇿとよばれる飾り矢筒［口絵6－3］やシトキ、鍬形［口絵6－1］など宝物の荘厳にみられる。出土資料では、これに加え、柄に金属板を嵌め込んだ刀子が多く発見されている［口絵6－4］。

金属板象嵌技法が用いられた最古の遺物は、厚真町オニキシベ2遺跡の3号墓から出土した、大中小三種類の銀の薄板を樹皮に嵌め込んで九曜文形に配置した飾り矢筒一点と、大小二種類の円形ならびに方形の銀の薄板を柄に嵌め込んだ二点の刀子で、一四世紀にさかのぼる［口絵6－2・4左列］。これとよく似た飾り矢筒は、余市町大川遺跡で発掘された一七世紀のアイヌ墓からも出土しているほか、伝世品にも数多くみられる。五〇〇年以上にわたってほぼ同じ技法・同じ意匠が変わることなく維持され続けていたのには、まったくもって驚くほかない。

以上述べてきたような大陸的要素がもっとも顕著にみられるのは、初期アイヌ文化期のなかで一三世紀後半から一四世紀と推定される。それはちょうどモンゴルが黒竜江（アムール川）下流域に勢力をのばし、ニヴフの先祖である「吉里迷《ギレミ》」を服属させ、ワシ羽の確保や銀鼠（オコジョ）などの毛皮交易のため北へと進出する「骨嵬《クイ》」、すなわちアイヌとしばしば交戦した時期にあたる。

一五世紀以降、アイヌ社会は日本との関係性を深め、その分、大陸からの影響は薄れることになる。

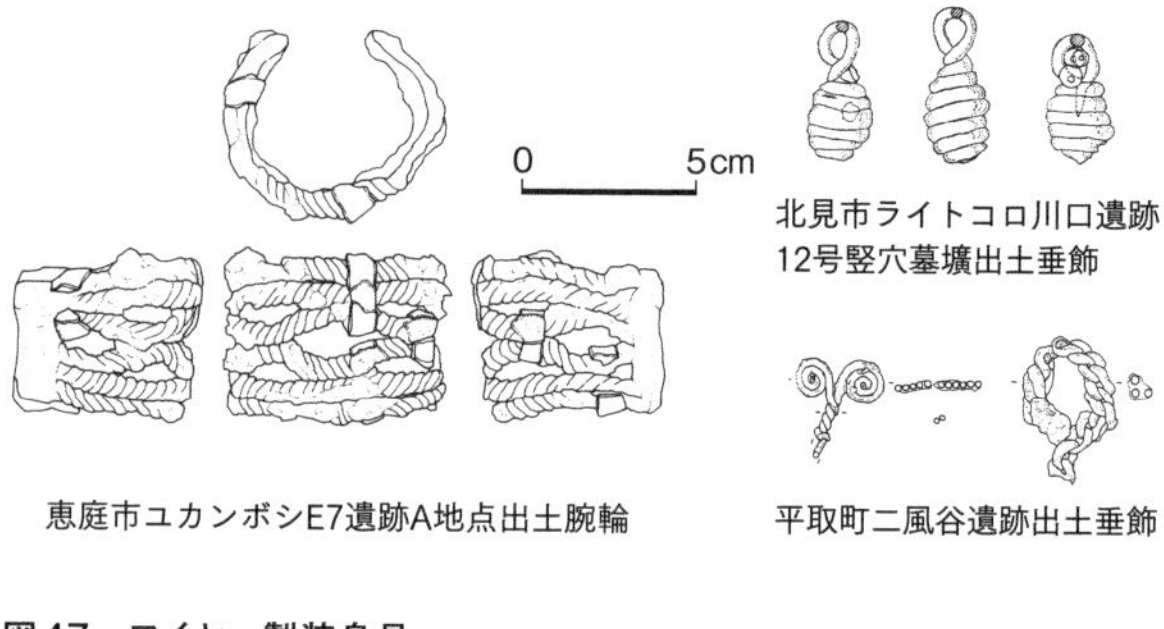

北見市ライトコロ川口遺跡12号竪穴墓壙出土垂飾

恵庭市ユカンボシE7遺跡A地点出土腕輪

平取町二風谷遺跡出土垂飾

図47　ワイヤー製装身具

しかしアイヌ語やユカㇻ（叙事詩）の伝承者のひとり砂沢クラ（一八九七―一九九〇）が「むかし、むかし、アイヌたちは毛皮をいっぱいに積んで遠い海を渡り、アトゥイヤコタン（海の向こうの国＝大陸）へ行っては、宝物や着物、食べ物や酒と換えて帰ってきていました」と語ったように（砂沢クラ一九八三『ク スクップ オルシペ 私の一代の話』北海道新聞社）、一九世紀にいたるまで大陸との交易が途絶えることはなかったのである。

第5章 和人の進出とアイヌ文化の変容

1 道南の戦国的世界とアイヌ社会

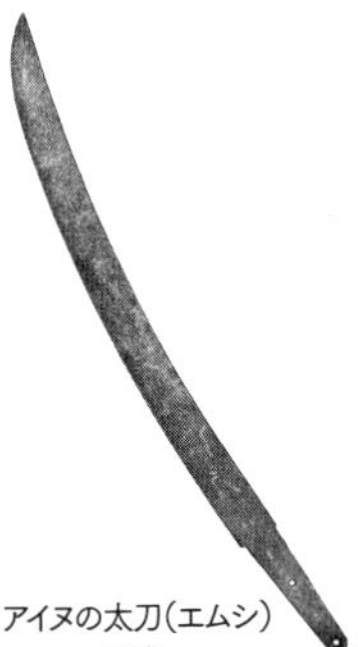
アイヌの太刀(エムシ)
刀身

奥州藤原氏滅亡後の北方交易

文治三年(一一八七)の奥州藤原氏の滅亡によって、北方交易は一時的に低調となったと思われる。鎌倉幕府は、日本国の東の境界であり、国家的な馬産の基地でもあった本州北端の津軽・糠部《ぬかのぶ》の重要性を認識し、これらの地を北条氏嫡流の家督(得宗)の所領群に組み込んでいたものの、奥州藤原氏と異なりみずから北方交易を担おうとはしなかった。

北海道でみつかる中世陶磁器は、交易場のあった沿岸部に集中しており、内陸部では石狩低地帯のアイヌ集落や道東のチャシから少量出土しているにすぎない[表2]。それら交易場から出土する中世陶磁器の大部分は、北海道に渡った和人が使用したものである。北海道内から出土する一三世紀の陶磁器はごくわずかであり、鎌倉前期・中期にはまだ北海道に渡った和人は少なかったと思われる。

奥州藤原氏の次に日本国内で北方世界の統括者となり、北方交易の利権を得たのは、北条得宗家の代官として蝦夷沙汰職を司った津軽安藤氏であった。津軽安藤氏が交易の主たる拠点としたのは、本

番号	遺跡名	年代
1	船浜遺跡(小樽市)	Ⅲ
2	栄町1遺跡(余市町)	Ⅲ
3	大浜中遺跡(余市町)	Ⅴ
4	大川遺跡(余市町)	Ⅰ～Ⅳ
5	神恵内観音洞窟(神恵内村)	Ⅲ
6	堀株1遺跡(泊村堀株村)	Ⅳ
7	樽岸(朱太川右岸、寿都町)	Ⅳ
8	下若松(せたな町)	?
9	利別川口遺跡(せたな町)	Ⅱ～Ⅳ
10	南川2遺跡(せたな町)	Ⅳ
11	瀬田内チャシ跡(せたな町)	Ⅵ・Ⅶ
12	元和遺跡(乙部町)	Ⅴ
13	姥神(江差町)	Ⅲ以降
14	江差漁港(江差町)	Ⅲ
15	洲崎館跡・北村遺跡(上ノ国町)	Ⅰ・Ⅲ～Ⅶ
16	花沢館跡(上ノ国町)	Ⅳ
17	勝山館跡・上ノ国市街地遺跡・夷王山墳墓群(上ノ国町)	Ⅴ～Ⅶ
18	竹内屋敷(上ノ国町)	Ⅰ
19	上ノ国漁港遺跡(上ノ国町)	Ⅳ以降
20	比石館跡(上ノ国町)	Ⅵ・Ⅶ
21	茂草B遺跡(松前町)	Ⅳ
22	松前大館跡(松前町)	Ⅳ～Ⅶ
23	福山城跡・城下町(松前町)	Ⅳ～Ⅶ
24	穏内館跡(福島町)	Ⅳ・Ⅴ
25	涌元遺跡(知内町)	Ⅴ
26	茂別館跡(北斗市)	Ⅴ
27	矢不来天満宮跡(北斗市)	Ⅴ
28	矢不来館跡(北斗市)	Ⅴ
29	市渡(北斗市)	Ⅴ
30	七重浜(函館市)	Ⅲ
31	弥生町(函館市)	Ⅲ以降
32	志海苔古銭・志苔館跡(函館市)	Ⅲ・Ⅳ
33	戸井館跡(函館市)	Ⅲ
34	森川貝塚(森町)	Ⅲ
35	御幸町(森町)	Ⅱ
36	南有珠7遺跡(伊達市)	Ⅵ
37	ポンマ遺跡B地区(伊達市)	Ⅳ
38	絵鞆遺跡(室蘭市)	Ⅳ
39	日の出町遺跡(白老町)	Ⅰ
40	静川22遺跡(苫小牧市)	Ⅵ
41	美々8遺跡(千歳市)	Ⅳ～Ⅶ
42	末広遺跡(千歳市)	Ⅵ・Ⅶ
43	ユカンボシC2遺跡(千歳市)	Ⅴ以降
44	ユカンボシC15遺跡(千歳市)	Ⅳ
45	カリンバ2遺跡第Ⅳ地点(恵庭市)	Ⅴ
46	N19遺跡(札幌市)	?
47	K440遺跡(札幌市)	Ⅴ以前
48	K501遺跡(札幌市)	Ⅴ・Ⅵ
49	宇隆1遺跡(厚真町)	Ⅰ
50	ユオイチャシ跡(平取町)	Ⅵ
51	ポロモイチャシ跡(平取町)	Ⅶ
52	ユクエピラチャシ跡(陸別町)	Ⅵ
53	ツペットウンチャシ跡(津別町)	Ⅵ
54	遠矢第2チャシ跡(釧路町)	Ⅵ

【年代区分】
Ⅰ期 12世紀後半～13世紀初頭
Ⅱ期 13世紀末葉～14世紀前葉
Ⅲ期 14世紀中葉・後葉
Ⅳ期 14世紀末葉～15世紀前半
Ⅴ期 15世紀後半～16世紀初頭
Ⅵ期 16世紀前葉～後葉)
※遺跡番号は図48・図49・図58の地図上の番号に対応する。

表2 中世陶磁器が出土した遺跡

州では津軽十三湊《とさみなと》、北海道では余市であった。どちらも日本海側の湊町であり、中世日本海交易の北のターミナルであった。十三湖《じゅうさんこ》に面する十三湊は、津軽平野を流れる岩木川の河口に位置し、内陸水運と海運との結節点でもある。一方、積丹《しゃこたん》半島の東側の付け根に位置する余市は、日本海に突き出たシリパ岬と忍路《おしょろ》半島にはさまれた余市湾を擁し、石狩低地帯へのアクセスも良く、太平洋側の内《うち》浦湾《うらわん》方面へ通じる陸路も通る交通の要衝である。

発掘調査の結果、十三湊は出土した古瀬戸や珠洲焼から一三世紀前半には利用され始めたことが確認されているが、余市に交易のために和人が滞在するようになったのは、余市町大川遺跡から出土した中国産の青磁や珠洲焼の存在から一三世紀末ないし一四世紀前葉とみられる。津軽安藤氏による北方交易が本格化したのは、鎌倉後期以降であり、その最盛期は、十三湊やそれと命運をともにした余市の盛衰からみて、一四世紀中葉から一五世紀中葉の百年あまりと考えられる。

津軽安藤氏の全盛期にあたる応永三〇年（一四二三）には、安藤陸奥守が足利義量《よしかず》の将軍就任を祝って、馬二〇匹・鳥五〇〇〇羽・鵞眼《ががん》二万匹・海虎皮三〇枚・昆布五〇〇束を贈っている（『後鑑』巻一三六）。馬は名馬の産地として知られる地元奥州産であり、鵞眼は円の中央に四角い孔のある形が鵞鳥の眼に似ていることに由来する銭の異称で、中国銭を指すと考えられる。鳥はその数からみて生きた鳥そのものではなく矢羽根として珍重されたワシ・タカの尾羽で、昆布とともに北海道が名産地である。海虎は、北米カリフォルニアからアリューシャン列島・千島列島にかけて生息するラッコを指す。千島列島中部に位置するウルップ島は世界有数のラッコの繁殖地で、近世初期から「ラッコ島」とよばれていた。ラッコの毛皮は黒褐色に輝く光沢と滑らかな手ざわりが魅力で、八、九世紀には中国や日本で、一八世紀半ば以降はロシアやヨーロッパ諸国で知られるようになったという（大塚和義編二〇〇一『ラッコとガラス玉―北太平洋の先住民交易』国立民族学博物館）。このように、全盛期の安藤陸奥守が足利将軍に献上した贈答品には、北方交易でアイヌから入手した北海道や千島列島の産物が多く含まれていたのである。

話を出土陶磁器に戻そう。一四世紀中葉から後葉には、道南と積丹《しゃこたん》半島東側の余市・小樽周辺で陶磁器を出土する遺跡が急増している［図48］。このうち函館市の志苔館《しのりだて》［図48－32］と戸井館《といだて》［図48－33］は、本州から北海道に渡海した和人が築いた中世城館（和人館《わじんだて》）である。最初に和人館が築かれたのは、函館周辺の津軽海峡に面する地域であった。

一四世紀末から一五世紀前半には陶磁器を出土する遺跡数がさらに増えるとともに、分布域が石狩低地帯に拡大する［図49］。この時期、千歳市美々8遺跡［図49－41］やユカンボシC15遺跡［図49－44］の

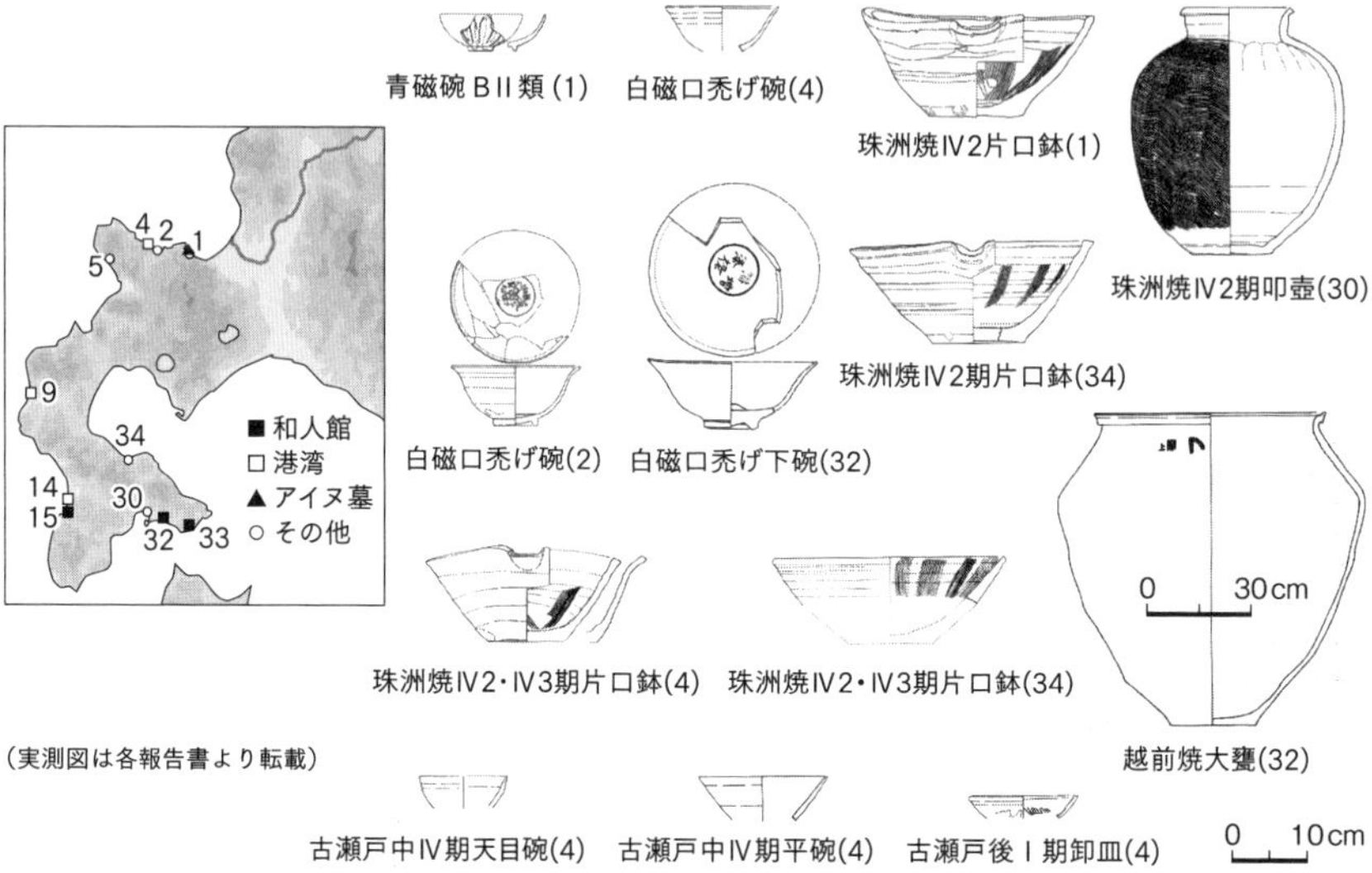

図48　14世紀中葉･後葉の出土陶磁器（遺跡番号は104頁表2を参照）

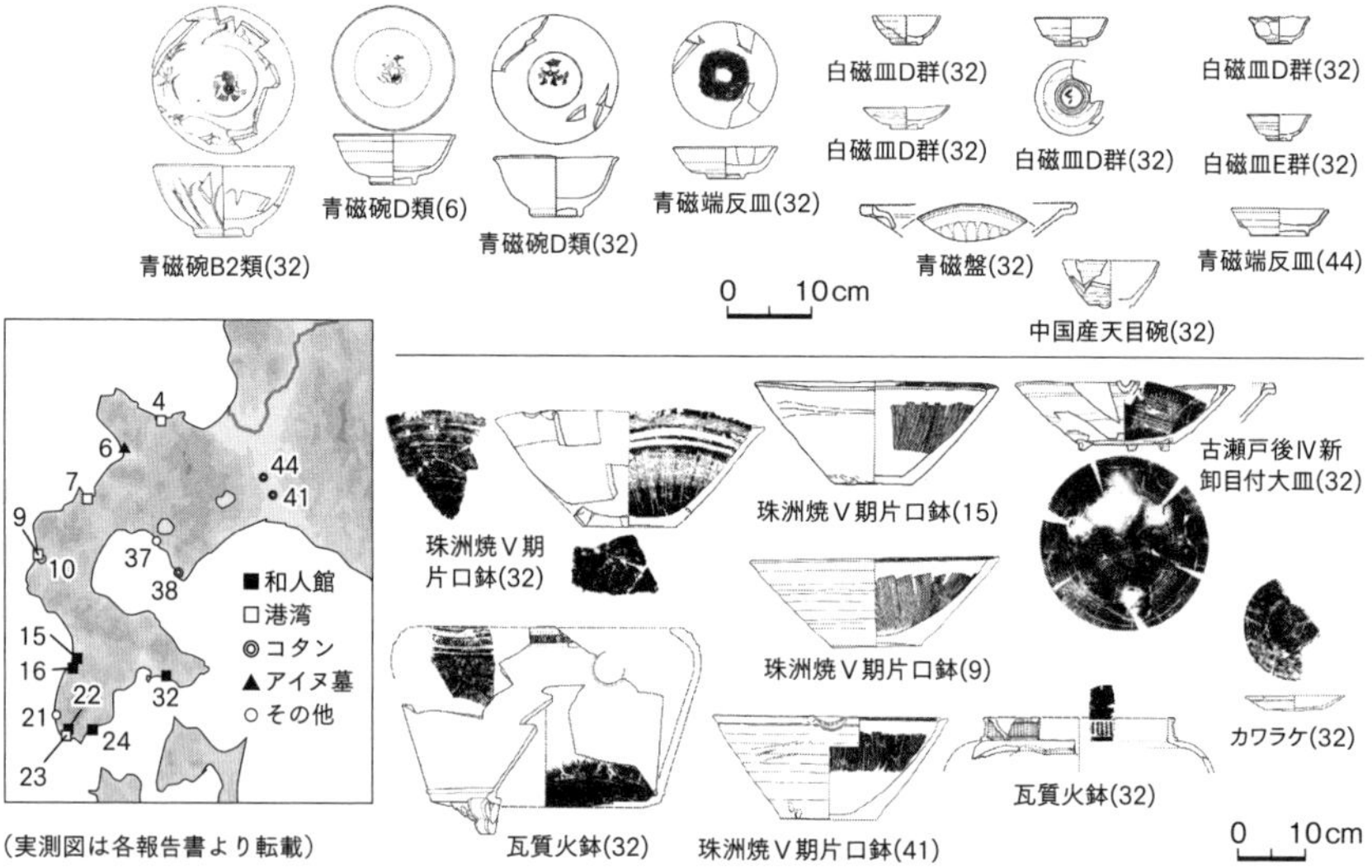

図49　14世紀末葉～15世紀前半の出土陶磁器（遺跡番号は104頁表2を参照）

ような石狩低地帯のアイヌ集落から出土する陶磁器は、余市経由でもたらされた可能性が高い。道南では分布の中心が東側の亀田半島（函館周辺）から西側の松前半島沿岸部（上之国・松前）へと移動している。これは道南の和人勢力の変化を反映した現象であり、永享四年（一四三二）糠部《ぬかのぶ》の南部氏による十三湊攻撃と安藤氏の夷島《えぞがしま》（北海道）への敗走という新たな事態によって引き起こされたと考えられる。

コシャマインの戦いと志海苔

中世的世界を根底から大きく変えるきっかけとなった応仁の乱の発生に先立つこと一〇年、康正三年（一四五七）には、北海道南西部の渡島半島でも北方史上の大事件が起きていた。いわゆるコシャマインの戦いである。コシャマインの戦いは、その後約八〇年間に渡ってくり返されるアイヌと和人との抗争の始まりとなった。

正保三年（一六四六）に松前景広によって編纂された『新羅《しんら》之記録』によれば、コシャマインの戦いの遠因は、前年に函館近郊の志濃里《しのり》で起きた殺人事件にある。この事件は、ある一人のアイヌの男性が和人の営む志濃里の鍛冶屋に「マキリ」（小刀）を注文し、できあがったものの良し悪しをめぐって口論となり、鍛冶屋にそのマキリで刺殺されたというものである。事件の翌年、渡島半島東部のアイヌの首長コシャマインが渡島半島にあった和人館を攻撃したが、最終的には松前藩主松前家の始祖である武田信広の活躍により鎮圧されたとされる。コシャマインの戦いにはじまる和人とアイヌとの抗争について書かれた『新羅之記録』などの松前藩の編纂記録は、先祖の偉業を称えることにより自己の権力の正統性を主張する意図が明白であり、どこまでが事実なのか慎重に見きわめる必要がある。考古学的に興味深いのは、戦いのきっかけが、アイヌが和人の営む志濃里の鍛冶屋に注文したマキリだったことである。

はじめに事件の現場となった志濃里という場所について考えてみたい。志濃里は志海苔とも書き、現在の函館空港がある函館市街地東方の津軽海峡に面する地区を指す。志海苔とその西に位置する大森浜一帯は宇賀之浦とよばれ、室町前期の『庭訓往来』にみえる宇賀昆布の名産地であった。宇賀昆布は、日本海航路で敦賀・小浜に運ばれ、近江を経由して京に運ばれた。

宇賀昆布はコンブのなかでも、もっとも高価なマコンブであり、その生息域は、函館周辺を中心に、西は北海道最南端の松前町白神岬まで、東は噴火湾東側の室蘭市地球岬《ちきゅうみさき》沿岸までとされる。一八世紀中ごろまでの松前昆布の生産地は、ほぼこのマコンブの生息域と重なっており、東蝦夷地の三石《みついし》（新ひだか町）など日高地方に拡大するのは一八世紀後半の安永末期～天明初年とされる。北海道沿岸で採れるコンブのうち、中世以前から利用されていたのは主に志海苔周辺で採れるマコンブであった。

『新羅之記録』にある「宇須岸《うすけし》全盛の時、毎年三回宛若州より商船来たり、此所の問屋家々を渚汀に掛造りと為して住む」との記述は、一四世紀後半から一五世紀前半の函館周辺が若狭との交易で栄えていたことを物語っている。コシャマインの戦いが発生した一五世紀中ごろ、函館湾に面する宇須岸（箱館）には北陸方面から商船が入津し、宇賀之浦の中心であった志海苔は本州向けの宇賀昆布生産により栄えていた。コンブなど北の産物が生みだす富が蓄積し、和人とアイヌが交錯する地で、コシャマインの戦いのきっかけとなった殺人事件は起きたのである。

志海苔の海岸段丘上に立地する志苔館は、『新羅之記録』にある道南十二館〔図50〕の一つに数えられ、永正九年（一五一二）年のアイヌの攻撃により廃絶したとされる。館跡は土塁と壕に囲まれた方形居館で、発掘調査の結果、一四世紀末から一五世紀前半を主体とする遺構・遺物が発見され、国史跡に指定されている〔図51〕。

志苔館跡前の海岸沿いにある道路を拡幅工事した際に発見された志海苔古銭（重要文化財）は、推定枚数四五万枚（残存数三七万四四三五枚）で、国内最大の中世埋蔵銭として知られる（市立函館博物館一九七三『函館志海苔古銭』）。一番新しい貨幣が明の洪武通宝（一三六八年初鋳）であることや、銭が入っていた越前焼と珠洲焼の甕から、埋められたのは一四世紀後半と考えられており、志苔館の時期よりもやや古い。

国内最大級の埋蔵銭が、埋められた当時の日本国の北端に存在することについては、これまでにもさまざまな意見が出されてきた。この場所が宇賀昆布の名産地であることや、アイヌが銭を使わないこと、銭を埋めるのに使われた甕の生産地、方形居館の系譜など総合的に勘案すると、志海苔古銭は日本海交易による宇賀昆布移出のために北海道に進出した和

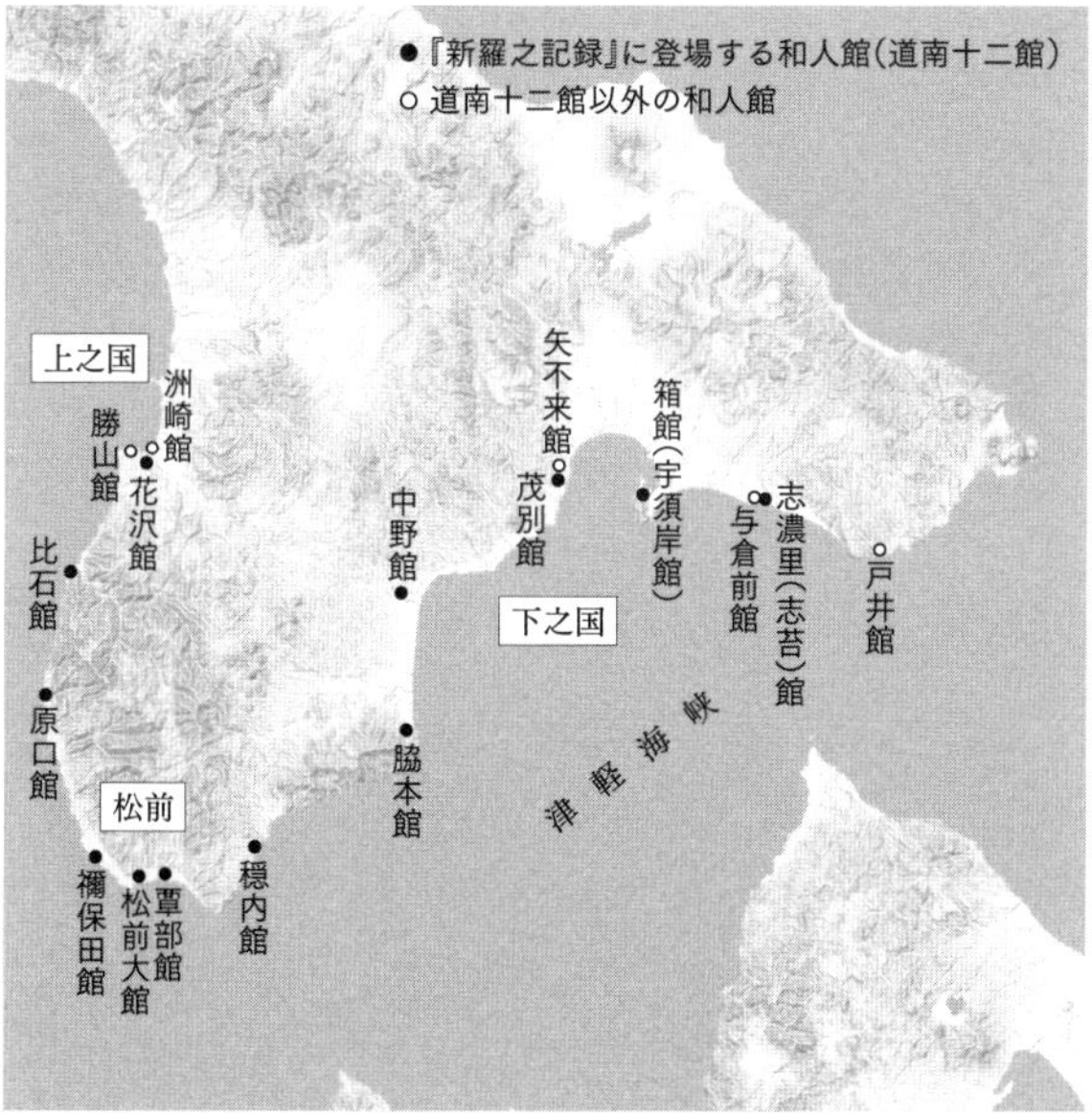

▌図50　北海道渡島半島の和人館（道南十二館）

人が、交易で得た富を備蓄していたものと考えるのがもっとも妥当と思われる。その志海苔古銭には枚数の多さ以外にも際だった特徴がある。それは一万二九〇一枚もの銭銘不明の粗悪な私鋳銭や総重量七キログラムにおよぶ割れ銭の存在である。割れ銭のなかには、割れたというよりは切断したとみた方がよさそうな直線状の断面をもつものもあることから、割れ銭は通貨以外の機能を期待されて埋められたと推定されている（黒田明伸二〇二二「撰銭以前―志海苔古銭についての一考察―」『市立函館博物館研究紀要』三二）。

次にアイヌと和人の諍《いさか》いの原因であり、アイヌが殺された凶器にもなったマキリについて考えてみたい。マキリは万能の小刀で、時に動物を解体する包丁であり、布を裁断するはさみともなり、鑿《のみ》であり鏨《たがね》にもなった生活必需品であった。とくに主要な交易品である毛皮や干鮭の生産や、アイヌの人々が得意とする木材加工にマキリは不可欠であった。

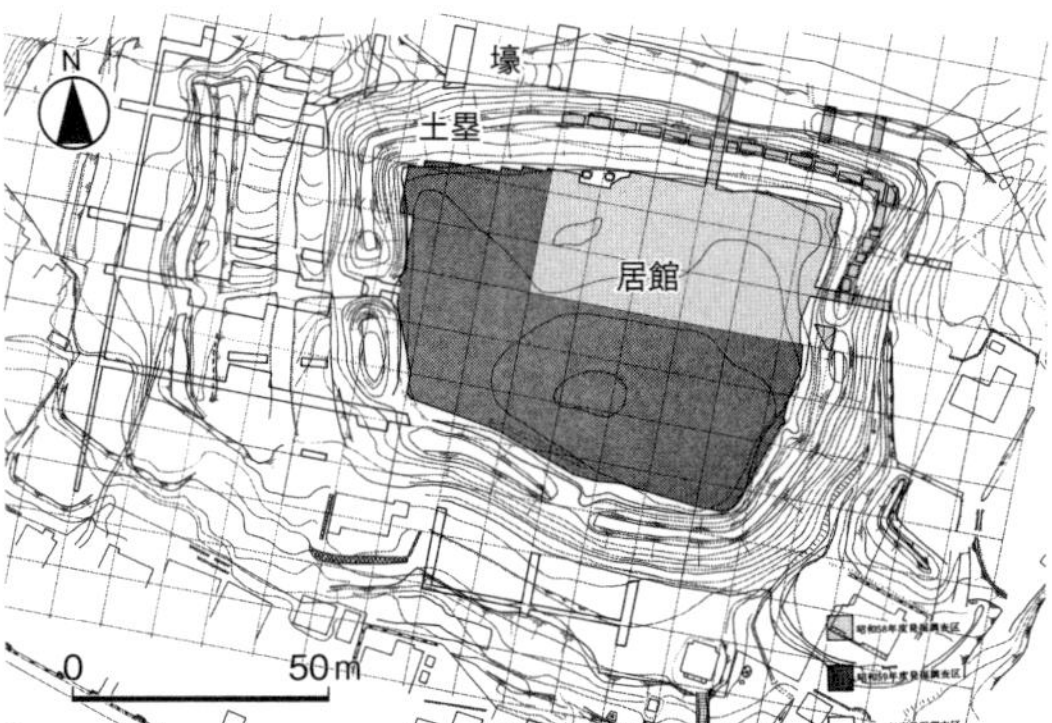

図51　函館市志苔館跡

マキリはアイヌ墓にもっとも普遍的にみられる副葬品であり、副葬率は六割に達し、男女間で大きな差はみられない［第4章図36参照］。一〇歳未満の小児の墓をのぞくとマキリの副葬率は七割近くに達することから、ほとんどの成人が必携していたと思われる。一基あたりの出土数は一点のみの墓がほとんどだが、二〜四点出土する例も散見され、平取町額平川《ぬかびらがわ》2遺跡では一基の墓に最大一四点ものマキリが副葬される例もある。しかし、近代に入るとマキリの副葬率は急速に低下する。この背景には、伝統的な生業の解体や生活スタイルの変化によりマキリを使用する機会が激減したという事情があるのだろう。

志濃里殺人事件では、マキリは被害者となったアイヌが加害者の和人の鍛冶屋に製作を依頼している。アイヌはなぜ自分でマキリを作らなかったのだろうか。ここで問題になるのが、アイヌの鉄器生産の実態である。

北海道内各地で発掘調査が進むにつれ、アイヌ文化の遺跡から鍛冶炉やフイゴで風を送るための羽口《はぐち》・鉄滓《てっさい》・鍛錬の副生産物である酸化鉄（鍛打滓《たんださい》）を方形に固めた鉄塊などが発見され、アイヌの鍛冶について考古学的な検討がおこなわれるようになった（深澤百合子一九九八「一七世紀沙流川流域アイヌ文化の鋼製造技術」『北海道考古学』三四）。道央部の石狩低地帯や沙流《さる》川流域の遺跡では、寛文七年（一六六七）に降下した樽前b火山灰の下から鍛冶痕跡が発見されるのに対して、上層ではほとんどみつかっていない。これは、和人から入手した古釘や屑鉄を使って野鍛冶でマキリなどの道具を作り出していた道央部のアイヌが、寛文九年（一六六九）のシャクシャインの戦い以降は、みずから鉄器を製作することをやめ、もっぱら和人からの交易品に頼るようになったと解釈できるだろう。

それに対して、一九世紀初頭にいたっても樺太アイヌは野鍛冶をおこなっていたことが、間宮林蔵が文化五、六年（一八〇八、〇九）におこなった樺太探検にもとづき書いた『北夷分界余話』などから確認できる。本州や道南の松前地（和人地）から遠く離れたサハリンは、道央部に比べ日本産の鉄器の流通量が乏しいため、一九世紀まで鍛冶技術が保持され続けたのであろう。

一方、志海苔のある道南では、一四、一五世紀の段階ですでに本州産の鉄器や、本州から渡ってきた和人の鍛冶屋が作る鉄器が流通するようになったため、道南のアイヌは早くから鍛冶技術を失ったと推測される。

ここで思いだすのが、日本最大級の埋蔵銭である志海苔古銭に含まれていた一万二九〇一枚もの銭銘不明の粗悪な私鋳銭や総重量七キログラムにおよぶ割れ銭である。これらは銭貨としてではなく、アイヌ向けの蝦夷《えぞ》拵《ごしらえ》などの銅製品を作るための原材料として備蓄されていたのではないだろうか。志苔館跡では、鍛冶炉と考えられるカマド様遺構の周辺から鉄鍋の破片や鉄釘などが多量に出土している。一四、一五世紀前半の志海苔周辺は、交易場であるとともに、アイヌ向けの金属製品の一大生産地であったと思われる。

志濃里殺人事件が史実だとしても、それはコシャマインの戦いのきっかけにすぎず、民族間の戦いへと拡大した原因は交易やテリトリーをめぐるアイヌと和人の摩擦にある。津軽安藤氏が南部氏との抗争に敗れたことで、一〇〇年以上つづいた十三湊と余市を軸とする安定した北方交易が終わり、新たに道南へ進出した和人と先住民であるアイヌとの緊張関係が高まるなかで、コシャマインの戦いは起きたのである。

コシャマインの戦いで使われた武器

コシャマインの戦いの直前には北奥から道南の渡島半島へ多くの武士が移住し館を築いている［図50参照］。和人館の分布範囲は、東は亀田半島から西は松前半島までで、約二〇カ所が知られる。彼ら道南の和人館主は、若狭から直接下北田名部《たなぶ》へ来住したとみられる武田信広をのぞいて、その大部分が鎌倉時代に津軽・糠部地方の北条氏所領の代官であった侍たちか、北奥に居住していた侍の系譜につながるという（入間田宣夫一九九九「糠部・閉伊・夷が島の海民集団と諸大名」『北の内海世界』山川出版社）。『新羅之記録』によれば、コシャマインの戦いでは、アイヌの攻撃により、東は志苔館や箱館のある函館市から西は上ノ国町の比石《ひいし》館まで、一〇カ所の和人館が攻め落とされ、館主蠣崎季繁《すえしげ》・副将武田信広が守る花沢館と、下之国守護の茂別家政が館主の茂別《もべつ》館だけが堅固に城を守り通したと伝えられる。

コシャマインの戦いは、長禄二年（一四五八）、武田信広がコシャマイン父子を射殺し、そのほかのアイヌを惨殺したことで、最終的には和人側が勝利したと伝えられる。しかし多くの和人館が陥落したように、開戦当初はアイヌ側が優勢だったとみられる。アイヌが善戦した背景には、ホームグラウンドでの戦いであったことに加え、得意とする毒矢と交易によって入手した日本刀の存在が挙げられる。

日本刀は中国でも評価が高く、日宋貿易や日明貿易では大量の日本刀が中国に移出されていた。アイヌ墓でも蝦夷刀とともに日本刀がしばしば副葬されている。北海道内では余市町、泊村、寿都《すっつ》町《ちょう》、せたな町、千歳市、深川市、厚真町、平取町から日本刀が出土しているが、今のところ道東や道北では出土が確認できない［図52］。

北海道内から出土した日本刀には、蝦夷拵のものがみられる。たとえば、深川市納内《おさむない》遺跡から出土した日本刀の柄にはモレウとよばれる渦巻文が刻まれた銀製目貫が装着されている［図52－1］。また、せたな町南川2遺跡9号墓から出土した日本刀は、柄に猪目《いのめ》透《す》かしが施された筒金が装着され、鞘には蝦夷刀に特有の樹皮が巻かれている［図52－4］。

北方交易によってアイヌ社会に日本刀がもたらされたのは一四、一五世紀ごろからであり、刀の約一五パーセントは日本刀が占めていたと推測される［図53］。コシャマインの戦いではアイヌは交易に

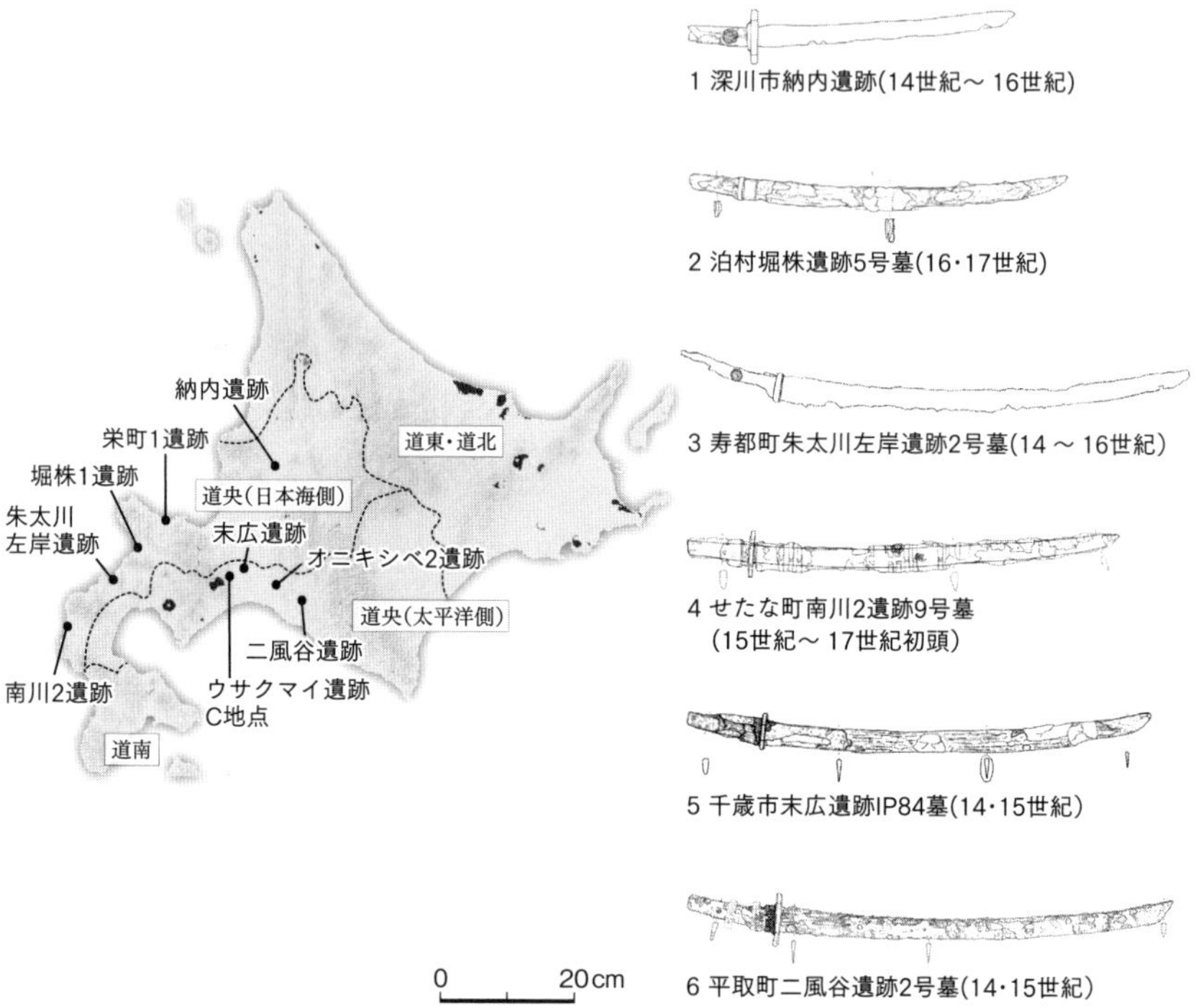

■ 図52　アイヌ社会に受容された日本刀

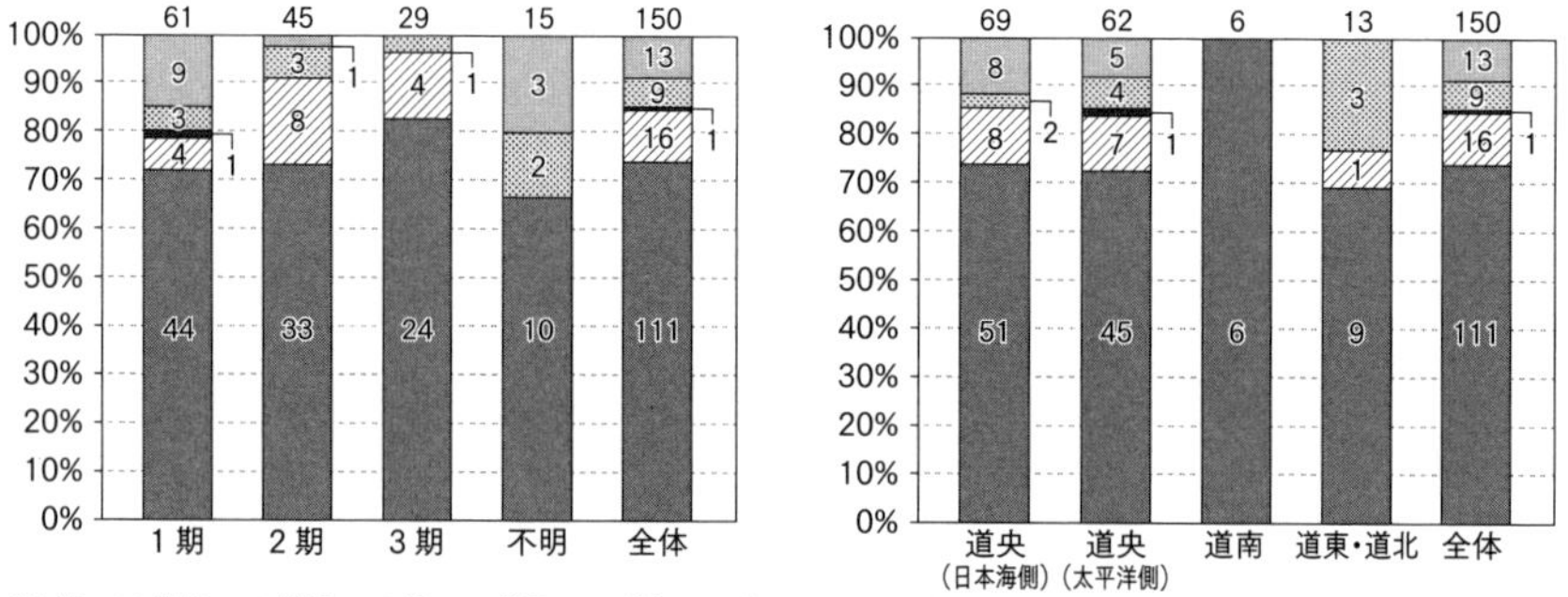

※1 期…14 世紀～ 15 世紀　2 期…16 世紀～ 17 世紀　3 期…18 世紀以降

■蝦夷太刀柄 I 類　▨蝦夷太刀柄 II 類　■蝦夷太刀柄 III 類　▩腰刀　□日本刀

(柄 I 類：金属製覆輪のないもの　柄 II 類：金属製覆輪のあるもの　柄 III 類：鹿角製)

■ 図53　アイヌの刀の組成の変遷と地域性

より入手した日本刀で戦っていたのである。しかし日本刀は一六世紀以降減少し、一八世紀にはまったくみられなくなる。

次にアイヌの矢について検討したい〔図54〕。アイヌ民具にみられる矢は、矢柄の先にルㇺとよばれる根曲がり竹（チシマザサ）製の鏃と、鹿骨やノリウツギでつくられた中柄を装着したものが多く、鉄鏃は入手が困難であったという（萱野茂一九七八『アイヌの民具』すずさわ書店）。アイヌ墓からもシカの中手骨《ちゅうしゅこつ》や中足《ちゅうそく》骨《こつ》を素材とする中柄が出土するが、多くの場合、鏃は残っていないことから、腐りやすいチシマザサ製のものが多かったと思われる。

しかし、なかには骨製の中柄に鉄鏃が装着された状態で出土することもある〔図55〕。鉄鏃は三角形ないし五角形の無茎で、中柄を装着するための孔が開けられており、中柄とは孔に通した鋲で固定されている。一四世紀中ごろから一五世紀と考えられる泊村堀株1遺跡11号墓には、蝦夷太刀・山刀・刀子・鉄製刺突具・鎌・漆椀・端平元宝（南宋・一二三四年初鋳）を最新銭とする中国銭六枚とともに、骨製中柄の先端に鉄鏃が付く矢が五本副葬されていた。同様の鉄鏃は、平取町二風谷遺跡や千歳市末広遺跡など一七世紀のアイヌ墓からもみつかっている。しかし一四、一五世紀の堀株1遺跡11号墓では五本の矢はすべて骨製中柄の

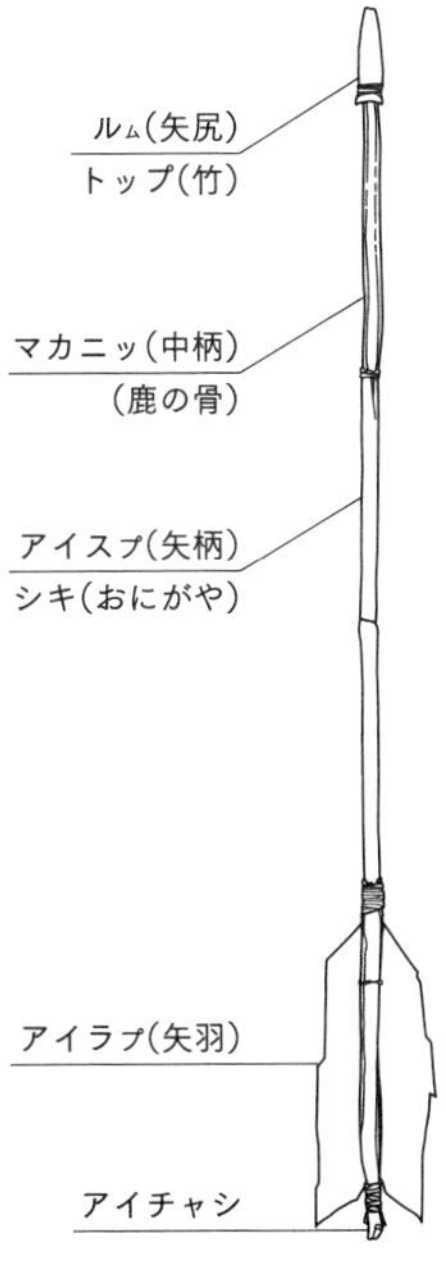

図54　アイヌの矢の構造

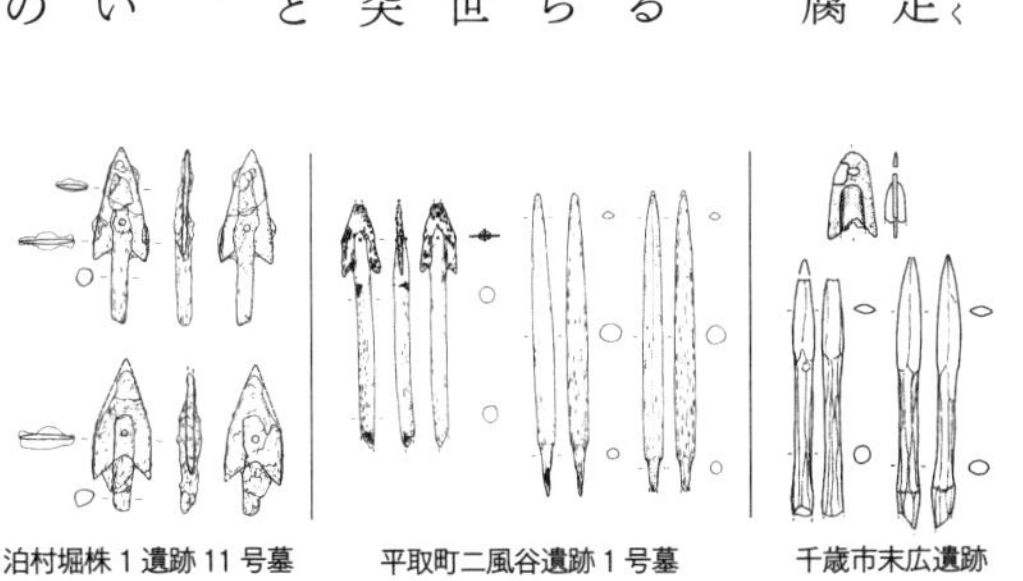

泊村堀株1遺跡11号墓
(14世紀中葉～15世紀)

平取町二風谷遺跡1号墓
(17世紀)

千歳市末広遺跡
IP-54墓壙(17世紀)

図55　アイヌ墓に副葬された矢

先端に鉄鏃が付けられていたのに対して、十七世紀の二風谷遺跡1号墓では二四点の骨製中柄のうち先端に鉄鏃がついているのは一点、末広遺跡IP54墓壙でも一点で、残る六点は骨鏃であった。これらのことから一四、一五世紀のアイヌは比較的多くの鉄鏃を保有していたが、一七世紀には鉄鏃の入手が困難となり、チシマザサ製の鏃に骨製の中柄を組み合わせたものや骨鏃を多用するようになったと推測できる。コシャマインの戦いでは日本刀とともに、鉄鏃が威力を発揮したのではないだろうか。

コシャマインの戦いと和人館

残念ながら、コシャマインの戦いに実際どの範囲のアイヌが参加していたのかは不明である。戦いが起きた一五世紀中ごろ、戦場となった地域では先住民であるアイヌと本州から渡海してきて間もない和人の両者が相接して暮らしはじめており、自分たちのテリトリーを取り戻そうとした道南のアイヌが戦いの中心であったと考えられる。戦場になった地域にある木古内《きこない》町札苅《さつかり》遺跡では、政和通宝（北宋・一一一一年初鋳）を最新とする六枚の北宋銭が六道銭として副葬された方形座棺の和人墓一基がみつかっており、松前町上川遺跡では明の宣徳通宝（一四三三年初

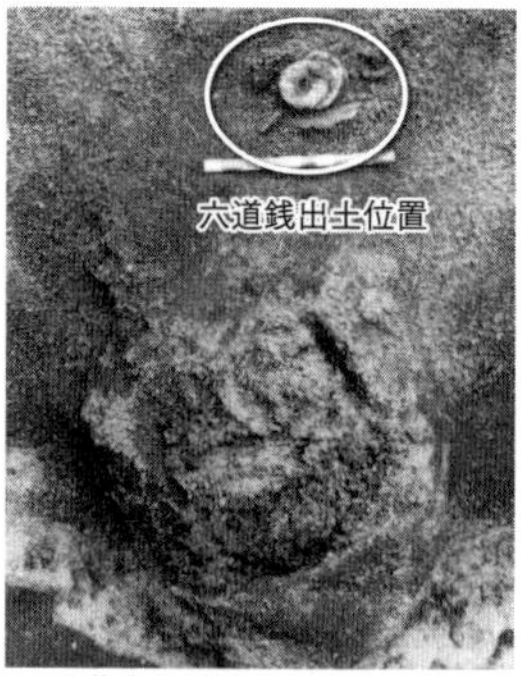

12 号墓内六道銭出土状況

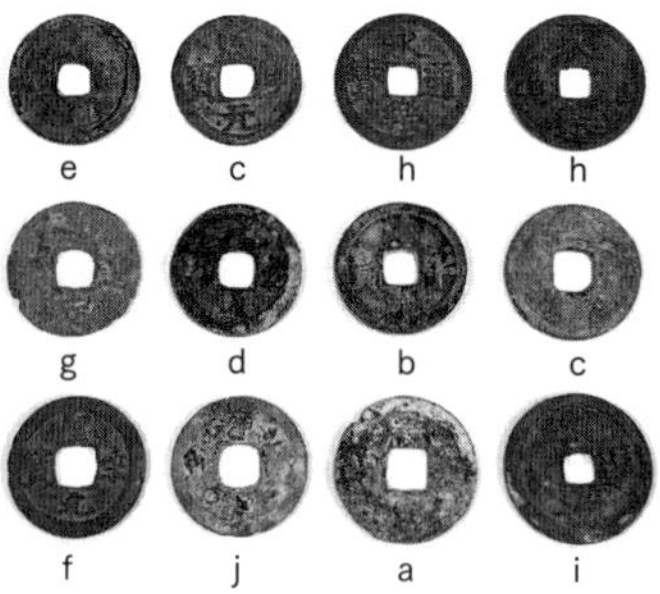

12号墓内出土銭

a 皇宋通宝（1039年初鋳）1点
b 治平元宝（1064年初鋳）1点
c 熙寧元宝（1068年初鋳）2点
d 元豊通宝（1078年初鋳）1点
e 元祐通宝（1086年初鋳）1点
f 聖宋元宝（1101年初鋳）1点
g 嘉定通宝（1208年初鋳）1点
h 永楽通宝（1408年初鋳）2点
i 宣徳通宝（1433年初鋳）1点
j 銭名不明 1点

図56 松前町上川遺跡の和人墓（15〜16世紀）

鋳）を最新銭とする計一〇〇枚の六道銭が副葬された方形座棺の和人墓一五基がみつかっている［図56］。これら道南の中世和人墓から、コシャマインの戦いの戦場となった地域では、一五世紀後半には館以外の場所にもすでに和人が居住していたことを示している。

コシャマインの戦いのあと、道南の館主層のなかで上之国に本拠を置く蠣崎氏が急速に勢力を拡大させた。蠣崎季繁の家督を継いだ武田信広は花沢館から天《あま》の川《がわ》の対岸の河口近くに洲崎《すざき》館を築き、季繁が死亡したのち、天の川の河口部を一望する高台に築いた上之国勝山館へ移ったとされる。明応三年（一四九四）に信広が死去すると、その子光広が蠣崎家の家督を相続する。一方、コシャマインの戦いの際に茂別館を死守した下之国守護の茂別家政は、茂別館の北方に矢不来《やふらい》館を築く。

発掘調査の結果、上之国勝山館と矢不来館は、立地・曲輪構造・出土陶磁器など共通点が多く、同時期に同じような築城理念のもとに構築された可能性が高いことが判明した。築城のきっかけはどちらもコシャマインの戦いと推測され、この蜂起をかろうじて乗り越えた花沢館の蠣崎氏と茂別館の下之国安藤氏は、アイヌからの次なる攻撃に備えて、高地により防御性の高い城館を構築する必要性に迫られ、蠣崎氏は上之国勝山館を、茂別（下国《しものくに》）氏は矢不来館を築いたと推測される。

出土遺物から、矢不来館には唐物を中心とした座敷飾りをもつ本格的な書院が存在し、唐物茶器による茶の湯と、三具足（香炉・燭台・花立て）を用いた立て花が催されていた可能性が高いことがわかった［図57］。これは、矢不来館の館主である下之国守護の茂別（下国）氏が将軍足利義政やその側近である同朋衆の好みを反映した書院会所の唐物数寄を理解し、政治的・経済的・文化的にそれを受容する立場にあったからであると考えられる。

コシャマインの戦いによって、それまで道南の和人館主の頂点にいた松前大館を本拠とする松前守護の地位は下がり、松前守護・上之国守護・下之国守護の三者が拮抗する戦国的状況が生じた。松前守護下国定季の家督を継いだ恒季は、行状が悪いとの「諸士」（館主層）からの訴えを受け、檜山（秋田県能代市）の安藤忠季から討手を派遣され自害し、そして新たに相原季胤《すえたね》が松前の守護職に、村上政儀が補佐役に任じられたと伝えられる。

永正九年（一五一二）には東部のアイヌが蜂起して箱館・志濃里（志苔）館・与倉前《よくらまえ》館（志苔館の支館）を攻撃したと伝えられる。発掘調査により、矢不来館もまたこの攻撃により落城・廃絶した可能性が高いことが判明した。これにより下之国守護の茂別（下国）氏の勢力は後退を余儀なくされたとみられる。同じく『新羅之記録』によれば、翌年には松前大館がアイヌの攻撃を受けて落城し、松前守護職の相原季胤と補佐役の村上政儀が揃って自害に追い込まれたという。永正一一年（一五一四）三月には蠣崎光広は嫡男義広とともに家臣を引き連れて上之国から松前大館に入り、道南の和人勢力の頂点に立つことになったのである。

こうした道南の和人館主層の盛衰は、陶磁器の分布状況にも顕著に表れている［図58］。一五世紀後半から一六世紀初頭、すなわちコシャマインの戦いから永正九年の事件以前には、上之

陶磁器

銅製品

▌図57　矢不来館跡の出土品
（撮影：T. Ogawa）

国・松前以上に、知内川《しりうち》より東側から函館までの津軽海峡に面した地域、すなわち下之国に陶磁器が出土する遺跡が多く分布し、上之国・松前・下之国の勢力が拮抗する状態が読みとれる。ところが、永正九年の事件後の一六世紀前葉～後葉の陶磁器は、道南では松前以西にかぎられ、津軽海峡に面した下之国にはみられない。下之国安藤氏の没落により、下之国のエリアは、陶磁器を使用する伝統をもたないアイヌの居住地に戻ったのではなかろうか。

　永正九年・一一年のアイヌの攻撃は下之国守護と松前守護の地位低下を招き、蠣崎氏が道南の和人の頂点に立つ後押しとなったことから、蠣崎氏が東部アイヌと組んで下之国と松前を攻撃させたとする陰謀説が古くから存在した。一五世紀後半から一六世紀初頭の渡島半島は、上之国・松前・下之国の三つ巴の状況の上に各地のアイヌの集団関係が加わることで、本州に勝るとも劣らない戦国的様相を呈していたといえるだろう。

　蠣崎氏の覇権確立以降は、永正一二年（一五一五）の渡島半島東部の首長ショヤ・コウジ兄弟による松前大館攻撃、享禄二年（一五二九）のセタナイ（せたな町瀬棚区）の首長タナサカシによる上之国勝山館攻撃など、蠣崎義広とタナサカシの女婿であるタリコナとの間で和睦が結ばれる天文五年（一五三六）までの二三年間で、

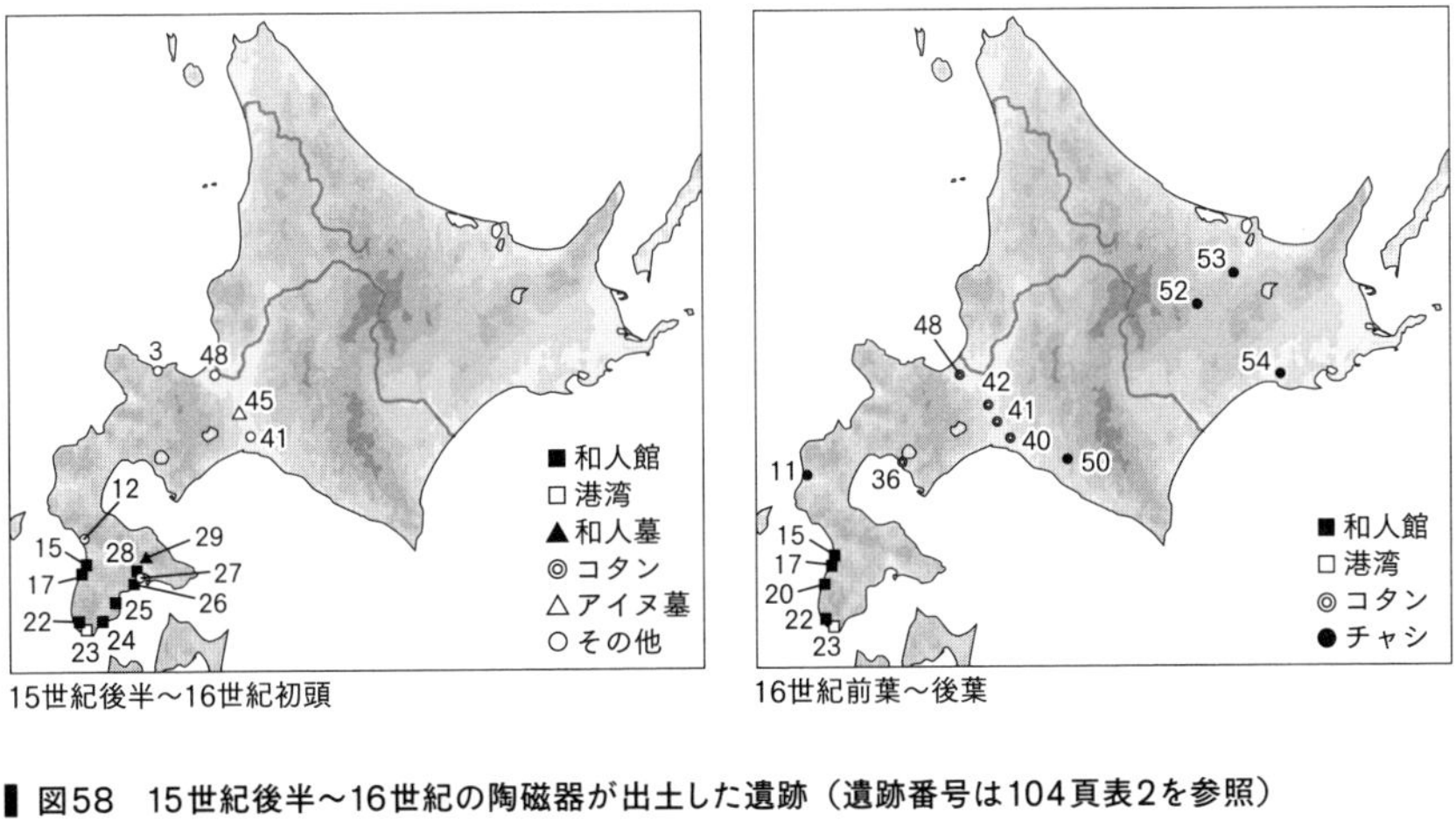

図58　15世紀後半～16世紀の陶磁器が出土した遺跡（遺跡番号は104頁表2を参照）

『新羅之記録』に残るだけで実に六回もアイヌが蜂起している。

　タナサカシやタリコナが首長をつとめたセタナイは、北海道の西端、日本海に注ぐ後志利別川《しりべしとしべつ》の河口部に位置する。津軽十三湊の廃絶と命運をともにした余市に替わって一五世紀後半以降、セタナイは北方交易の重要な交易場となり、渡島半島におけるアイヌの最大拠点であった。後志利別川の河口近くの右岸砂丘上に位置する瀬田内チャシは、出土陶磁器からみて一六世紀に始まる。瀬田内チャシの北西約二〇〇メートルに位置する南川2遺跡では一五、一六世紀ごろのアイヌ墓が一〇基検出され、日本刀を含む刀をはじめ、鎺《はばき》などの刀装具・小札・刀子・鉈・鎌・錐・鉄鍋・漆器・タマサイ・ニンカリなどの豊富な副葬品が出土している（瀬棚町教育委員会一九八五『南川2遺跡』）。また瀬田内チャシ跡の麓にかつて位置していた川濯《かわすそ》神社裏からは、一四世紀ごろに製作されたと推定される蝦夷拵の腰刀の優品が出土している［図59］。

　一六世紀前半に集中する蠣崎氏と渡島半島のアイヌとの抗争の背景には、交易の主導権をめぐる対立があった。両者の対立の解決策として、天文二〇年（一五五一）に蠣崎季広とアイヌとの間で結ばれたのが「夷狄之商舶往還之法度」であった。この取り決めでは、セタナイのアイヌの首長ハシタインを上之国の天の川の郡内に据え

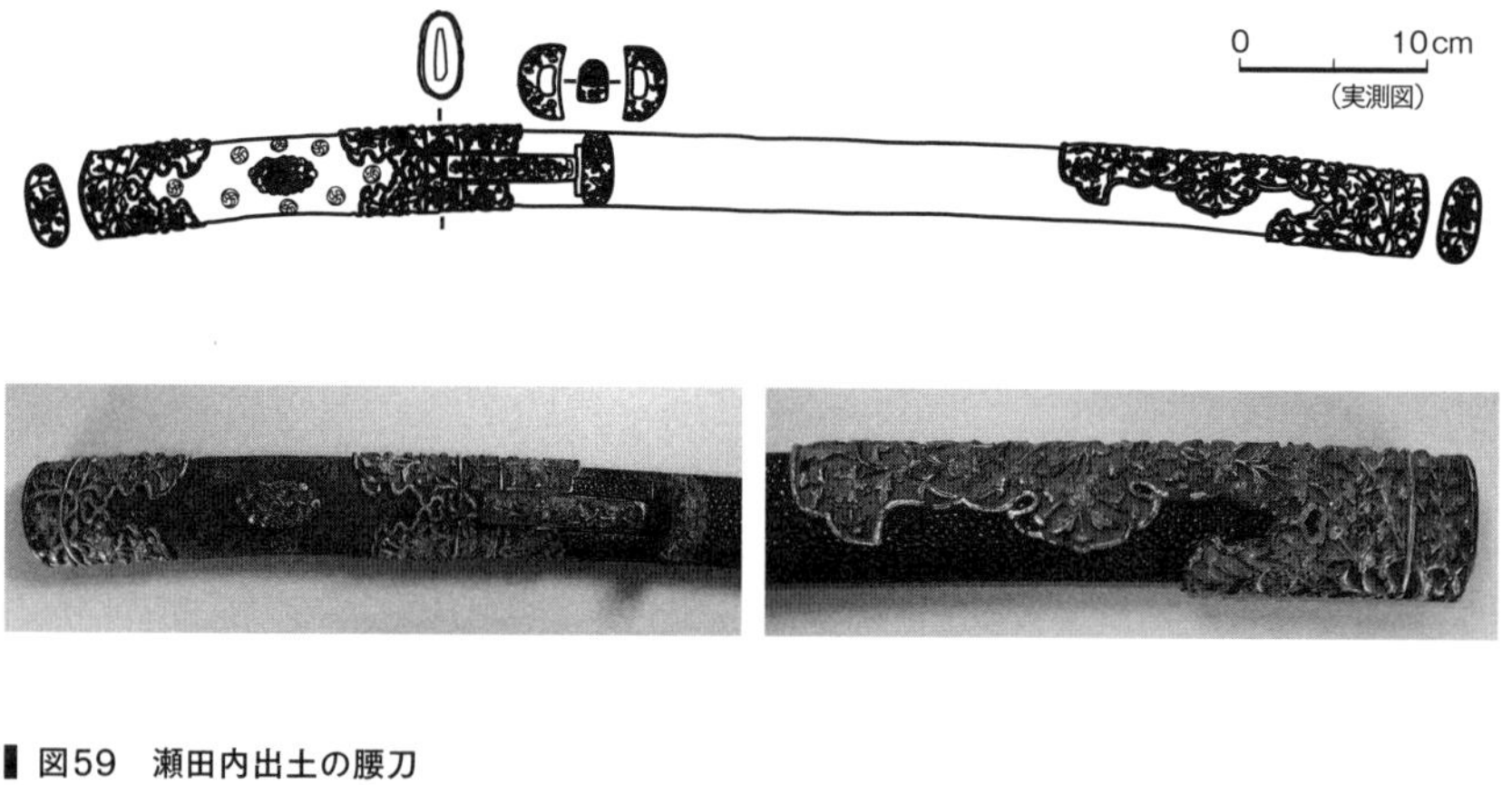

図59　瀬田内出土の腰刀

置いて西部アイヌの長とし、知内《しりうち》のアイヌの首長チコモタインを東部アイヌの長とした上で、蠣崎氏が諸国より来航する商人から徴収する年俸の一部を両首長に夷役として配分することが定められた。これにより両者の緊張関係は和らぎ、蠣崎氏がアイヌとの交易を独占する途が開かれるとともに、渡島半島西部の松前半島のうち西は上ノ国と東は知内に挟まれたエリアに、近世松前藩領の原形となる「初期和人地」が創出されることとなった。

　このように、一五世紀後半から一六世紀の渡島半島では数の上でアイヌが和人より圧倒的に多く、交易の点でも蠣崎氏をはじめとする和人館主たちとアイヌは対等な関係であったと考えられる。交易の主導権をめぐって和人館主たちが相争う一方、アイヌ側も交易の利権をめぐり地域集団同士の対立があったのだろう。コシャマインの戦いのあと、蠣崎氏が対立するほかの和人館主を排除し、交易を独占するため、アイヌの一部を味方につけていたことは、上之国勝山館跡やその周辺から出土したアイヌ関連遺物が証明している［図60］。

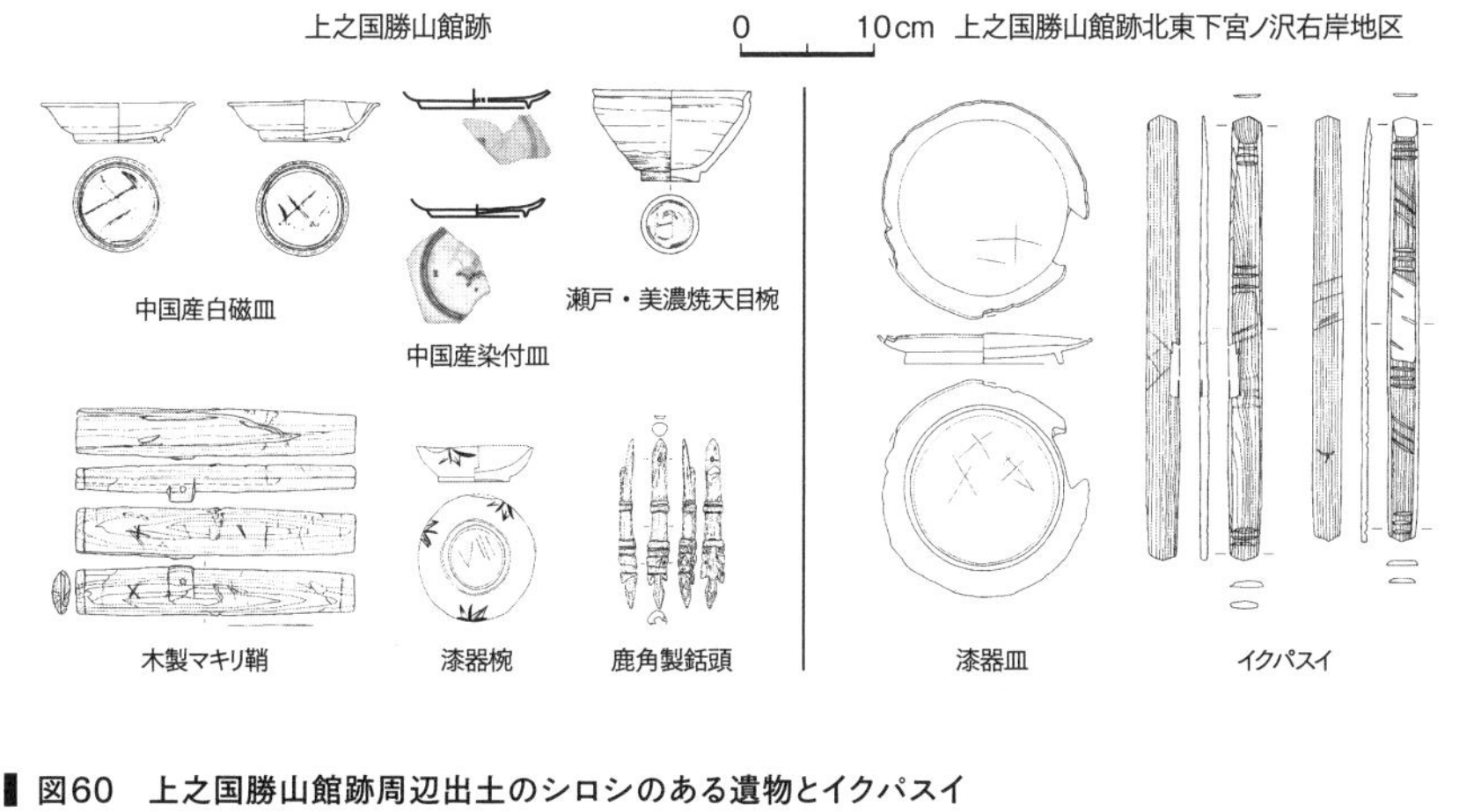

▌図60　上之国勝山館跡周辺出土のシロシのある遺物とイクパスイ

勝山館が物語るアイヌと和人の「共生」

とくに注目されるのが、上之国勝山館跡北東側の虎口と二重の壕とにはさまれた第1平坦面から一括出土したシロシをもつ白磁皿と、上之国勝山館への登り口に近い宮ノ沢右岸地区から発見されたイクパスイである。シロシをもつ白磁皿は一カ所から六枚がまとまって出土した（上ノ国町教育委員会一九九九『史跡上之国勝山館跡XX』）。すべて口の部分が外側に反る小皿で、一六世紀に中国で生産されたものである。六枚とも底に同じシロシをもち、本来は十枚単位でセットとなる組食器であったと考えられる。くり返し述べてきたように、アイヌは基本的に食膳具に陶磁器を使わない。また、和人が陶磁器や漆器の底に所有印を記す場合、墨ないし朱漆で書き、刻むことはしない。上之国勝山館跡からはほかにも同じく底にシロシのある一六世紀代の中国産染付小皿や瀬戸・美濃焼の天目茶碗も出土している。これらシロシをもつ一六世紀代の陶磁器は、上之国勝山館周辺に蠣崎氏に味方するアイヌが居住していたことや、彼らが日常生活面で和人の影響を受けていたことを物語っている。

宮ノ沢右岸地区では、一六世紀末から一七世紀初頭の陶磁器類とともに、イクパスイ、桜の樹皮巻きの丸木弓・太刀柄、骨角製中柄、シロシの刻まれた漆盆など、アイヌの存在を示す遺物が出土している（上ノ国町教育委員会二〇〇〇『史跡上之国勝山館跡XXI』）。これらの遺物は、近世初期の上之国のアイヌが和人地内に住んでいながらも、伝統的な祭祀や生業を保持していたことを示している。

アイヌと蠣崎氏の関係や初期和人地に暮らすアイヌの生活と文化を考える上で、上之国勝山館に隣接する夷王山《いおうざん》墳墓群で発見されたアイヌ墓は非常に重要な意味をもつ。夷王山は勝山館の搦手《からめて》（裏門）側、南西に位置する標高一五九メートルの小高い山で、山頂からは眼下に勝山館や湊のあった大《おお》澗《ま》、遠方には江差《えさし》、その先に日本海に浮かぶ奥尻島まで見渡せる。夷王山の北東麓、夷王山と勝山館跡にはさまれた地区は、上之国勝山館に付属する墓地で、マウンド状の封土が残るものだけでも六〇〇基を超す墓が確認されている。

夷王山墳墓群には木棺土葬墓と火葬墓があり、土葬墓では遺体は屈んだ状態で棺に入れ埋葬されている（上ノ国町教育委員会一九八四『夷王山墳墓群』）。木棺土葬墓や火葬墓にともなう副葬品は、本州の中世墓に一般的にみられる六道銭と数珠玉くらいで、和人墓と考えられる。それら和人墓に混じって、アイヌ墓が発見されたのである。二基のアイヌ墓は、和人が葬られた通常の木棺土葬墓（123号墓）を間にはさみ、並んだ状態で発見された［図61］。どちらも棺をもたない土葬で、116号墓は一人、98号墓には二人が葬られていた。遺体はいずれも手足を伸ばした状態で埋葬されている。116号墓には蝦夷太刀・柄に銅板を象嵌し鞘に銅板を蛭巻《ひるま》きした刀子・漆器が副葬されていた。98号墓のうちの一体には蝦夷太刀・柄に銅板を象嵌した刀子・漆椀が納められ、赤玉とワイヤー製垂飾のあるニンカリを耳に付けたもう一体には蝦夷太刀・鉄鏃と骨製の中柄を組み合わせた矢・針が副葬されていた（上ノ国町教育委員会二〇〇一『史跡上之国勝山館跡XXⅡ』）。太刀や刀子の特徴から、どちらも年代は一五世紀後半から一六世紀と考えられる。

夷王山墳墓群に営まれたアイヌ墓は、和人の拠点である上之国に和人とアイヌが「共生」していたことを示す直接的な証拠であり、両者の対立を前提としていた従来の北方史を大きく塗りかえるきっかけとなった。上之国勝山館跡では、出土した人骨の形態人類学的検討がおこなわれているが、これまでのところ、館跡内からは典型的なアイヌの遺骨は発見されていない。

夷王山墳墓群98号墓から出土した二体についても歯の特徴は和人的と判断された（奈良貴史二〇一五

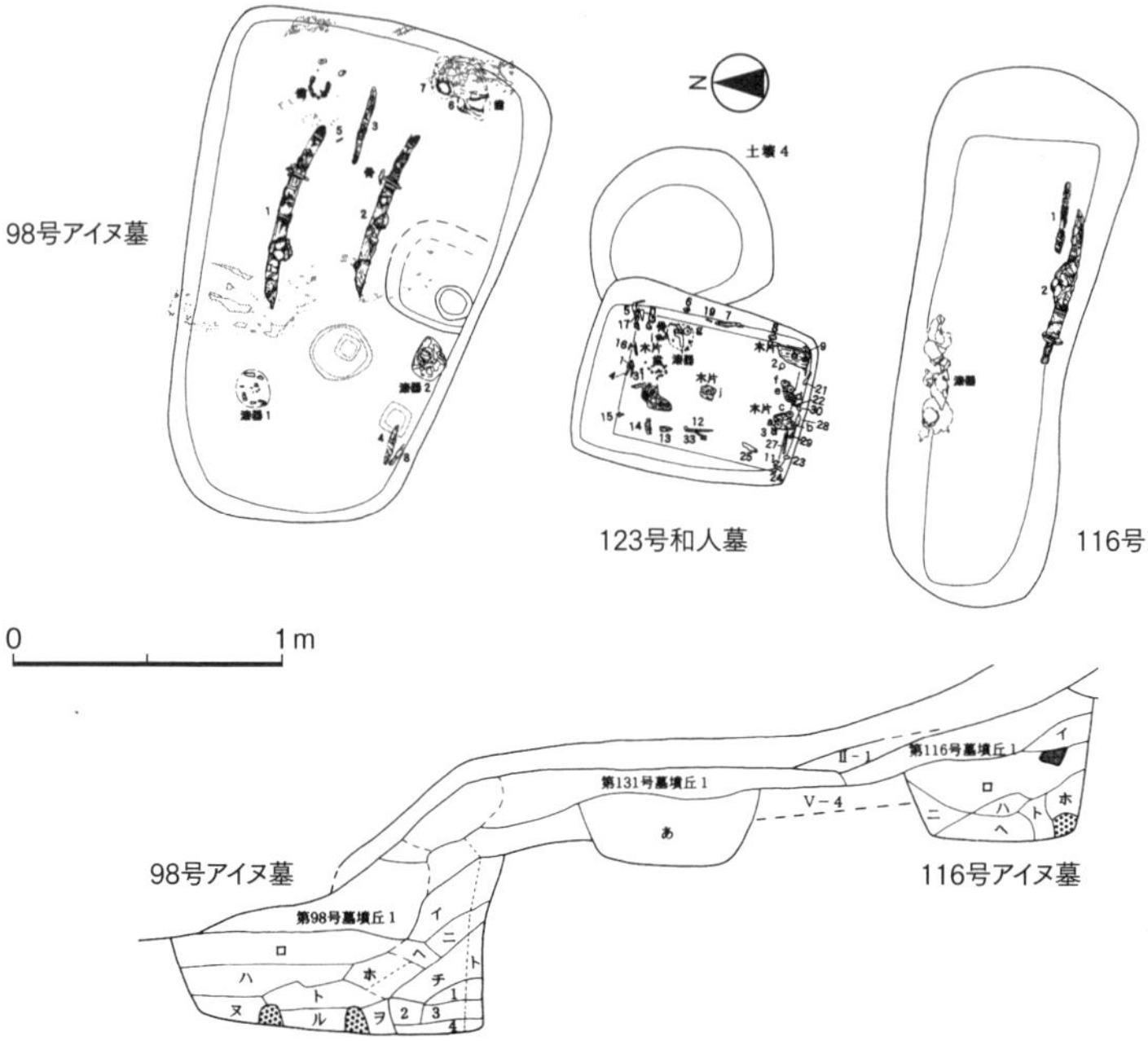

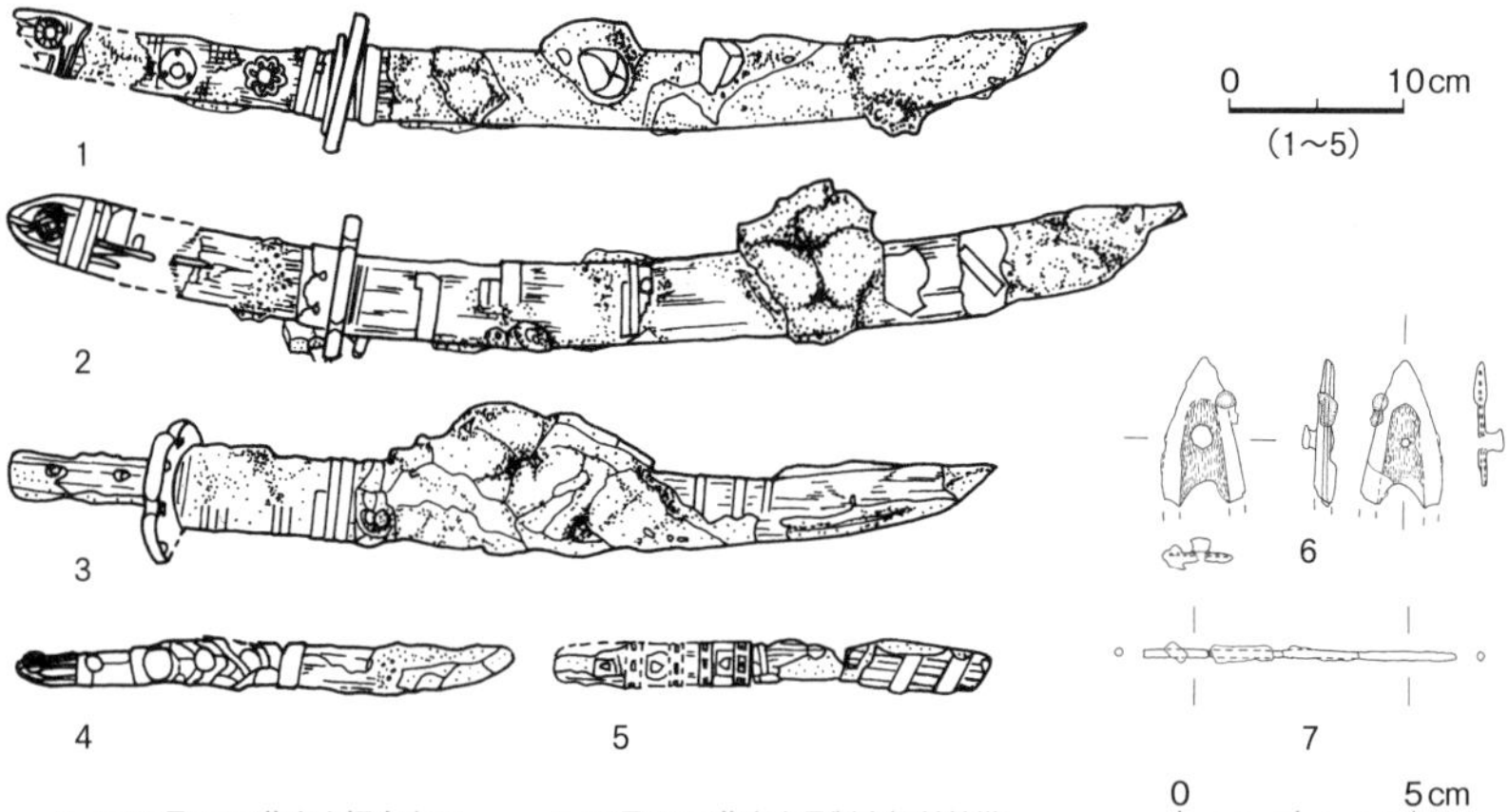

1〜2 98号アイヌ墓出土蝦夷太刀
3 116号アイヌ墓出土蝦夷太刀
4 98号アイヌ墓出土刀子
5 116号アイヌ墓出土刀子
6 98号アイヌ墓出土骨製中柄付鉄鏃
7 98号アイヌ墓出土針

図61　夷王山墳墓群のアイヌ墓と副葬品

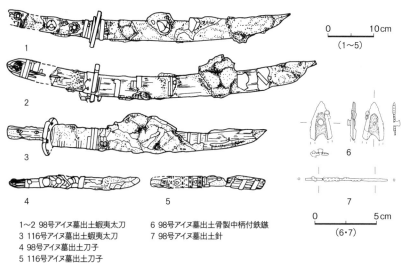

「形態人類学からみたアイヌ」『季刊考古学』一三三、雄山閣)。一方で骨コラーゲンに含まれる炭素・窒素同位体比分析をおこなったところ、この二名はサケを多く利用するアイヌ的な食生活を営んでいた可能性があることがわかった(米田穣・奈良貴史二〇一五「アイヌ文化における食生活の多様性」『季刊考古学』一三三、雄山閣)。

また上之国勝山館の麓の久末《ひさすえ》屋敷地点でも、長方形の木棺をもつ一七世紀前半以前の伸展葬墓が二基検出されており、一基はガラス玉と漆器、もう一基はニンカリ・鎌・鉈・刀子・漆器が副葬されていた(上ノ国町教育委員会二〇一〇『史跡上之国館跡Ⅲ』)。遺骨の保存状態が比較的良かったガラス玉が副葬されていた墓の被葬者は壮年後半の女性で、頭骨の特徴と歯冠径の統計判別分析によりアイヌと判定されている。

このように、一六世紀の上之国城下には和人だけでなくアイヌも住んでいた。上之国のアイヌは和人との混血が進んだ結果、形質的には和人化がかなり進み、陶磁器を使うなど生活様式にも和風化の傾向があらわれていた。その一方で、祭祀・葬法・食生活では民族的伝統を色濃く残しており、アイヌ民族としてのアイデンティティを保持し続けていたのである。

2　松前藩の成立とアイヌ社会の再編

松前城下での新発見

天正一八年（一五九〇）、蠣崎慶広は聚楽第で狄《えぞ》の嶋主《しまぬし》として豊臣秀吉に謁見することに成功し、文禄二年（一五九三）には秀吉から蝦夷島の実質的支配権を認める内容の朱印状を受けるにいたった。慶長八年（一六〇三）、苗字を蠣崎から松前に改めた慶広は、翌年、徳川家康からアイヌ交易独占権を認める黒印状を受け、慶長一一年、松前大館からより海岸に近い福山館に転居した。

無高であった松前藩のもっとも重要な財政的基盤は、幕府から認められたアイヌ交易独占権であっ

全体図

拡大図

図62　ウイマムに松前を訪れるアイヌ
（小玉貞良筆『松前屏風』第四扇）

た。布教を目的として松前に潜入したイエズス会宣教師ジェトニモ・デ・アンジェリスやディオゴ・カルワーリュの報告書には、近世初期の元和年間（一六一五～二四）ごろには、東西蝦夷地との交易が松前城下を中心に展開していたことが記されている（H・チースリク編、岡本良知訳一九六二『北方探検記 元和年間に於ける外国人の蝦夷報告書』吉川弘文館）。一七世紀初頭の松前の戸数は五〇〇戸ほどで、毎年三〇〇艘ほどの大船が米や酒を積んで来航し、三月から九月にはアイヌが干鮭・鰊《にしん》・白鳥・鶴などをたずさえて城下に入り、和人と交易していた。

寛永年間（一六二四～四四）には松前に近江商人が進出し、蝦夷地交易に従事するようになると、交易の場は松前城（福山城）下から蝦夷地各地の商場へと移行した。彼らは昆布・干鮭・干鱈などの松前物を上方市場で売りさばき、上方からは衣類をはじめとする生活必需品を仕入れて松前に持ち込み利益を得た。

オタルナイ（小樽）の場所請負人《ばしょうけおいにん》（交易場の経営をおこなう商人）であった近江八幡の恵比須屋岡田弥三右衛門が、松前での出店の繁昌を後世に伝えるため、宝暦年間（一七五一～六四）に、松前生まれの絵師小玉貞良《こだまていりょう》に城下の様子を描かせた『松前屏風』（道指定文化財・松前町蔵）には、人が行きか

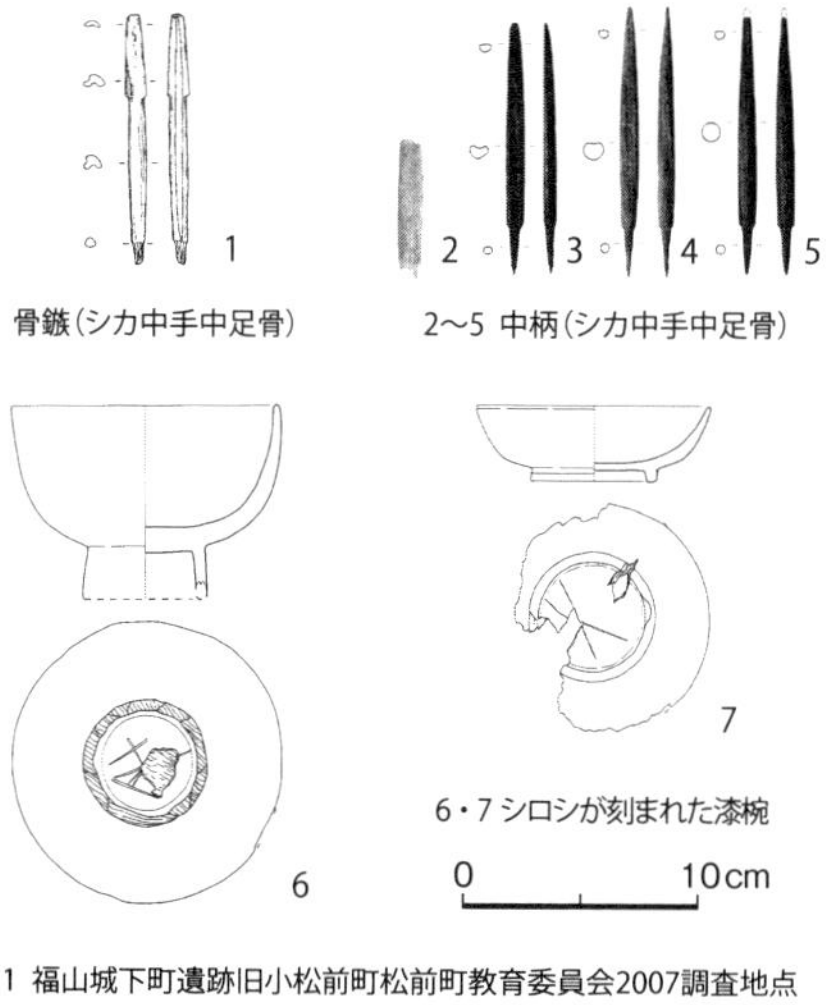

1 福山城下町遺跡旧小松前町松前町教育委員会2007調査地点
2 福山城下町遺跡旧小松前町弘前大学調査地点
3～7 福山城下町遺跡旧蔵町地点

図63 城下町松前におけるアイヌの考古学的痕跡

う城下町の賑わいのなかに、御目見《おめみえ》（ウイマム）のため貢船《みつぎぶね》（ウイマムチプ）で城下にやってきて、浜に丸小屋を建てて滞在するアイヌの姿が認められる［図62］。また、同じ小玉貞良の『蝦夷国風図絵』（函館市指定文化財・函館市中央図書館蔵）には、松前城の前身である福山館で藩主松前資広に謁見するアイヌが描かれている。

近年、松前では城下町から中柄・骨鏃などの骨角製狩猟具やシロシが刻まれた漆椀など、一七世紀ごろのアイヌの考古学的痕跡が見つかりはじめた［図63］。二〇二一年には、城下を東西に貫くメインストリート海側の近世初期の地層から板綴じ舟の舟底板が発見された。発見された舟底板の上にはアワビの貝殻の上に漆椀が伏せた状態で置かれていた（北海道埋蔵文化財センター二〇二三『調査年報三五（令和四年度）』）。舟はアイヌが松前城下に交易に来ていた近世初期までさかのぼり、イクパスイや骨角製の中柄といったアイヌ特有の遺物も発見されている。和人とアイヌの両者とも板綴じ舟を使用しているが、この舟は近世初期に交易のため松前にやってきたアイヌが乗ってきたイタオマチプであり、何らかの理由で破損したために、アワビと漆椀を用いて舟の送り儀礼が行われたのではないだろうか。

和人地におけるアイヌ居住地

江戸時代、松前を含む渡島半島の一部は松前地とよばれ、松前藩が支配する和人地であった。松前地の範囲は時代によって異なるが、一八世紀ごろまでは熊石《いし》（関内《せきない》）番所があった現在の八雲町熊《やくもちょうくま》石周辺から亀田番所が置かれていた現在の函館の市街地周辺までの間で、松前より西側を西在《にしざい》、東側を東在《ひがしざい》とよんでいた［図64左］。松前地には先住民であるアイヌと和人が住んでいたが、次第に和人が

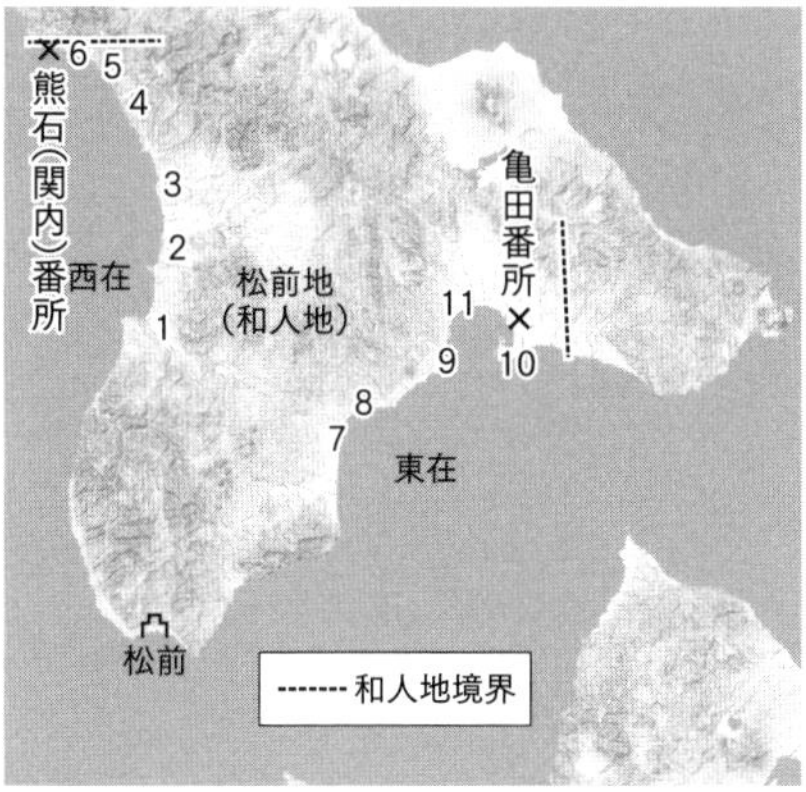

地域	地図番号	地名	現在の地名	狄乙名	家数
西在	1	上の国	上ノ国町		140 ～ 50
	2	田沢	江差町田沢	ミろく	40
	3	おとへ	乙部町	見候内	50
	4	あいぬま内	八雲町熊石相沼町	とひしし	40
	5	けんねち	八雲町熊石見日町		10
	6	熊石	八雲町熊石町		80
東在	7	ちこない	木古内町木古内	おまつふり	45
	8	さすかり	木古内町札苅	にし介	45
	9	もへつ	北斗市茂辺地(茂別)	あいにしこ	10
	10	壱本木	函館市若松町(一本木)	やくいん	7
	11	へきれち	北斗市野崎(戸切地)	本あみ	20

図64　近世和人地内のアイヌ居住地（『津軽一統志』による。寛文9年時点）

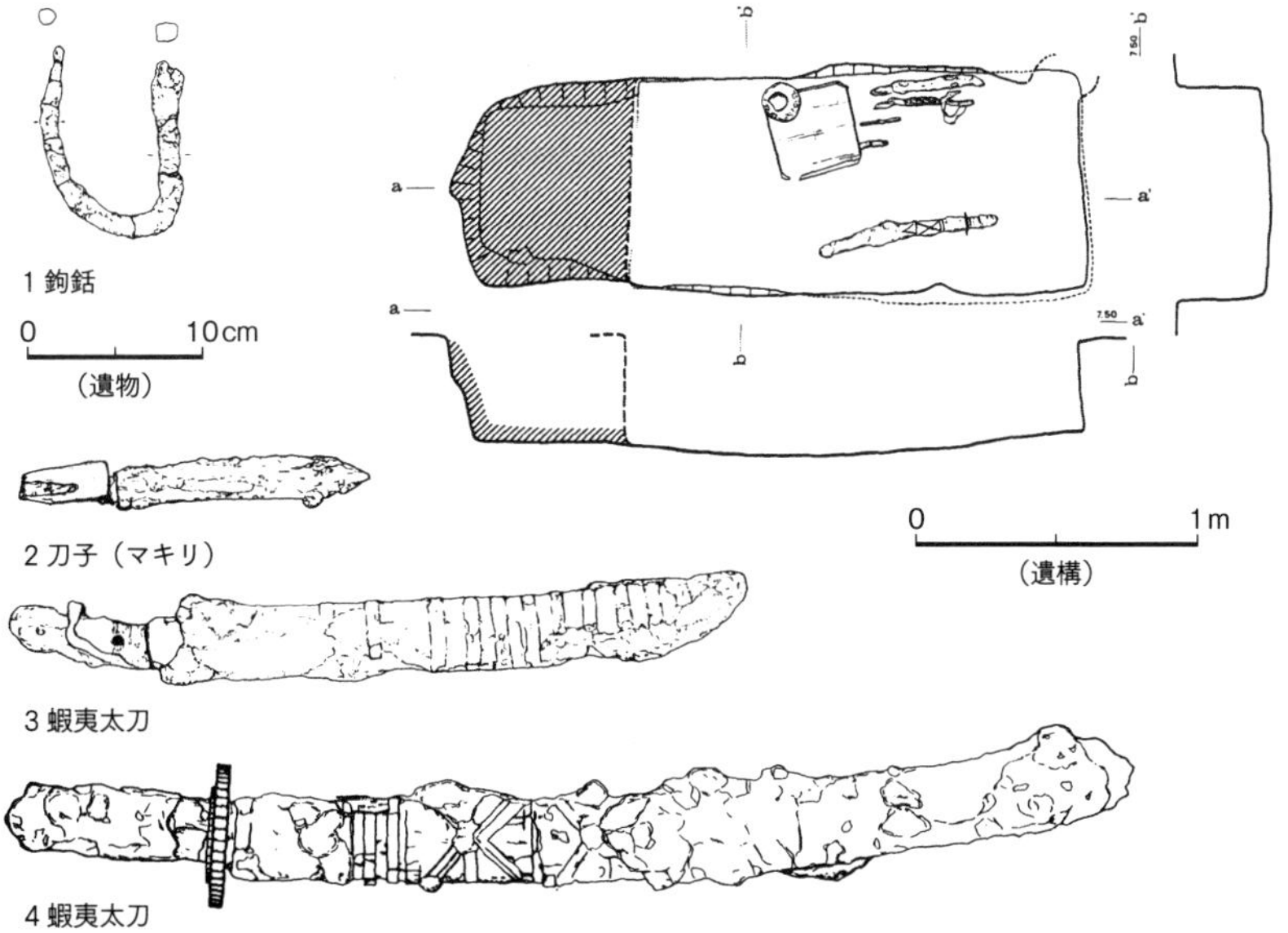

図65　木古内町札苅遺跡2号土壙墓と副葬品

増え、アイヌは減少していった。弘前藩が編纂した『津軽一統志』によれば、シャクシャインの戦いが起きた寛文九年（一六六九）の時点で、和人地には西在四七村、東在一九村、合わせて六六の村が存在したが、そのうち狄乙名《えぞおとな》（アイヌの首長）がいたことが判明するのは、西在六村、東在五村の計一一村にすぎない［図64右］。また、アイヌの居住が確認できる村は、和人地のなかでも西在では上ノ国より北、東在では木古内より東に限定され、松前周辺にはない。天文二〇年（一五五一）の「夷狄之商舶往還之法度」から約百年間に、上ノ国をのぞいて上ノ国から知内までの「初期和人地」からアイヌ集落は消滅した可能性が高いのである。

その一方で、東在にふくまれる木古内町札苅遺跡と北斗市久根別《くねべつ》からは蝦夷太刀が副葬された一七世紀のアイヌ墓が発見されている。札苅遺跡2号土壙は蝦夷太刀・マキリ・鉤鈷（マレック）・折敷と漆椀を組み合わせた死者用の食器が副葬されており、典型的なアイヌ墓の特徴を備えている［図65］。『津軽一統志』では、札苅遺跡のある「さすかり」には狄乙名の「にし介」が居住していたと記されている。『津軽一統志』に名前が記録された和人地の狄乙名八人のうち、明らかに和人名とわかるのはにし介だけで、少なくとも五人はアイヌ固有の名前を名乗っている。札苅のアイヌは、和人地のアイヌのなかでは和人との混血が進み、日常生活は和風に変化していたのかもしれない。しかし墓の形態や副葬品をみると、少なくともシャクシャインの戦いのころまでは、和人地のアイヌもまた、アイヌ民族としてのアイデンティティを保持しつづけていたことがわかる。

アイヌと煙草

本州から松前を通して蝦夷地にはさまざまなものが移出されたが、なかでも米や各種金属製品、木綿などの衣類とならんで重要なのが酒と煙草である。酒や煙草は交易品であるとともに、ウイマムとよばれる朝貢やオムシャ（アイヌに対する慰労行事）の際の下賜物にもなっていた。和人は煙草と酒をアイヌ支配の道具として巧みに利用し、アイヌはそれらをみずからの儀礼のなかに組み込んでいた。

煙草は一五七〇年代ごろにポルトガル人によって日本に伝えられた。当初は供給量も少なく、巻いて吸う方式が採られていたが、一五九〇年代ごろからは金属製の煙管《キセル》が使われるようになった。喫煙は瞬く間に人々の間に広まり、一七世紀初頭には本州北端にまで到達した。

先述したイエズス会神父のアンジェリスとカルワーリュは一六一八〜二二年に北海道の地を訪れており、その報告にはアイヌの喫煙に関する記述がまったくみられないが、一六四三年に道東から千島・サハリンを訪れたオランダ東インド会社所属のカストリカム船隊司令官メルテン・ゲリッツセン・フリースの航海記録（北構保男一九八三『一六四三年アイヌ社会探訪記』雄山閣）からは、道東や樺太のアイヌにまで喫煙が定着していた様子がうかがえる。アイヌに喫煙の風習が広まったのは一六三〇〜四〇年代の可能性が高いことになる。

道南の太平洋側に位置する森町森川3遺跡では、一六四〇年に降下した駒ヶ岳d火山灰の下の地層から金属製の煙管が出土

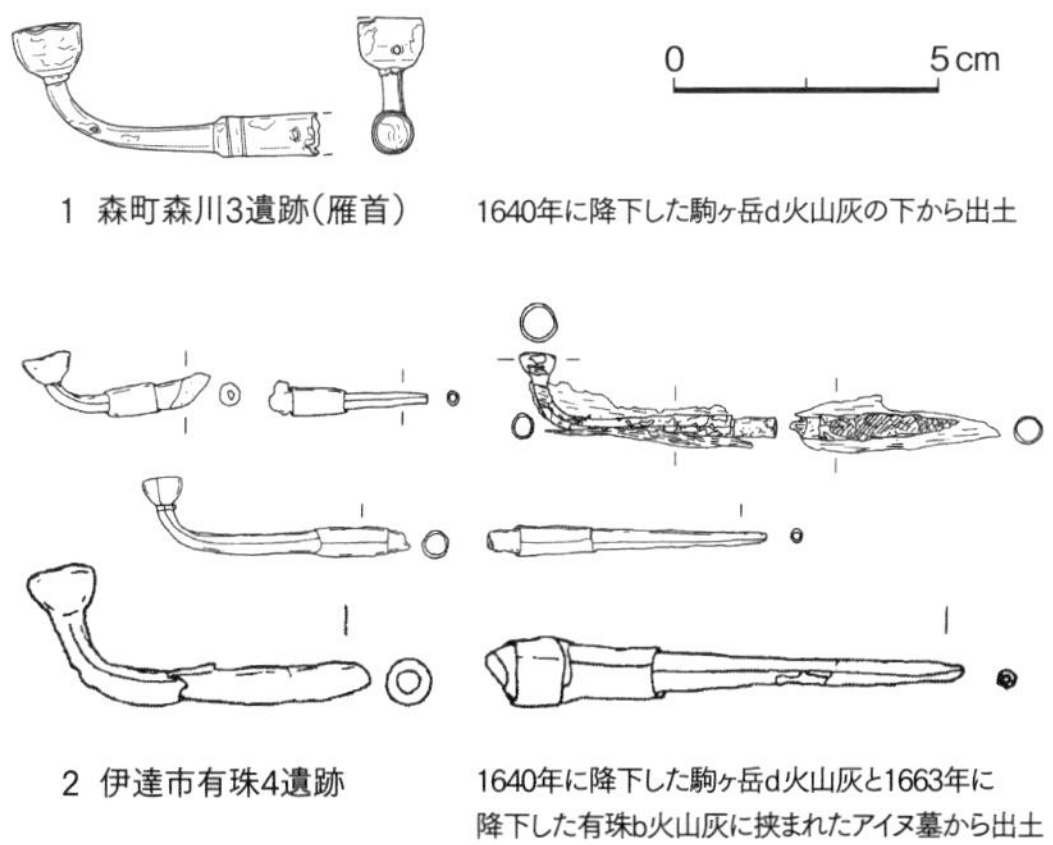

1　森町森川3遺跡（雁首）　1640年に降下した駒ヶ岳d火山灰の下から出土
2　伊達市有珠4遺跡　1640年に降下した駒ヶ岳d火山灰と1663年に降下した有珠b火山灰に挟まれたアイヌ墓から出土

図66　アイヌ文化の遺跡から出土した17世紀の煙管

しており、一六三〇年代までに道南のアイヌに喫煙が広まっていたことを示す［図66－1］。また、道央の太平洋側に位置する伊達市有珠4遺跡では、駒ヶ岳d火山灰の下から検出された一〇基のアイヌ墓には煙管はまったくみられないが、駒ヶ岳d火山灰と一六六三年に降下した有珠b火山灰の間から検出されたアイヌ墓では一〇基中四基に煙管が副葬されていた［図66－2］。有珠4遺跡の事例は、道央では一六三〇年代までは日本製の煙管が十分供給されておらず、一六四〇～五〇年代に急速に普及したことを物語っている。フリースの航海記録と重ねあわせて考えるなら、一六四〇年代に一挙に道東や樺太アイヌにまで喫煙が広まった可能性が高いのである。

　アイヌは墓に煙管を副葬する習俗がある［図67］。煙管の副葬率は一七世紀後半以降、東北地方にほぼ匹敵する四割前後の高い比率を示し、男女間で大きな違いはない。和人であれアイヌであれ、煙管が副葬された人は生前に喫煙していたと考えられるが、煙管が副葬されていないからといって煙草を吸わなかったことにはならない。実際の喫煙率は煙管の副葬率より高かったはずである。加えてアイヌは交易で和人から入手する金属製の煙管の不足を補うため、和人の用いない木製の煙管（ニキセリ）も併用していたが、後者は土中で腐ってしまうことから、アイヌの喫煙率は和人を上回っていたと考えられる。有珠4遺跡の事例からみて、有珠アイヌの喫煙率は一六四〇～五〇年代にはすでに少なくとも四割に達していたと推測される。実際には煙草を吸わない人

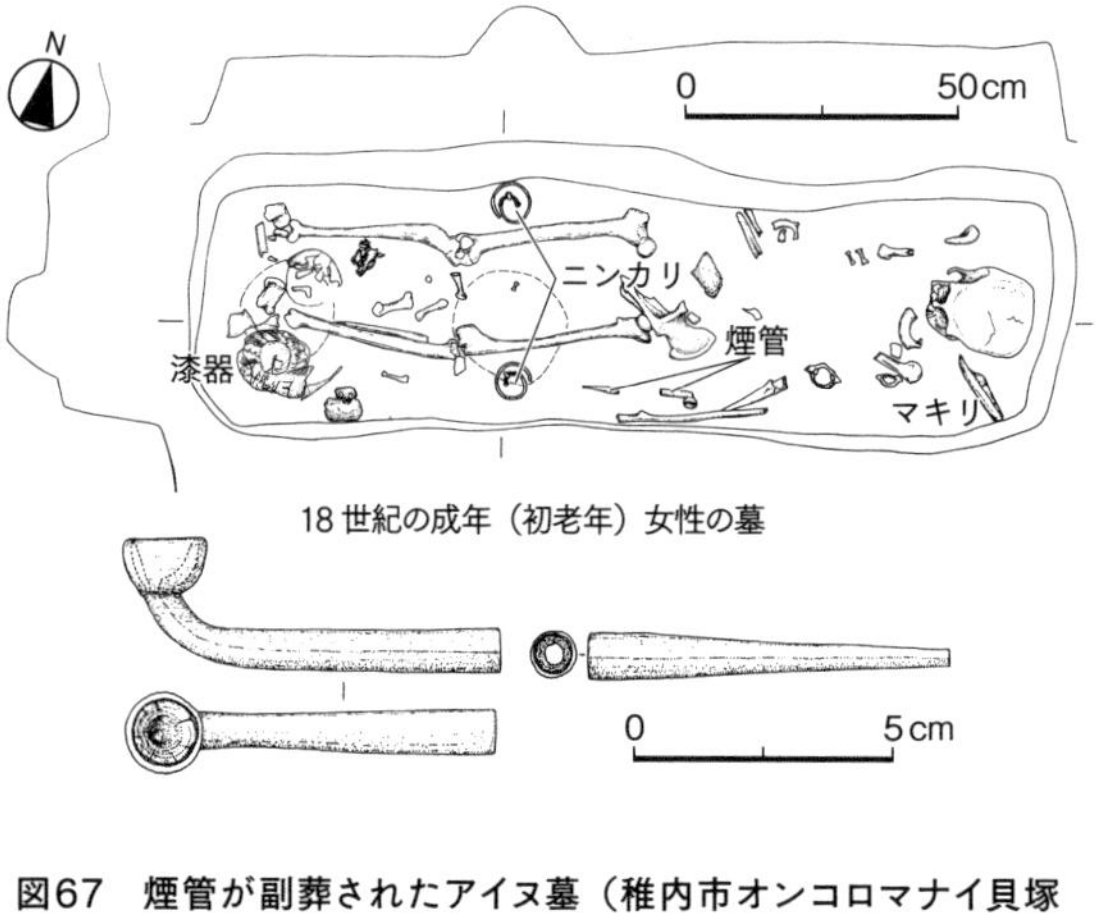

▍図67　煙管が副葬されたアイヌ墓（稚内市オンコロマナイ貝塚墳墓1）

のほうが少なかっただろう。

松前藩がほしかったもの

アイヌ社会に紫煙が漂いはじめた一七世紀半ば、その後のアイヌと和人の関係性を決定づけることになる大事件が起ころうとしていた。慶安元年（一六四八）、東蝦夷地シベチャリ（新ひだか町静内《しずない》）の脇乙名シャクシャインとハエ（日高地方波恵《はえ》川流域）の乙名オニビシとの間で表面化したアイヌ民族の集団間抗争が発端となり、約二〇年後の寛文九年（一六六九）には、幕府から奥羽諸藩に松前藩支援が命ぜられるほどの大規模な反和人抗争に発展したのである。この時、幕府は島原の乱以来最大の軍事作戦になることも覚悟したほどであった。

シャクシャインの戦いとよばれるアイヌ民族の蜂起は、最終的には松前藩がアイヌ民族を分断し、和睦を偽った謀略によってシャクシャインを殺害することにより鎮圧され、蝦夷地における和人の優位性を決定づけた。

松前藩は降伏したアイヌにツクナイ（償い）を要求するとともに、七カ条からなる起請文により松前藩への服従を誓わせた。ここで注目したいのは、次に掲げる起請文の第五条と六条である。

一　殿様より向後仰せ出され候通り、商船へ我が侭申し懸けず、互いに首尾好商い仕るべく候、余所の国と荷物買い取り申す間敷候、我国にて調申す荷物も脇の国へ持参致す間敷候、人々国にて取り申す皮・干鮭、我国へ持参致す者、跡々より仕付候通り致すべく候事。

一　向後、米壱俵に付皮五枚・干魚五束商売仕るべく候、新物・たばこ・金道具に至る迄米に応、諸方より高値に商い仕るべく候、荷物等沢山にこれ在る年は、米壱俵に皮類も干魚も下直に商売致すべき事。

第五条の主眼は、交易船への妨害および松前藩以外の藩との交易の禁止にある。第六条では交易値段が定められている。いずれの条文でもアイヌからの交易品として「皮」と「干魚」の名前が挙げられており、「皮」が干魚（干鮭）より前に書かれている。この条文から、一七世紀の段階で松前藩が対アイヌ交易でもっとも必要としていた物品は「皮」であり、次に干鮭であったことがわかる。松前藩がほかの藩に売却することを固く禁じた「皮」とは何であろうか。

アイヌが狩猟対象とした動物のなかで、利用価値のありそうな皮をもつ動物は、海獣類ではトド・ニホンアシカ・アザラシ・ラッコ・オットセイ、陸獣ではクマ・キツネ・テン・シカなど、さらには水陸両生のカワウソと多種類におよぶ。条文にある「皮」がこれらの動物全般を指す可能性も否定できないが、第六条で「米壱俵に付皮五枚・干魚五束」と交換比率が定められているからには、ある特定の動物の皮を指すと考えた方がよいであろう。

起請文はシャクシャインの戦いで降伏したアイヌに対して松前藩への服従を誓わせることを目的としている。シャクシャインの戦いで和人が襲撃された場所は、太平洋側では東はシラヌカ（白糠町）・オンベツ（釧路市音別町）から西は和人地東端の石崎（函館市石崎町）、日本海側では北はマシケ（増毛町）から南はヲタスツ（寿都町歌棄町《うたすつちょう》）と広範囲だが、中心となったのは道央太平洋側の日高・胆振《いぶり》地方である。この地域に多く生息する皮の利用価値が高い動物といえば、エゾシカ以外考えられない。

エゾシカはニホンジカの亜種のなかではもっとも大きい部類に属する。数が増えた現在は北海道のほぼ全域に生息域が拡大しているが、比較的雪の少ない太平洋側に多い。現在、エゾシカはジビエとして再び注目されており、一頭から平均二〇キログラムの食肉がとれるという。エゾシカの皮はアイヌにとって防寒服の材料として不可欠であり、和人との重要な交易品でもあった。

アイヌ語でエゾシカは「ユク」とよばれるが、ユクは食料となる陸の狩猟動物全般を指す言葉でもある。地域によっては、エゾシカを性別や年齢でよびわけていた。アイヌにとって、エゾシカは身近に住むもっとも利用価値の高い陸獣であった。

安政四年（一八五七）、箱館奉行堀利熙《ほりとしひろ》に随行し、東西蝦夷地・北蝦夷地（カラフト）を巡見した仙台藩士玉虫《たまむし》左《さ》太夫《だゆう》が記した見聞録『入北記』によれば、シカ皮の生産地は十勝以西の日高・胆振地方にかたよっており、一枚当たりの値段は、大が六〇〇〜四〇〇文、中が五〇〇〜三〇〇文、小は四〇〇〜一〇〇文と交易品としての価値も高かった。日高・胆振地方のアイヌの生活はエゾシカによって支えられていたといっても過言ではない。

道央部では、平取町ユオイチャシ・オパウシナイ1遺跡・亜別《あべつ》遺跡、厚真町厚幌《あっぽろ》1遺跡・ニタップナイ遺跡、苫小牧市静川22遺跡などでエゾシカの骨がまとまって発見されている。一六世紀以前の遺跡からエゾシカの骨が大量に出土することは稀だが、一七世紀には確実に急増している。一七世紀に道央部でアイヌによるエゾシカの大量捕獲が本格化した可能性は非常に高い。大量のシカ皮が必要とされた背景には、道央部のアイヌの生活のすみずみにまで浸透しはじめた日本製品の存在がある。

シャクシャインが本拠地としたシベチャリは、日高山脈に源を発する静内川が太平洋に注ぐ河口に位置する。シベチャリには、静内川左岸の丘陵上に、河口部から上流に向かって、ホイナシリ（入舟）・シベチャリ（不動坂）・シンプツナイのチャシ跡が並んでいる。一九九七年にはシベチャリチャシ跡とホイナシリチャシ跡に、同じく静内川流域のメナチャシ跡・オチリシチャシ跡・ルイオピラチャシ跡、厚別川上流の日高町アッペツチャシ跡を加え、「シベチャリ川流域チャシ跡群及びアッペツチャシ跡」として国史跡に指定されている。

一九六三年には学術目的でシベチャリのチャシ跡とホイナシリチャシ跡、一九八七年には展望台設置の事前調査としてシベチャリのチャシ跡の発掘調査がおこなわれている。発掘調査では、肥前磁器・煙管・骨鏃や中柄などの骨角器・槍・蝦夷太刀・永楽通宝・マレク（鉤銛）・斧（鉞）・手斧・鉈・鋤《すき》先など多くの遺物が出土した［図68］。なかでも肥前磁器と豊富な鉄製品は注目される。

肥前磁器はすべて、松前軍の攻撃でシベチャリが陥落する前の一六三〇〜五〇年代の染付で、碗と小皿がある。この時期の肥前磁器では最北の出土例である。松前軍によりチャシが焼き払われたことを物語るかのように、肥前磁器の破片には二次的被熱が認められる。肥前磁器も鉄製品もすべて和人との交易によって入手されたものである。当時非常に貴重だった肥前磁器や多量の鉄製品を入手し得た

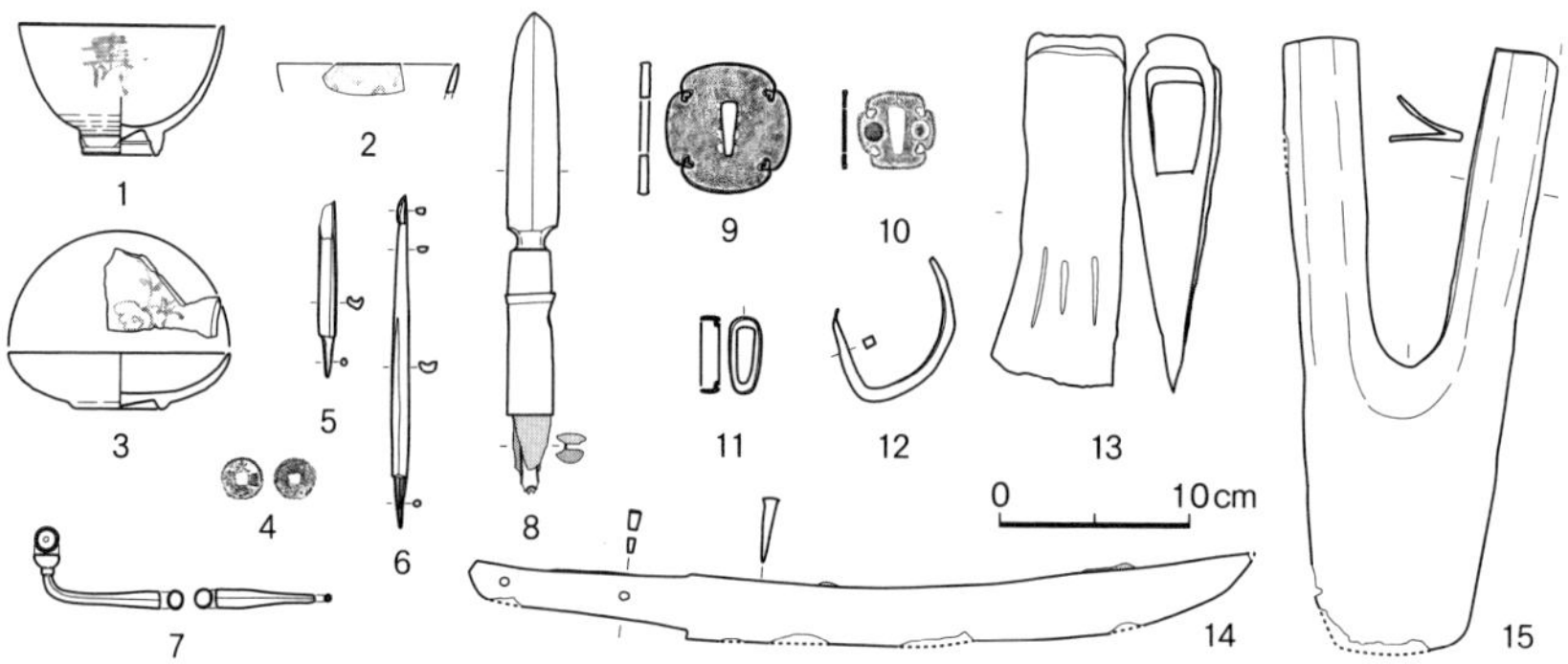

1〜8 シベチャリチャシ跡
9〜15 ホイナシリチャシ跡

1〜3 肥前磁器 4 永楽通宝 5 中柄 6 骨鏃 7 煙管 8 槍 9 鍔 10 大切羽 11 柄縁金具 12 鉤銛 13 手斧 14 蝦夷太刀 15 鋤先

▌図68 シベチャリチャシ跡・ホイナシリチャシ跡出土遺物

シャクシャインの実力がうかがえる。

呉須《ごす》（青色顔料）で「壽」の字を描いた肥前磁器碗は漆継ぎがなされている［図68－1］。アイヌは漆器を好んだが、すべて交易により和人から入手しており、みずから漆を扱うことはなかったようだ。はじめから漆継ぎされた中古の碗が交易品として入ってきた可能性も排除できないが、シベチャリアイヌの豊かな経済力からして、新品を入手したが、使っているうちに割ってしまい、和人に修理に出したと考えたい。その場合、松前まで修理に出すのと、漆を扱う和人の渡り職人がシベチャリまで来た二つの可能性が考えられる。

ここで思い出されるのが、松前軍がシベチャリのチャシを攻めて焼き払った際に捕まり、惨殺や火刑に処せられた四人の和人である。この四名は鷹待あるいは金掘りと伝えられる。将軍家をはじめ諸大名が鷹狩に使う鷹と砂金は、一七世紀の松前藩の重要な収入源であり、それらを求めて蝦夷地の奥深くまで多くの和人が入り込んでいた。アイヌが漆器を好むことは彼ら蝦夷地に渡った和人が広く知るところであり、アイヌが作るイクパスイなどの木製品に漆を塗ったり、塗りが剝げた漆器を塗りなおしたりする渡り職人は当然いたものと思われる。鷹待や金掘りに交じって、そうした渡職人がシベチャリに来ていたとしても何ら不思議ではない。渡りの漆職人はともかく、アイヌのテリトリーに入り込み、砂金取りで川を汚したり、重要な交易品である鷹にまで手を出したりする和人は、アイヌにとって自分たちの生活を脅かす存在であり、和人に対する反感を増幅させただろう。

戦乱のきっかけとなった火山噴火

　蜂起前の胆振・日高アイヌ社会には鉄製品をはじめとする多量の日本製品が流入し、それらを得るためのエゾシカの猟場やサケの漁場をめぐり、集団間の摩擦が高まっていたと推測される。そしてシャクシャインの戦い直前の寛文七年（一六六七）、道央支笏《しこつ》湖の南側に位置する樽前山が大規模なマグマ噴火を起こし、山の東方にある十勝平野までの広域に大量の火山灰（樽前b火山灰）が降り積もった。大量の火山灰は、この地域のアイヌの生活の糧であるエゾシカの生息にも壊滅的なダメージをおよぼし、胆振・日高のアイヌの生活は危機的状況に陥っただろう。

　シャクシャインの戦いは、日本製品獲得のための動物資源をめぐる地域集団間の軋轢、アイヌのテリトリーへの和人の侵入、火山噴火という三つの要因が重なり合って起きたといえるだろう。

　実際、北海道では一七世紀から一八世紀前半に北海道駒ヶ岳、有珠山、樽前山が相次いで大規模噴火し、道南の噴火湾沿岸一帯から道央の胆振・日高一帯のアイヌの生活に大きな影響をおよぼしたと推測される（「北海道の防災考古学」編集委員会編二〇二〇『北海道の防災考古学』）。近年、この地域では火山灰の下から畑の畝の痕跡が続々と発

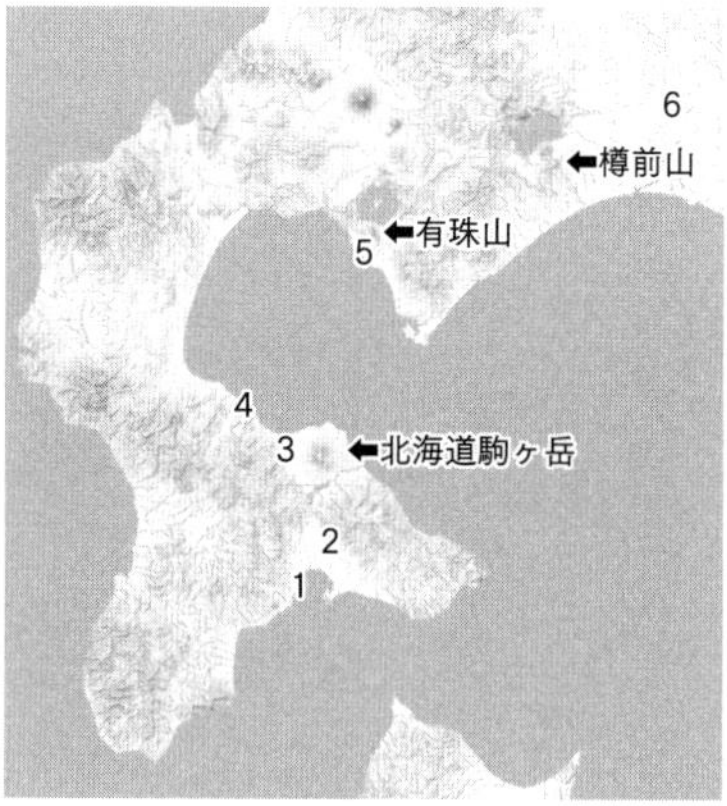

番号	遺跡名	時期
1	館野遺跡	Ko-dの下
2	桜町7遺跡	Ko-d降下直前
3	森川2遺跡	Ko-d降下直前
	森川3遺跡	
	森川5遺跡	Ko-d降下直前
	森川6遺跡	Ko-d降下前
	上台2遺跡	Ko-d降下直前
4	栄浜2遺跡	Ko-d降下直前
	栄浜3遺跡	Ko-d降下直前
5	有珠4遺跡	Ko-dの上、Us-bの下
	ポンマ遺跡	Ko-dの下
		Ko-dの上、Us-bの下
	カムイタプコプ下遺跡	Ko-dの下
		Ko-dの上、Us-b降下直前
6	キウス5遺跡	Ta-a降下直前

Ko-d 駒ヶ岳d火山灰（1640年降下）　Us-b 有珠b火山灰（1663年降下）
Ta-a火山灰 樽前 a 火山灰（1739年降下）

図69　火山灰に埋もれたアイヌの畑作遺構が検出された遺跡

見されている［図69］。

道南の北斗市から噴火湾南岸の森町周辺では、渡島半島のランドマークになっている北海道駒ヶ岳が一六四〇年に噴火しているが、その際に降った火山灰（駒ヶ岳d火山灰）に覆われた畑跡がみつかっている。噴火前の北海道駒ヶ岳は標高約一七〇〇メートルの富士山形をしていたが、噴火にともない発生した山体崩壊により山頂部が大きく失われ、現在のような標高約一一〇〇メートルの二つの馬蹄形カルデラをもつ形に変わった。この時の噴火は寛永の飢饉（一六四〇～四三）の一因にもなったとされる。火山灰の下からみつかった畑跡は、噴火の直前まで使用されていたと考えられるものが多いが、約一〇〇〇〇平方メートルの範囲から畑跡がみつかった森町森川6遺跡の場合、畝立ての痕跡は崩れて平坦になっている。しかし耕作土と火山灰の間には自然堆積層がみられないことから、噴火の時点ではすでに放棄されてはいたが、噴火からさほど古くさかのぼらない一六世紀末から一七世紀前半に使われていたと考えられている。また、森川6遺跡では一度に耕作されていた畑は一三〇〇～二二〇〇平方メートル程度で、それが一〇回ほど作り直されていたと見積もられている。これらの遺跡では駒ヶ岳d火山灰層の上からは畑跡はみつかっていない。火山灰が分厚く堆積した渡島半島で畑作が復活することはなかったと思われる。

噴火湾の北東側に位置する伊達市周辺では、一六四〇年の駒ヶ岳d火山灰の上下から畑跡がみつかっており、上層の畑はいずれも一六六三年に噴出した有珠b火山灰に覆われていた。つまり、伊達市周辺では一六四〇年の駒ヶ岳噴火前から畑作がおこなわれ、噴火後も耕作が再開されたのである。噴火後に畑を復旧することができたのは、伊達市周辺が噴火湾をはさんで駒ヶ岳から離れており、渡島半島に比べ火山灰の堆積が薄かったからだろう。しかし一六六三年に噴火した有珠山はすぐ近くにあり、今度は火山灰が厚く降り積もったため、畑作を再開することはできなかったのである。なお、石狩低地帯では千歳市キウス5遺跡で一七三九年に降下した樽前a火山灰に覆われた畑跡がみつかっており、一八世紀前葉には畑作がおこなわれていたとみられるが、噴火後に再開された形跡は認められない。

アイヌと焼畑

これらの畑跡に関しては、畝や畝間の耕作土に含まれる炭化物や幅広の縦畝から、焼畑と考える意見が示されている（横山英介二〇〇九『考古学からみた北海道の焼畑』北海道考古学研究所設立5周年記念事業会）。津軽領内ではアイヌが焼畑でソバやアワを栽培していた記録が残されている。たとえば宇田村（青森県外ヶ浜町平舘）から三馬屋村（外ヶ浜町三厩）にいたる津軽半島北端部の狄村《えぞ》［第6章図74参照］では「しやも」（和人）も「狄」（アイヌ）も、野山を二、三反ほど刈り払い、刈った笹や柴がよく乾燥したところで火を付ける一種の焼畑をおこなっていた（『弘前藩庁日記（国日記）』元禄一六年［一七〇三］二月一四日条）。弘前藩は山火事防止のため「くす（くつ）焼き」（焼畑）を禁じていたが、藩の許可を得ずに「くつ焼き」をおこなった三馬屋村の高無（無高）百姓と松ヶ崎（青森県今別町今別）の狄たちが山火事を出し、村預けとなっている（同前 宝永元年［一七〇四］六月三日条）。一七世紀の北海道でも焼畑がおこなわれていた可能性は非常に高い。

八雲町栄浜2遺跡ではコメ・アワ・マメ科植物、森町上台2遺跡ではアワ、森町森川6遺跡ではアブラナ科とマメ科植物が確認されており、伊達市カムイタプコプ下遺跡では作物痕跡や残存デンプン粒分析の結果などから根菜類の栽培が想定されている。

このように、一七世紀前半には渡島半島から噴火湾周辺に住むアイヌのなかには畑でアワや根菜類などをかなり大規模に作っていた人々がいたと考えられる。しかし相次ぐ火山災害と一八、一九世紀の寒冷化が重なり、アイヌの農耕が発展する芽は摘みとられてしまったと思われる。一七世紀に相次いだ火山噴火がなければ、その後のアイヌの歴史は違ったものになっていたかもしれない。

3　蝦夷地の幕領化とアイヌ文化の変容

ロシアの南下政策と蝦夷地

フランス革命が勃発した一七八九年、国後島とその対岸の道東キイタップ場所（メナシ）一帯では、のちに幕府が北方政策を見なおすきっかけとなる一大事件が起きていた。クナシリ・メナシの戦いとよばれるこの事件は、クナシリ・メナシの場所請負人である飛驒屋久兵衛の雇人（本州や松前など道南の和人地からの出稼ぎ和人）によるアイヌに対する横暴に端を発する。これに耐えかねたクナシリ・メナシのアイヌが次々と飛驒屋の関係者を襲撃した。この事件で死亡した和人は、国後島二二名、メナシ四九名の計七一名で、飛驒屋の使用人のほかにクナシリ島南端にあるトマリの運上屋に目付として派遣されていた松前藩の足軽一名が犠牲となった。

松前藩はただちに新井田孫三郎を最高責任者とする鎮圧軍を現地に派遣し、納沙布《のさっぷ》岬の手前約一三キロ、当時松前藩の運上屋があったノッカマフ（根室市牧の内のノッカマップ岬周辺）に進駐した。松前軍は、そこで蜂起に関連したアイヌの関係者から事情を聴取した上で、蜂起の首謀者と和人襲撃に関わったアイヌ計三七名を処刑し、その首級と事件の鎮圧に功績のあったアイヌの主導者の子供ら四三名をともなって松前に凱旋した。

寛政四年（一七九二）、ロシア使節ラクスマンが根室に来航したのをきっかけに、蝦夷地警備・海防の問題が急浮上した。寛政一一年（一七九九）、幕府は東蝦夷地を直轄化し、その警備を盛岡・弘前両藩に命じた。享和二年（一八〇二）には箱館に蝦夷奉行（箱館奉行）が置かれ、文化四年（一八〇七）には松前藩領全域が幕領化され、藩主松前章広は陸奥国伊達郡梁川《やながわ》九〇〇〇石に移封された。それにともない福山館（松前城）には松前奉行所が設置され、城下と和人地の統治にあたった。

松前藩はその後積極的に復領運動を展開、ナポレオンの遠征を受けたロシアの南下政策の中断によってロシアとの緊張関係が一時的に緩んだこともあり、文政四（一八二一）年には松前藩の復領が認められた。しかし、安政の五か国条約により安政二年（一八五五）に箱館が開港されたのにともない、松前藩領は木古内村から乙部村までに限定され、それ以外の和人地および蝦夷地全域が上知され、弘前藩・盛岡藩・仙台藩・秋田久保田藩には蝦夷地警備の命が下った。さらに翌年にはクリミア戦争が終結したことで、ロシアによるサハリン島進出に対する危険が高まり、安政六年（一八五九）には会津藩と庄内鶴岡藩にも蝦夷地警備が命じられた。箱館開港にともない、蝦夷地統治の権限は松前藩から幕府とその命を受けた東北諸藩へ移るとともに、蝦夷地経営に対する政治的・経済的拠点が松前から箱館に変わったのである。

焼酎徳利からみえるアイヌ文化の変容

こうした一八世紀末以降劇的に増大した和人の北方進出は、北海道や旧樺太（サハリン）から出土する近世陶磁器の分布や出土量にも如実に表れている［図70］。一九世紀初頭から前葉の西蝦夷地では、和人の漁場進出にともない、余市・オタルナイ（小樽）周辺を中心に陶磁器が出土する遺跡数・出土量がともに急増する。東蝦夷地では、第一次蝦夷地幕領化によりアイヌとの直接交易に関わる人馬継立《つぎたて》・宿泊・郵便などを取り扱う施設として寛政一一年（一七九九）に設置された野付《のつけ》通行屋跡や、根室半島の穂香川《ほにおいがわ》右岸遺跡、ユウフツ場所の中心に近く幕末期のアイヌの貝塚として知られる苫小牧市の弁天貝塚、文化元年（一八〇四）、幕府により東蝦夷地に建立されたいわゆる蝦夷三官寺のひとつ有珠善光寺に近い有珠善光寺2遺跡などから陶磁器が出土している。

北海道内から出土する陶磁器は一九世紀中葉に爆発的に増加するが、肥前系磁器膾《なます》皿、上野《あがの》・高取《たかとり》系甕、徳利（肥前笹絵徳利・コンプラ瓶・越後産焼酎徳利）の三器種（「幕末蝦夷地三点セット」）に著しくかたよる特徴がみられる。一八世紀ま

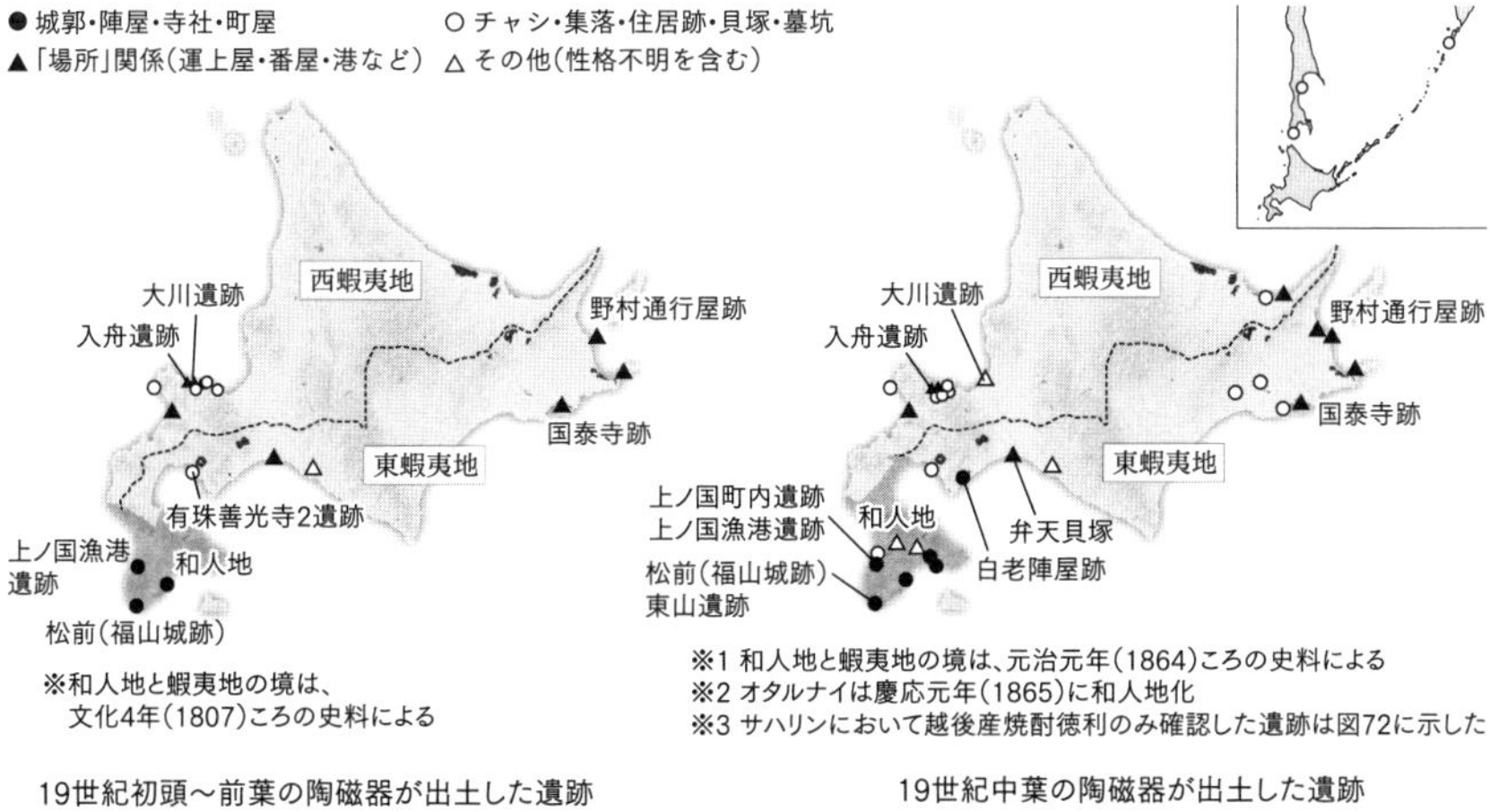

※和人地と蝦夷地の境は、文化4年（1807）ころの史料による
19世紀初頭～前葉の陶磁器が出土した遺跡

※1 和人地と蝦夷地の境は、元治元年（1864）ころの史料による
※2 オタルナイは慶応元年（1865）に和人地化
※3 サハリンにおいて越後産焼酎徳利のみ確認した遺跡は図72に示した
19世紀中葉の陶磁器が出土した遺跡

図70　19世紀初頭～中葉の陶磁器が出土した遺跡

でのアイヌは主として交易品の生産により生計を立てていたが、和人による過酷な収奪により、一八世紀末以降、和人の経営する漁場や運上屋の労働者となる者が続出した。和人との共同生活はアイヌ社会に和風の衣食住が浸透する端緒となった。アイヌがはじめて日常生活で陶磁器を使うようになったのは一九世紀中葉であり、その際、彼らが使用したのも幕末蝦夷地三点セットが主体であった［図71］。

蝦夷地三点セットのなかで、北部九州で焼かれた上野・高取系の陶器甕と、新潟県内で焼かれた越後産焼酎徳利は、蝦夷地向けに作られた焼物であった。越後産の焼酎徳利は「松前徳利」ともよばれ、新潟から北海道・樺太向けの粕取《かすとり》焼酎を移出するための専用容器であった。日本酒に比べ安価な上、アルコール度数が高い粕取焼酎は、寒さの厳しい北の漁場などで働く「ヤン衆」とよばれた本州からの季節労働者やアイヌといった労働者向けの酒であった。焼酎徳利の生産は一八六〇年ごろに新潟市の角田山《かくだやま》東麓ではじまり、一八六九年の新潟開港を受け、一八七〇年代には五頭山《ごずさん》西麓など新潟県内各地に広がった。終末は北海道で馬鈴薯による焼酎生産が始まり、ガラス瓶が普及する一九二〇年ごろと考えられる。

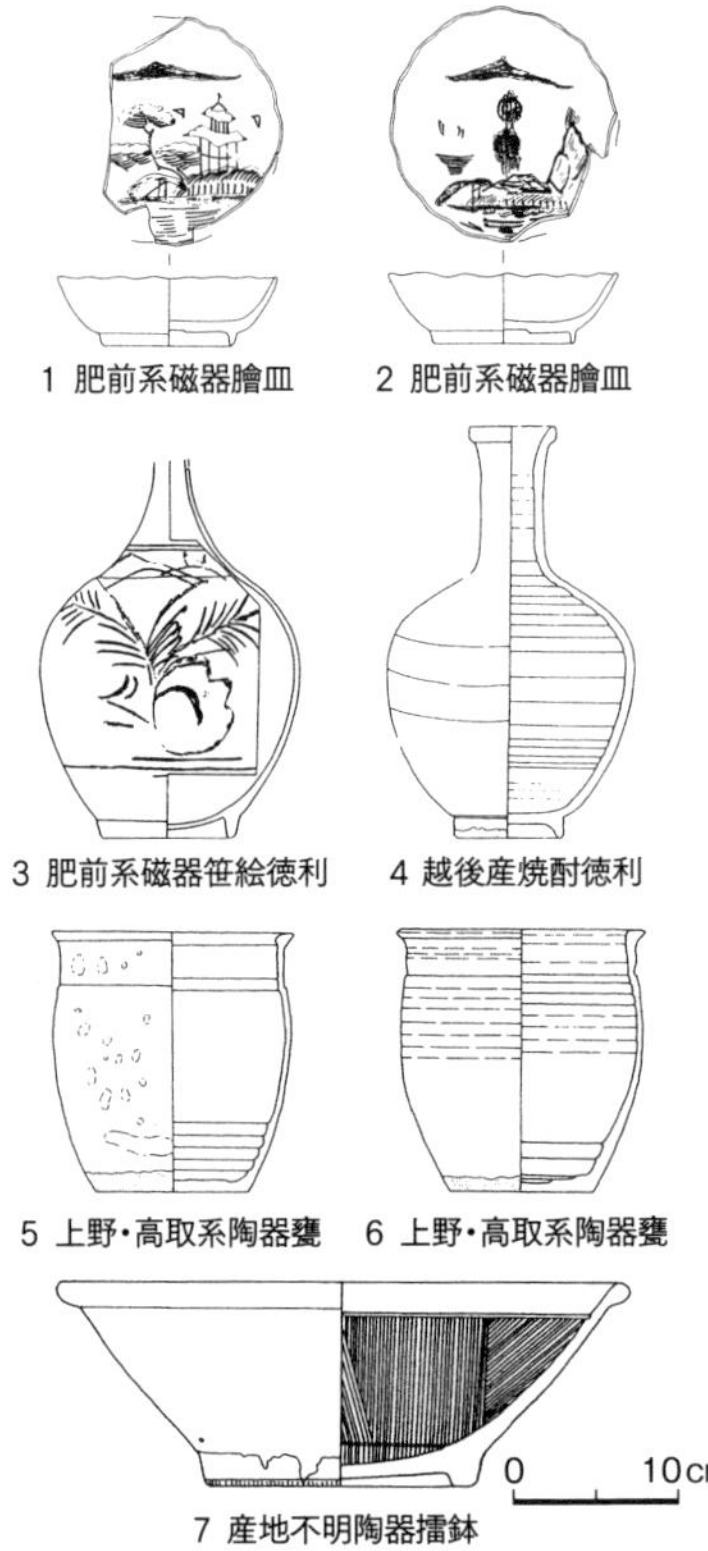

図71 苫小牧市弁天貝塚から出土したアイヌが使った陶磁器（19世紀中葉）

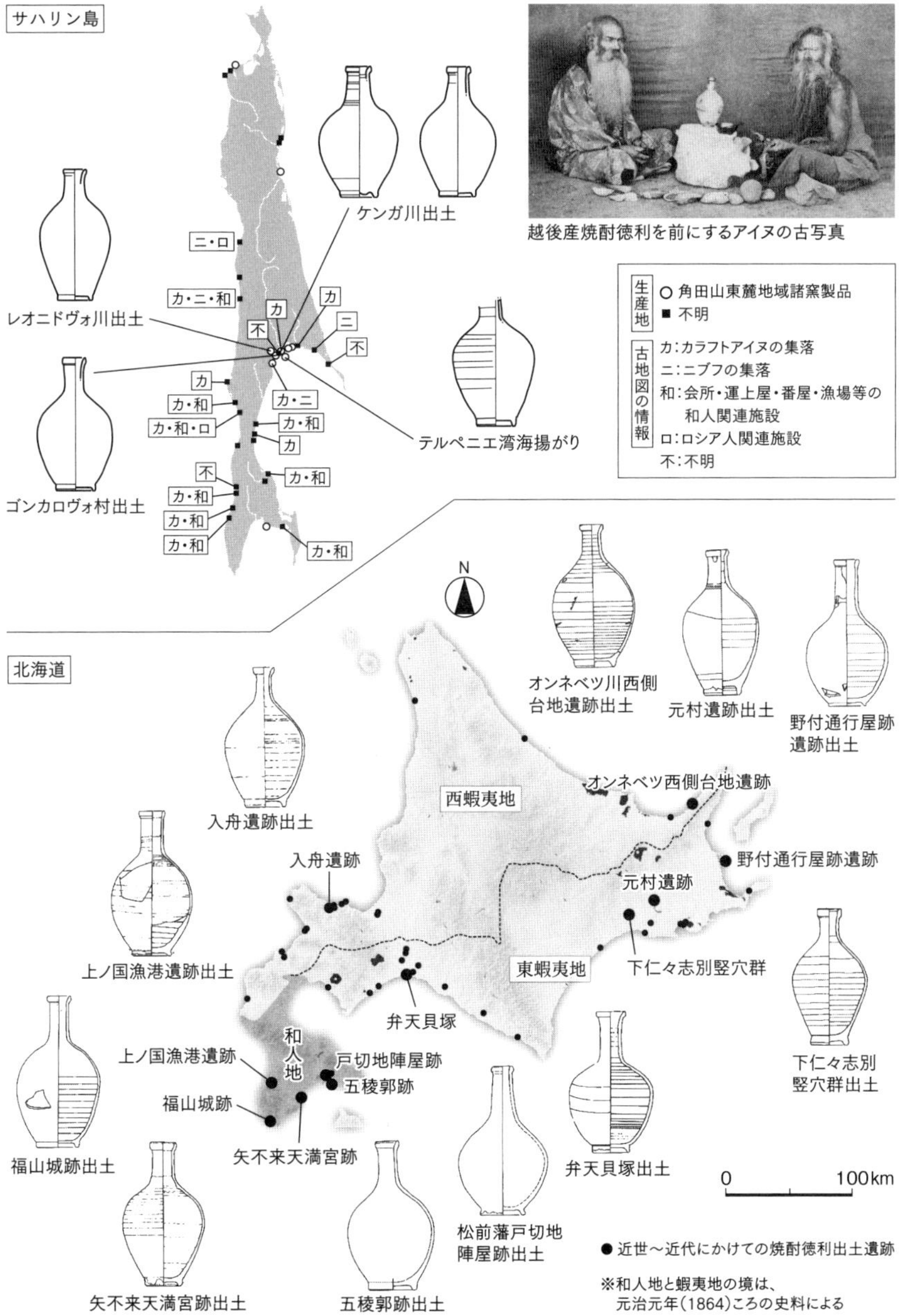
サハリン島
ケンガ川出土
越後産焼酎徳利を前にするアイヌの古写真
ニ・ロ
カ・ニ・和
レオニドヴォ川出土
カ
不
カ
ニ
不
生産地
○ 角田山東麓地域諸窯製品
■ 不明
古地図の情報
カ：カラフトアイヌの集落
ニ：ニブフの集落
和：会所・運上屋・番屋・漁場等の和人関連施設
ロ：ロシア人関連施設
不：不明
カ
カ・和
カ・和・ロ
カ・ニ
カ・和
カ
テルペニエ湾海揚がり
不
カ・和
カ・和
カ・和
カ・和
ゴンカロヴォ村出土
カ・和
N
北海道
オンネベツ川西側台地遺跡出土
元村遺跡出土
野付通行屋跡遺跡出土
入舟遺跡出土
西蝦夷地
オンネベツ西側台地遺跡
入舟遺跡
野付通行屋跡遺跡
元村遺跡
上ノ国漁港遺跡出土
下仁々志別竪穴群
東蝦夷地
弁天貝塚
下仁々志別竪穴群出土
和人地
上ノ国漁港遺跡
戸切地陣屋跡
五稜郭跡
福山城跡
福山城跡出土
矢不来天満宮跡
弁天貝塚出土
0
100km
松前藩戸切地陣屋跡出土
● 近世～近代にかけての焼酎徳利出土遺跡
※和人地と蝦夷地の境は、元治元年(1864)ころの史料による
矢不来天満宮跡出土
五稜郭跡出土

図72　越後産焼酎徳利の分布と越後産焼酎徳利を前にするアイヌの古写真

北海道や旧樺太（サハリン）からは膨大な数の焼酎徳利が出土しており、アイヌ社会にも深く浸透していたことがわかる［図72］。古来、アイヌにとって酒は神とともにあり、神事や特別な祝いごと以外むやみに酒を造って飲むことはなかった。しかし蝦夷地への和人の進出にともない、ウイマムとよばれる朝貢やヲムシャ（歓待の挨拶儀礼）の際、和人から日本酒でもてなしを受けた上、酒や煙草を贈られるようになった。とくに一八世紀に進行した場所請負制や一八世紀末以降の東北諸藩による蝦夷地警備にともない、各地でアイヌの撫育を目的としてヲムシャがおこなわれ、酒が下賜される機会が増えた。ウイマムやヲムシャの際にアイヌに支給される酒は、役職や年齢、功績に応じて種類や分量が細かく定められており、和人が酒をアイヌ支配の道具として巧みに利用していたことがうかがえる。

アイヌ向けにつくられたガラス玉

松前には全国各地からアイヌ向けの交易品とともに、松前藩領内に住む和人が必要とするさまざまな物資が運ばれてきた。そのためほかの近世城下町と異なり、梁川移封前の松前には大工・木挽・檜《ひ》物屋《ものや》・鍛冶屋などごくかぎられた職人しかおらず、城下での生産活動はきわめて低調であった。しかし幕府直轄期の文化五年（一八〇八）の「市中諸税収納法」や復領後の天保七（一八三六）年の「町役所鑑札下渡手続」などの史料から、復領後の松前はほかの城下町と同じように、日常的に必要なものは最低限生産できる職人が確認できるようになる（松前町史編纂室一九八八『松前町史 通説編1下』）。復領後の松前ではアイヌ社会が必要とした鉄鍋・蝦夷刀・漆器・煙管の生産、イクパスイへの漆塗りなども可能であったと考えられる。そのなかで考古学的に一九世紀の松前で生産されていたと考えられるようになったのがアイヌ向けのガラス玉である。

松前ではこれまで四カ所の発掘調査地点から合計一六点のガラス玉が出土しているほか、六カ所で合計一五〇点以上ものガラス玉が表面採集されている〔図73〕。それらのガラス玉はいずれも、直径七〜八ミリ前後、高さ五〜六ミリ前後の小玉で、丸形を基調とする。色調はほとんどが青系色で、孔と直交した方向に条痕や気泡筋が認められることから、棒状のものにガラスを巻き付けることにより製作されたと考えられる。このうち馬形地区正行寺北側の武家屋敷地区から出土したガラス玉の年代は、一緒に出土した陶磁器からみて一九世紀前葉から中葉である。これまでに分析された松前出土のガラス玉はいずれもカリウムとカルシウムを三パーセント以上含むカリ石灰ガラスと判明している。

アイヌの集落遺跡ではガラス玉はめったなことでは拾えない。加えてアイヌ墓から出土するガラス玉や伝世したタマサイに使われたガラス玉は、同じ遺構の出土品や一つの

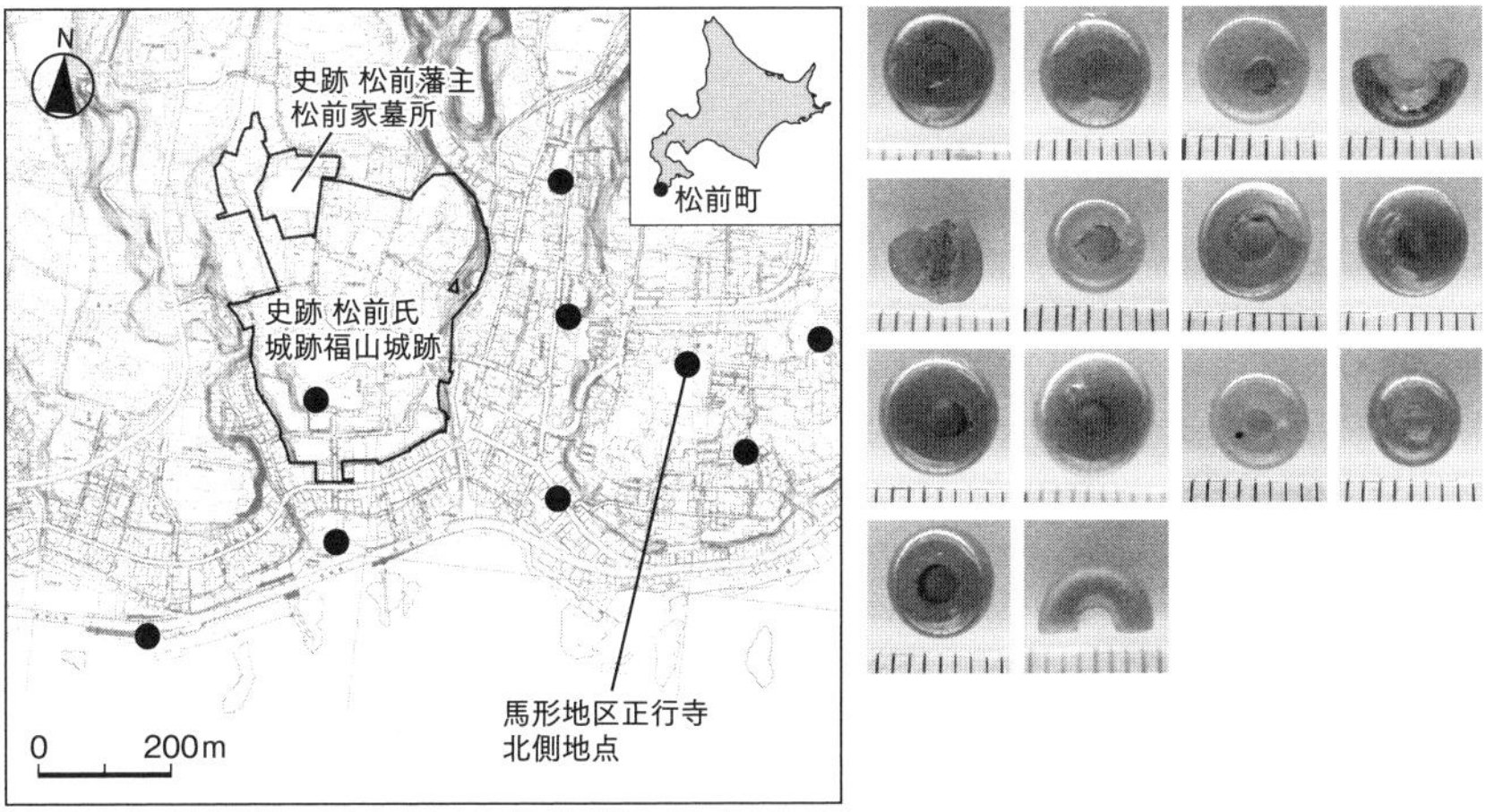

■ 図73　城下町松前のガラス玉出土地点と馬形地区正行寺北側地点出土のガラス玉

タマサイに使われたガラス玉であっても、外見・材質ともに多様性に富んでいることが多い。これは、年代や生産地の異なるガラス玉が、複雑な経緯を経てアイヌ社会にもたらされていることを意味する。アイヌモシリはまさに「ガラスビーズロード」の終着点であり、多種多様なガラス玉が集まる「吹きだまり」であった。

一方、一九世紀の松前城下にはアイヌは住んでいない。すなわち松前はガラス玉の消費地でないにもかかわらず、海岸で簡単に拾えるほど多くのガラス玉が存在する。しかもそれはアイヌ墓などから出土するガラス玉や伝世タマサイに使われたガラス玉と異なり、見た目だけでなく材質もきわめて均質性が高い。これは一九世紀の松前でアイヌ向けのガラス玉が生産されていたことを示唆している。

ガラス種さえ入手できれば、巻き付け技法によるガラス小玉の生産は、七輪など簡便な設備で可能であり、遺構として生産の痕跡を確認することはむずかしい。松前からは上手く巻き付けられず隙間を残すものや、丸く巻き付けられていないものなど、失敗品と思われるガラス玉もみつかっている。そうした失敗品はアイヌ墓から出土するガラス玉や伝世したタマサイにはきわめて稀である。これらの失敗品も松前がガラス玉の生産地であることの傍証といえるだろう。

アイヌに渡った日本製品は、わずかな陶磁器をのぞけば大部分がどこで作られたのかわかっていない。今後本州だけでなく道南の和人地や蝦夷地の商場も含めて、それらの生産に関わる考古学的痕跡を確認していく必要がある。

第6章 本州アイヌと樺太アイヌ

1 本州アイヌの考古学的痕跡

本州にも暮らしていたアイヌ

寛政四年（一七九二）五月一七日、家督を継いだ弘前藩九代藩主津軽信寧《のぶやす》がはじめて国入りする晴れの日に、弘前城下の南東端の固めとして設けられた富田町升形の外で、新たな殿様に御目見するため領内のアイヌ（狄《えぞ》）が藩主一行の到着を待っていた（弘前市立博物館蔵『参勤道中記』）。藩主入部の際、津軽領内のアイヌがこの場所で藩主に御目見するのは代々受け継がれてきた習わしであった。

弘前城に領内のアイヌ首長層をよび寄せる形でおこなわれた御目見に関する『弘前藩庁日記（国日記）』の記録が正徳二年（一七一二）を最後にみられなくなることや、宝暦六年（一七五六）、藩政改革を主導した乳井貢《にゅういみつぎ》により「狄」支配が停止され「正民」に編入されたとの伝承から、これまで弘前藩領内のアイヌは一八世紀半ばには和人に同化し姿を消したと考えられてきた。しかし近年、弘前藩の「狄」支配は、文化三、四年（一八〇六、〇七）のロシアによる蝦夷地攻撃（文化露寇事件）への対応として、アイヌの居住地と重なる陸奥湾東岸の松前街道一帯の支配体制が強化再編されるまで継

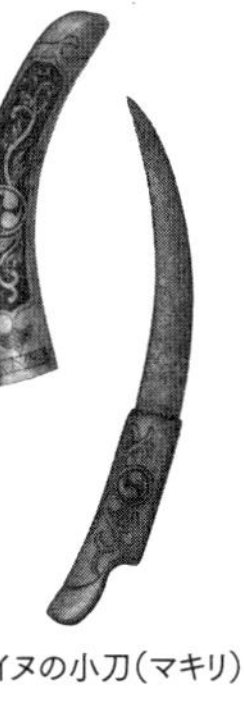

アイヌの小刀（マキリ）

続していたとの見方が示されている（浪川健治二〇二一「津軽アイヌは宝暦六年に「同化」されたか」『十八世紀から十九世紀へ』清文堂出版）。

しかし古文書から本州アイヌの存在が確認されるのはさかのぼっても戦国時代以降で、北東北では中世文書が乏しいこともあり、それ以前の様子はよくわからない。そのなかで、弘前藩の礎を築いた初代藩主大浦（津軽）為信による津軽掌握戦争の実態は、南部氏からの独立抗争であると同時に、実は本州アイヌ掃討戦でもあったとの大変興味深い見解が示されている（長谷川成一一九九三「本州北端における近世城下町の成立」『海峡をつなぐ日本史』三省堂）。この説に従えば、前章第1節で述べた道南の戦国時代同様、北奥の戦国合戦もまた、本州アイヌを加えた三つ巴の戦いがくり広げられたことになる。弘前藩の場合、津軽半島北端部や夏泊半島には本州アイヌの「狄村」が存在していたことは公然の事実であり、一七世紀には津軽半島北端の海岸部には狄村が多数集まっていた［図74］。

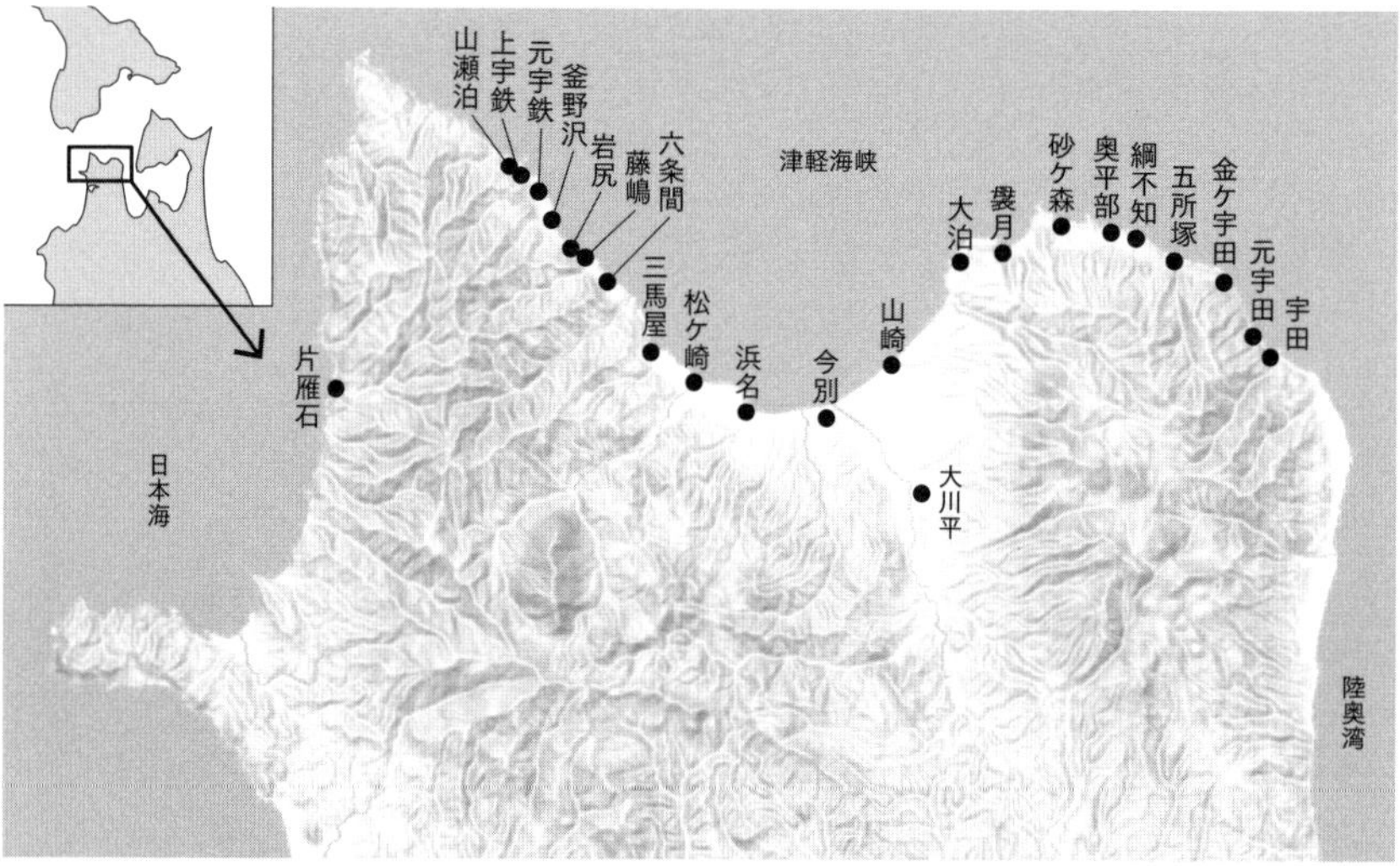

狄村の多くは津軽海峡に面している。『正保の国絵図』の写しである『陸奥津軽郡之絵図』では、陸奥湾南岸に突き出た夏泊半島にも2カ所の狄村の表記があるが、『国日記』では確認できない。領内随一の湊町である青森に近い夏泊半島では、『国日記』の記録が始まる1660年代までに狄村が消滅してしまったと考えられる。

図74 『弘前藩庁日記（国日記）』に登場する津軽半島北部の「狄村」

東北地方におけるアイヌの問題は、古くは一八世紀から新井白石や本居宣長といった知識人の間で関心が持たれていた。とくに津軽のアイヌに関しては、戦前から喜田貞吉《きたさだきち》らが関心を示していた。近世史の分野では、『国日記』や盛岡藩家老席日記の『雑書《ざっしょ》』、そのほか古絵図類の検討から、北奥の近世社会で「犾（狄）」などとよばれ異民族視された本州アイヌの存在に関心がよせられてきた（浪川健治一九九二『近世日本と北方社会』三省堂）。

下北や津軽北部には、アイヌ語でアトゥシ（厚司）とよばれる樹皮衣や、アイヌ文様をもつ脚絆、マキリ、タマサイなどがわずかながら伝世していることが知られている。しかし、それら一見すると本州アイヌの人々が使ったと思われる民具にしても、来歴を調べてみると、実は明治時代に下北や津軽から北海道の漁場に出稼ぎに行った人たちが土産品として持ち帰ったものが含まれていることが判明する。また聞きとり調査から、下北では和人によって自生するシナノキの樹皮から繊維をとり明治中ごろまでアトゥシが作られており、一九五〇年代中ごろまでは日常の畑仕事に着用されていたことが確認されている（瀧本壽史二〇二三「青森県内所在のアトゥシについて」『北の歴史から』八）。このように本州アイヌに結びつく伝世品を特定することは非常に困難である。

一八世紀までは本州アイヌが本州北端部に暮らしていたことは確かなのに、北海道と異なり、本州ではアイヌ語地名とされるものをのぞき、現在彼らの痕跡は地上からはまったく失われてしまっているといってよい。彼ら本州アイヌはいつごろから本州のどの地域で、どのような暮らしをしていたのであろうか。この難問に対する答えが、青森県内の中近世遺跡の発掘調査で少しずつだがみつかり始めている。

本州アイヌの痕跡を求めて

青森県内では、銛頭・骨鏃・中柄などの骨角器、ガラス玉、蝦夷拵の刀装具といったアイヌ民族に特徴的な遺物が出土している［口絵7］。いわゆるアイヌ語地名は東北地方に広く分布しているが、これまでのところ、発掘調査で本州アイヌに関連する遺物が出土しているのは青森県内にかぎられる。

アイヌに関連した遺物の出土地は、下北半島尻屋崎周辺のアワビを主体とする貝塚（東通《ひがしどおり》村浜尻屋貝塚・大平《おおだい》貝塚）、地域を代表する大規模な戦国城館（青森市浪岡城跡・南部町聖寿寺館《しょうじゅじだて》跡・八戸市根城《ねじょう》跡・平川市大光寺新城《だいこうじしんじょう》跡）、港湾都市（五所川原市十三湊遺跡）、「狄村」の所在地として知られる場所（外ヶ浜町宇鉄・むつ市脇野沢《わきのさわ》）と、散漫ながらも内陸部を含めて青森県内に広く分布しており、中世には本州アイヌが津軽・南部・下北の各所に居住していたことを示している［図75］。

下北半島尻屋崎の太平洋に面する東通村浜尻屋貝塚は、全国的にもめずらしい中世のアワビを主体とする貝塚で、国史跡に指定されている［口絵7－1］。貝塚からは一四、一五世紀代の陶磁器とともに、多量のアワビを煮るための五基の大型石組炉や鉄鍋、アイヌに特有の骨角製漁労・狩猟

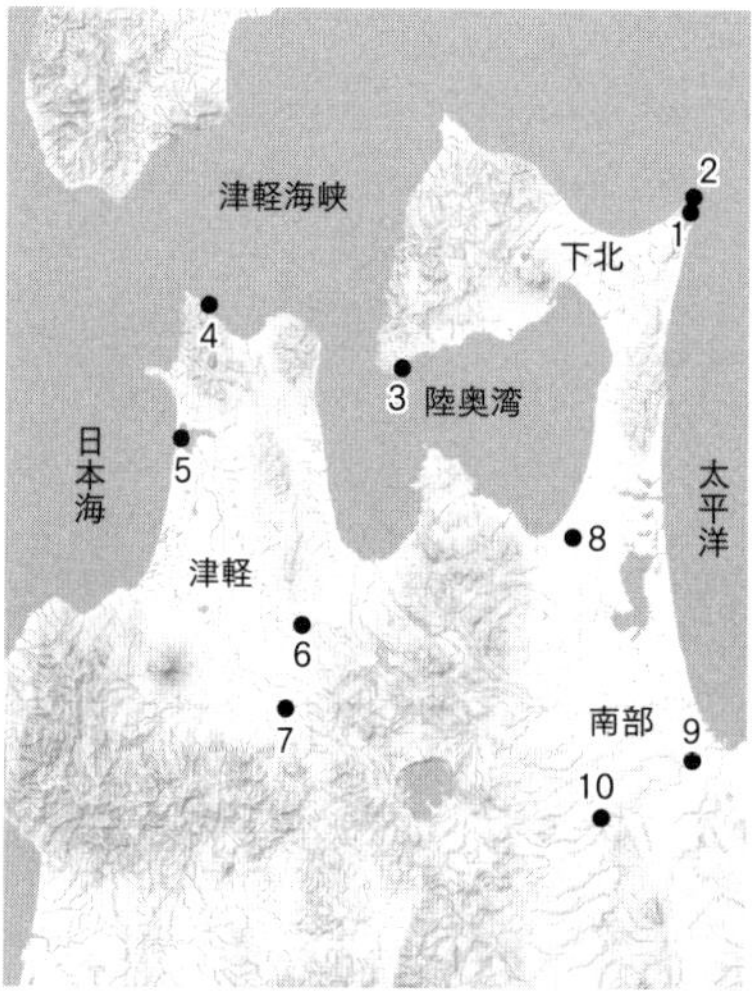

1 東通村浜尻屋貝塚（骨角製狩猟・漁労具）
2 東通村大平貝塚（骨角製狩猟・漁労具）
3 むつ市脇野沢本村（蝦夷拵）
4 外ヶ浜町宇鉄（蝦夷拵）
5 五所川原市十三湊遺跡（ガラス玉・蝦夷拵）
6 青森市浪岡城跡（ガラス玉・骨角製狩猟具）
7 平川市大光寺新城跡（ガラス玉）
8 野辺地町向田（35）遺跡（ガラス玉）
9 八戸市根城跡（ガラス玉・蝦夷拵鋳型）
10 南部町聖寿寺館跡（ガラス玉・骨角製狩猟具・シロシが刻まれた青花）

図75　本州アイヌに関する遺物出土地

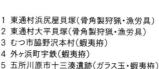

具、トド・ニホンアシカ・アザラシ・ラッコ・オットセイ・クジラなど多数の海獣類の骨が発見されており、本州アイヌによって営まれた漁村と考えられる［図76］。ここでの生業はアワビ漁や海獣猟などの漁労活動と海産物の加工に特化している。本州アイヌは、和人から入手した鉄鍋を使って干しアワビをつくり、同じく和人から手にいれた鉄製の銛先を先端に装着した骨角製の銛頭を用いて海獣類を捕獲していた［口絵7－5］。干しアワビも海獣類の毛皮も和人向けの交易品であり、専業化した漁労活動は、和人との経済活動が前提にあってはじめて成立するものである。北海道アイヌに先んじて、一四、一五世紀の段階ですでに本州アイヌの生活は和人の経済システムに組み込まれていた可能性が高い。浜尻屋貝塚からは、同時期の北海道アイヌの遺跡では非常にまれな陶磁器類や銭貨、さらには天目茶碗や茶臼などの茶道具が出土しており、多量の動物遺存体や骨角器をのぞけば、中世城館跡から出土する遺物とほとんど変わらない。浜尻屋貝塚から、アイヌ文化期の遺跡にはみられない牛や馬などの家畜や猫の骨も発見されている。一四、一五世紀には本州北端に暮らすアイヌにも確実に貨幣経済がおよんでおり、その生活様式は多分に和

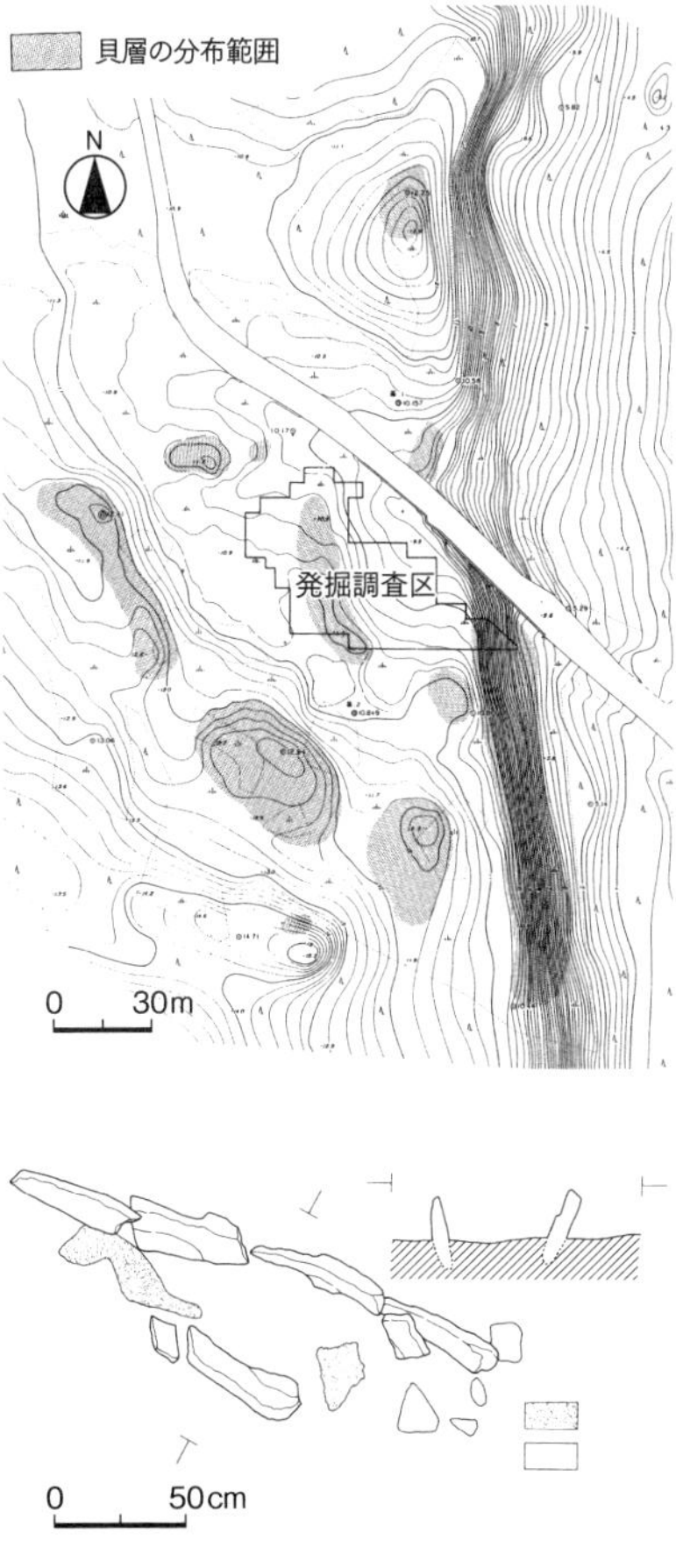

▌図76　青森県東通村浜尻屋貝塚のアワビの貝層（上）と大型石組炉（下）

風化していたといえるだろう。

青森県内では、浪岡城跡・聖寿寺館跡・根城跡・大光寺新城跡といった北奥を代表する大規模な中世城館跡と、北方交易の要である十三湊遺跡からガラス玉が出土している［口絵7－4］。

日本国内のガラス生産は、奈良県飛鳥池工房遺跡の出土品や正倉院に伝わる『造仏所作物帳』などから、飛鳥・奈良時代の状況はある程度判明しているものの、平安時代以降、中世の状況に関してはよくわかっていない。平安・鎌倉時代には、中国・宋から瑠璃壺《るりつぼ》・瓶子・盃などのガラス器を輸入する一方で、ガラス玉の一部は、国内で細々と生産、もしくは輸入品を再加工していたと考えられている。平安時代から中世には、ガラス玉は神仏の荘厳に使われるにすぎず、ガラス玉を使った首飾りなどの装身具は存在しない。青森県内から出土する中世のガラス玉は神仏とは関連性が乏しく、畿内や鎌倉で作られたとは考えがたい。青森県内から出土しているガラス玉は、北海道から出土するものと外見上区別ができないほど似ており、サハリン・北海道を経由して北方からもたらされた大陸製とみられる。本州アイヌもタマサイやニンカリなどのアクセサリーを身に着けていた可能性がある。

中世の三津七湊の一つに数えられる十三湊遺跡からは、前述のガラス玉のほかにも銅板の片面を叩いて菊の花の文様を浮かび上がらせた蝦夷拵の刀装具が出土しており、津軽安藤氏の支配下にあった十三湊が北方交易の要であったことを実証している。

ほかにも県内ではむつ市脇野沢で下北アイヌの首長の一人ハッピラ（発府羅）の屋敷跡と伝えられる場所から青磁の壺とともに蝦夷拵の腰刀が出土している［口絵7－2］。ハッピラは易国間《いこくま》（風間浦村）のアシタカ（足高）と並ぶ下北を代表するアイヌの首長で、アシタカが津軽海峡側、ハッピラが陸奥湾側を統率し、盛岡藩主からの御救稗《おすくいひえ》（蝦夷稗）はこの二人を通して下賜されていたという（笹沢魯羊一九五三『宇曽利百話』下北郷土会)。県有形民俗文化財に指定されているこの脇野沢出土の腰刀は、刀身はなく金銅製の拵《こしらえ》だけが現存する。柄・鞘口・鐺《こじり》、笄《こうがい》に牡丹を浮き彫りにした非常に豪華な拵で、後醍醐天皇の皇子で征西将軍となった懐良《かねよし》親王の佩刀《はいとう》と伝えられる熊本県阿蘇神社旧蔵の牡丹造腰刀(重要文化財)に類似する。脇野沢の腰刀は青磁がともに出土したとされることから、中世墓に副葬されていた可能性が高く、ハッピラの先祖の所持品であったと思われる。この腰刀は、中世の下北のアイヌがこうした優品を手に入れるだけの経済力と政治力を持っていたことを示している。

青森県内の中世遺跡における武器では、ほかにも浜尻屋貝塚から海獣骨・鹿角・鹿の四肢骨製の中柄と骨鏃、聖寿寺館跡からは鹿の四肢骨製の中柄と骨鏃、浪岡城跡と大光寺新城跡からは木製の中柄が出土している。このうち戦国城館跡から発見された中柄や骨鏃は、城館内に本州アイヌがいて戦闘にも参加したことを物語っている。『氏郷記』の「九戸城没落並氏郷加増之事」には、天正一九年(一五九一)の九戸城《くのへじょう》(岩手県二戸市)の戦闘で、城を取り囲む豊臣秀吉の仕置軍、籠城する九戸方双方に毒矢を用いる夷人がいたことが記録されており、さらに北海道島から参陣した蠣崎慶広の陣営にも毒矢をたずさえた三〇〇名のアイヌが含まれていたと伝えられる。聖寿寺館の南部氏、浪岡城の北畠氏、大光寺の南部氏ともに、毒矢の使用に長けた本州アイヌを戦闘要員としてみずからの陣営に組み込んでいたのだろう。青森県内の戦国城館跡から発見された本州アイヌの遺物は、北海道上ノ国町の上之国勝山館周辺と同じように、戦国期の北奥でも和人とアイヌが「共生」していたことを示している。

青森県内の戦国城館跡から出土する本州アイヌの遺物は、彼ら本州アイヌのなかに南部氏・津軽安藤氏・浪岡北畠氏といった北奥の戦国領主に味方する人々がいたことを物語る。一方、南部氏に反旗を翻し、下剋上により南部氏から津軽を分捕った津軽（大浦）氏関連の城館跡（青森県鰺ヶ沢町種里《たねさと》城《じょう》跡、弘前市大浦城跡・堀越城跡）では、これまでのところ本州アイヌ関連の遺物はまったく発見されていない。南部氏・津軽安藤氏・浪岡北畠氏が一四世紀以来北奥の領主として本州アイヌと「共生」関係を維持してきたのに対して、彼らと敵対する新興勢力である津軽（大浦）氏は本州アイヌをも敵に回さざるを得なかったのであろう。本節冒頭でも述べたように、津軽（大浦）為信による津軽掌握戦争は、南部氏との抗争と同時に本州アイヌ掃討戦でもあったとみられる。戦国期以前の本州アイヌの生業は、近世に比べ焼畑などの農耕の比重がより大きく、和人経済に組み込まれていたとはいえ、戦国領主とはある程度の距離感をもち、その支配下に完全に組み込まれてはいなかったと思われる。

交易ブランド品となったエゾアワビ

幕藩体制の成立により、北奥のアイヌは弘前藩や盛岡藩の支配下に組み込まれた。藩権力は彼らを半島の片隅に追いやり、一七世紀半ばには津軽海峡の航行の自由をも奪った。以下では青森県内で発掘調査された唯一の江戸時代の本州アイヌの遺跡である東通村の大平貝塚から見つかった遺構や遺物と、本州アイヌに関する古文書を対比し、近世の本州アイヌの生業や習俗について紹介しよう。

大平貝塚は下北半島北東端の尻屋崎近くにあるアワビを主体とする貝塚である。前述の浜尻屋貝塚が太平洋に面しているのに対して、大平貝塚は津軽海峡に面する。発掘調査の結果、マウンド状に盛りあがる二カ所の貝塚、集石遺構二基、屋外炉一二基などの遺構がみつかった。出土した中国・肥前・瀬戸美濃などの陶磁器の生産年代は一六世紀末から一七世紀末葉であり、遺跡が営まれたのは一七世紀中葉から後葉と考えられる。

大平貝塚の貝層はエゾアワビを主体とし、ほかにクボガイ・イボニシ・ムラサキインコの貝類などがみられる。アワビ以外の貝は前の磯で採って自家消費されたと考えられる。日本沿岸で採れるアワビ類のなかで水産上、最重要種とされるエゾアワビは、クロアワビの冷水域の亜種とされ、一般のクロアワビよりも細長く貝殻の凹凸が激しい。エゾアワビは、北海道の日本海沿岸から津軽海峡沿岸と東北地方三陸沿岸に生息し、北海道の太平洋沿岸やオホーツク海沿岸にはみられない。こうしたエゾアワビの分布を説明するアイヌの民話として、昔むかし津軽海峡に面した函館市（旧戸井町）日浦海岸の武井の島で、アワビとムイ（オオバンヒザラガイ）の大将が縄張り争いをし、それまで北海道全島に棲んでいたエゾアワビ軍が大敗した結果、亀田半島突端のムイ岬（恵山岬）より北側にはアワビは棲めなくなったとのユニークな伝説がある（矢野憲一 一九八九『鮑』ものと人間の文化史六二、法政大学出版局）。

北日本ではこれまでにアワビを主体とする中世・近世の貝塚が二二カ所確認されており、その分布はエゾアワビの生息域に重なる。アワビを主体とする貝塚は、一四、一五世紀には下北半島（浜尻屋貝塚）、一七世紀には、下北半島（大平貝塚）から渡島半島の付け根付近の日本海沿岸部（せたな町瀬田内チャシ跡）、一八、一九世紀には下北半島（岩屋近世貝塚）から積丹半島北側の日本海沿岸部（小樽市忍路神社遺跡・桃内《ももない》遺跡、余市町天内山《あまうちやま》遺跡・ヌッチ川遺跡）さらには道北礼文島（礼文町重兵衛沢2遺跡）と、時代が下るにつれ和人の進出にともなって次第に北上する。

北海道で発見されているアイヌの貝塚は必ずしもアワビを主体とするものばかりではなく、むしろアワビを主体とする貝塚のほうが少ない。一方、古くは平城京跡出土木簡が示すように、和人社会では奈良時代から熨斗鮑《のしあわび》が食品としてはもっとも価値の高い贈答品とされ、貴族社会や武家社会では神事に不可欠な品物であった。また、一八世紀初頭の元禄・宝永期から本格化する長崎俵物《たわらもの》（俵につめた輸出用海産物）では、干鮑が煎海鼠《いりこ》や鱶鰭《ふかひれ》とともに三品に数えられ、中国への重要な輸出品になっていた。

『国日記』には、四代藩主津軽信政の代を中心に、外浜の狄がアワビを献上したとの記事が散見される。アワビの献上に対して、藩からは米や銭が下賜されている。献上されるアワビには、串貝（串鮑）、生鮑、白干鮑があり、串貝がもっとも多い。串貝は、生のアワビ五個を丸竹の串で貫き、天日で乾燥させたもので、通常は一〇串で一連とする。白干鮑は、生アワビを蒸すか煮るかして塩をふり、ねかせてから乾し上げたもので、手間がかかるため串貝よりも高値で取引された。長崎俵物三品の干鮑も中国側の要請により、白干鮑であった。

大平貝塚は本州アイヌによるアワビの加工場跡であり、発見された一二基もの屋外炉と鉄鍋はアワビを煮るために使われ、できあがった干鮑は献上品や交易品として和人に供給されたと推定される。

和人の生活を支えた海獣の特産品

大平貝塚からは多くの動物遺存体が出土しているが、最大の特徴は海獣骨の多さにある。大平貝塚で確認された海獣骨はニホンアシカとクジラが多く、ほかにオットセイとアザラシ類がある。北の海に生息する海獣類は、毛皮（トド・ニホンアシカ・オットセイ・アザラシ類）、精力剤（オットセイ）、鯨油、食肉など利用価値が高く、骨も銛頭・中柄などの材料となった。魚類はエイ類・ツノザメ類・大型サメ類・サケ・ニシン・ウグイ類・アイナメ・フサカサゴ類・スズキ・マダイ・フグ類・ヒラメ・カレイ類、陸獣はツキノワグマ・ニホンジカ・ニホンカモシカ・ニホンザル・ホンドタヌキが確認されている。大平貝塚からはこれらの捕獲に使われた銛頭や中柄などの骨角器が出土している［図77］。

石油が本格的に利用される前は、菜種などから採れる植物油とともにそれより安価な動物性の油が多く用いられており、なかでも鯨油はもっとも多く利用された。『国日記』には、外浜の狄に対して、鯨油での返却を条件に漁飯米《りょうはんまい》の拝借を許可、あるいは鯨油上納による米の売貸願いを許可するなどの記録が散見され、アイヌが捕獲した鯨から油が採られ、その一部が藩に上納されていたことが確認できる。藩への鯨油上納記録や大平貝塚から出土している銛頭からみて、本州アイヌは単に海岸に漂着したり座礁したりした寄りクジラを利用するだけでなく、噴火湾周辺の北海道アイヌ同様、積極的な捕鯨活動をおこなっていたと考えられる。

クジラに関連するものとしては、大平貝塚で見つかった二基の集石遺構が気になる。比較的安定性のある人頭大の扁平な石がえらばれており、報告書では屋根の上の置き石が廃棄された可能性が指摘されているが、鯨肉の加工保存食である石焼鯨（菊池勇夫二〇〇二「石焼鯨について—アイヌの鯨利用と交易」『東北学』七、東北芸術工科大学東北文化研究センター）を作るための

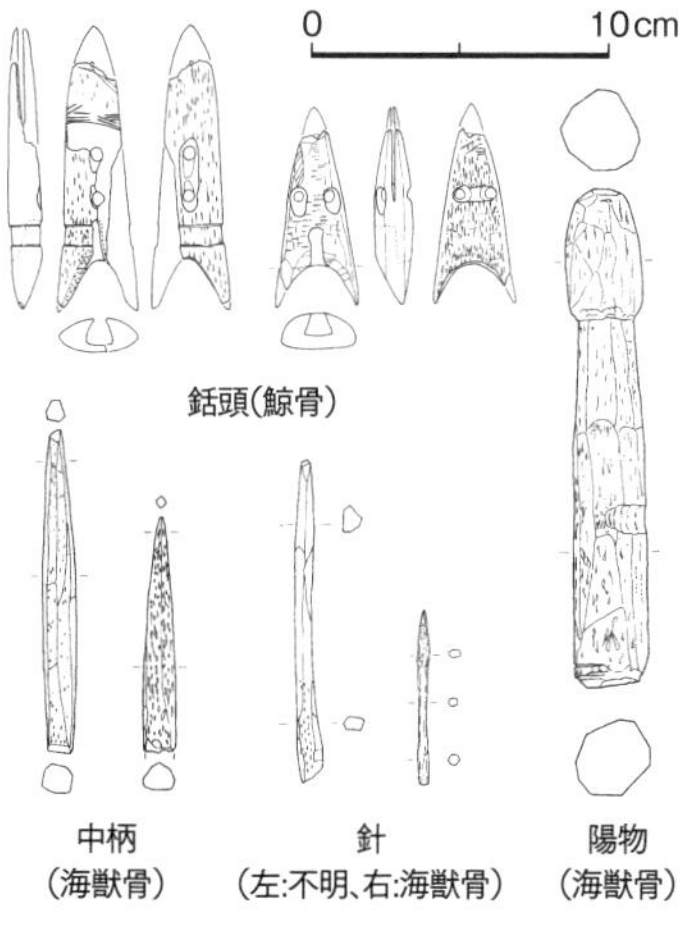

▍図77　青森県東通村大平貝塚出土の骨角器（17世紀）

石だった可能性はないだろうか。

アザラシやアシカは、肉は自家用に消費されたが、皮は加工され交易品になったと考えられる。和人社会ではアザラシ（水豹）の皮は太刀の尻鞘、馬具の切付《きっつけ》（下鞍《したぐら》）、頬貫《つらぬき》（毛覆《けぐつ》）に、アシカの皮は主に切付に使われた。

オットセイの陰茎である「たけり」は強壮剤・強精剤であり、「陽を興し気を壮にする」ものとして珍重されており、弘前・盛岡両藩が主要な産地として知られていた（榎森進一九九九「近世初期の北奥社会とオットセイ」『東北の交流史』無明舎出版）。『国日記』には、寛文から元文期にかけ約七〇年間で三一頭のオットセイが外浜の狄から献上されたことが記録されている。オットセイの献上は一回につき一～四頭で、一頭につき米ならば二俵程度、銭の場合二〇～三〇目（匁）が藩から支払われている。オットセイはヤスを用いて仕留めたり、鮫網にかかったものを捕まえたり、あるいは磯に打ちあげられた屍を拾うなどしたようだが、品質を保つため正徳五年（一七一五）には、オットセイの上納は生け捕りに限定し、その際の捕獲状況を説明するよう藩から指示が出されている。同じく『国日記』によれば、外浜の狄が一年間で捕獲するオットセイは、多い年には一〇〇～二〇〇頭にのぼっており、藩主への献上品は氷山の一角にすぎず、大多数は一般の市場に出まわった可能性が高い。

魚類のなかではサメが注目される。津軽半島北端の竜飛岬周辺は、現在でもツノザメの一種アブラツノザメの好漁場として知られる。アブラツノザメは、青森県では今日なお魚肉として広く親しまれているが、その名の通り肝臓に多量の油がふくまれていることから、江戸時代には主として照明用の油を目的とした鮫漁がおこなわれていた。『国日記』には狄に関連して魚油に関する記事がみられるが、種別が判明するものでは鯨油よりも鮫油が多い。外浜の狄による鮫漁が藩米の貸出し制によって維持されており、そうして生産された鮫油は藩用品として上納され、余剰分についても藩の手で販売されたとみられている。

『国日記』の鮫漁に関する記録でとりわけ注目されるのが、正徳二年（一七一二）九月二七日の記載である。それによれば、その時点から五〇年ほど前まで宇鉄（外ヶ浜町宇鉄）から竜浜（竜飛岬東側の浜）までの一里ほどの場所は鮫漁をおこなうための狄専用の漁場であったが、一六、一七年前ごろから近隣の三馬屋（外ヶ浜町三厩）、浜名・今別・大川平（以上今別町）の四村から三〇〜四〇隻の船が入り込むようになった。鮫漁に支障をきたすのでこれら和人の船を排除してほしいとの狄の願い出を受け、弘前藩は漁場を大間之崎（龍飛岬観光案内所「龍飛館」付近）より竜浜までの約七〇〇メートルと源兵衛間（外ヶ浜町三厩源兵衛間）から鎧島（外ヶ浜町三厩鎧嶋）までの約七〇〇メートルとにわけ、前者（北の竜飛岬側）を狄に、後者（南の三厩湾側）を四村へと平等に割り当てた。この記事は、一七世紀末ごろ、アイヌ固有の生業分野に和人が進出するようになり、それまで暗黙の了解のうちになされていた和人とアイヌの生業面での「棲み分け」がむずかしくなったことを示している。

本州アイヌと熊

大平貝塚では陸獣の骨も出土しており、とくにツキノワグマの骨が注目される。『国日記』に記された本州アイヌとクマとの関わり合いは、献上記録と領内で発生した熊害に対する狄への出動命令に分けられる。寛文期から正徳期には外浜の狄による熊の献上がしばしば記録されている。このうち「熊ノ子」の献上は、熊の献上記録としてはもっとも古い寛文二年（一六六二）に一度きりみられるだけで、そののち確認することはできない。一方、献上された熊皮は、寛文六年（一六六六）以降、記録されたものだけでも約五〇年間に四〇頭分を数える。熊胆《ゆうたん》は「熊胃」とも表記され、熊皮より遅れて元禄期以降に献上されるようになる。つまりアイヌによる熊の献上については、子熊から熊皮へ、熊皮から熊胆へと変化しているのである。なお、一七世紀末を初見とする熊胆の献上は、元禄期の江戸での大ブーム以降に定着した漢方薬需要に対応するとの指摘がある（佐藤宏之二〇〇七「送り儀礼の民俗考古学―野生と合理性」『狩猟と供犠の文化誌』森話社）。

外浜の狄から弘前藩主へ献上された記録上最古の熊が、熊皮や熊胆でなく生きた子熊であったことは、献上がおこなわれた一七世紀後半、本州アイヌが子熊に特別な価値観をもっていたことを示しており、「仔グマ飼育型クマ送り」がおこなわれていた可能性を示唆している。外浜の狄から子熊を献上された弘前藩四代藩主の津軽信政は、アイヌの子熊に対する特別な想いを理解できず、大変驚いたにちがいない。そしてそれ以後、熊の献上は生きた子熊ではなく、熊皮にするよう指示したのではないだろうか。

次に熊害に対する狄への出動命令をみてみよう。『国日記』によれば、元禄九年（一六九六）七月に熊害が発生したため、今別の狄たちへ「おとし」ならびに「あへまつほう」または毒矢を用いて熊を捕獲するよう指示が出されている。おとしとは、今日「鳥獣保護管理法」で法定猟法（狩猟免許を持つ人が狩猟を行う都道府県に登録をする必要があるわな猟）に指定されている「おし」（「はこおとし」）とよばれる狩猟法を指し、あへまつほうは仕掛け弓を意味するアイヌ語のアマッポのことである。おとしは獲物が踏み板に乗るか、餌を咥えて引くことにより、重量物が落下し獲物を圧殺する仕掛けである。おとしで捕獲されたクマは何日も放置されることで胆汁の分泌が促進され、良質な熊胆がとれることから、昔は熊猟によく使われたという。

和人化していく本州アイヌ

本州アイヌの考古学的痕跡として挙げた蝦夷拵の刀やガラス玉については、『国日記』や盛岡藩の『雑書』のなかに興味深い記録が残っている。

弘前藩では、領内のアイヌの首長が藩主に御目見する際には、蝦夷錦や陣羽織などを羽織った上に太刀綬《たちじゅ》(刀掛け帯)に通した刀を右肩から左腰に下げ、足にアイヌ文様を刺繍した脚絆を付ける「狄装束」が強制された。寛文五年(一六六五)七月におこなわれた南部盛岡領下北アイヌの御目見では、藩主から「夷太刀」すなわち蝦夷拵の太刀が下賜されており、弘前藩でも享保九年(一七二四)二月一七日、五代藩主津軽信寿が弘前城の武具蔵より「狄刀二腰」を取り出させ手元に置いたとの記録が残る。いずれも藩が領内の本州アイヌを支配する道具として、狄装束のもっとも重要な要素である蝦夷拵の刀を管理し、時に下賜していたことを示している。一方、宝永四年(一七〇七)二月一二日、宇鉄の狄「へきりは」からの申し出を受け、先祖と同様に御目見願を許可した際、藤嶋の狄「るてりき」の狄装束では掛刀を欠いていた。これは、一八世紀の初めごろには、すでに本州アイヌの間で蝦夷太刀を肩にかける習俗がなくなりつつあったことを示しているものと思われる。御目見の際、彼らに狄装束を身につけさせるためには、もはや藩が蝦夷太刀を用意する必要があったのである。

ガラス玉については、同じく『国日記』の享保一九年(一七三四)一二月四日の「一、からふと緒〆大小七ツ、御用ニ候間可被差登候、若其元ニ無之候ハ、松前江被仰遣、御調可被遣候、尤多キ成も御用ニ候之間、取交可被差登候」の記述が注目される。からふと緒締とは、からふと玉、すなわちサハリン経由でもたらされるガラス玉の緒締を指す。和人はガラス玉を首飾りや耳飾りにする習俗はなかったが、蝦夷地渡りのからふと玉を珍重し、根付・緒締・数珠などに用いていた。この記事は、弘前藩の江戸屋敷から国元に対して藩命によりからふと玉を大小七つ江戸へ送るよう依頼したもので、もし弘前にない場合は松前へ頼んで調えるよう指示している。この記事からは、松前にはからふと玉が常にあり、弘前藩は出入りの商人を通してそれらを入手することができたと推察される。

前述の通り、青森県内の中世の遺跡からはガラス玉が出土しており、一六世紀ごろまでは本州アイヌもガラス玉を身につけていたと考えられるが、今のところ近世の遺跡ではみつかっていない。津軽海峡の自由な往来がおこなわれていた一七世紀前半ごろまでは本州アイヌも樺太アイヌや北海道アイヌを介してガラス玉を入手することができたのであろう。しかし海峡の自由な往来が閉ざされた一七世紀後半以降、本州アイヌがガラス玉を入手する機会は失われ、藩は領内のアイヌからガラス玉を求めることはできなかったものと思われる。

幕藩体制の成立にともない、本州アイヌは弘前藩や盛岡藩の支配下に組み込まれた。しかし大平貝塚から出土した一七世紀中葉から後葉の鯨骨製銛頭は、同時期の北海道日本海側のものと共通性が高いことから、幕藩体制成立後もしばらくの間、アイヌには津軽海峡の航行が黙認されていたと思われる。津軽海峡をはさんでアイヌ民族が完全に分断されるのは、シャクシャインの戦いが起きた寛文九年（一六六九）以降だろう。

弘前藩は政治的・経済的理由から領内のアイヌを同化することなく、一八世紀中ごろまで約一五〇年に渡って異民族として扱いつづけた。藩側が彼らにもとめたのは、みずからの権威を高めるための異民族性と、アワビ・魚油・海獣類の毛皮などの海産資源や熊皮・熊胆の献上であった。そのために弘前藩は、領内のアイヌに対して専用の漁場から漁船建造用の材木・漁飯米にいたるまで漁労活動に必要なものを提供し、時には狄装束までも準備した。幕藩体制下でも本州アイヌが独自の習俗と生業を維持し得たのは、こうした藩の政策によるところが大きい。弘前・盛岡両藩は、「異民族」を抱えつづけるため、彼らに課税を免除するとともに、献上品に対しては経済性を度外視し、多くの品を下賜するか高額な価格で買い取りをおこなったのである。しかし一八世紀半ば以降、藩財政の悪化によりこうしたアイヌへの「優遇策」は見なおさざるを得なくなる。天明八年（一七八八）、菅江真澄がかつて狄村であった外浜の上宇鉄を訪れた際には、言語、容姿ともに和人と何ら変わらない状態になっていた（内田武志・宮本常一編訳一九六六『菅江真澄遊覧記』二、平凡社東洋文庫六八所収「外が浜づたひ」）。弘前藩が「狄」支配を完全に放棄するのは一九世紀初頭だが、一八世紀後葉にはすでに津軽のアイヌは実質的には和人に同化していたのである。

2　樺太アイヌとサハリン出土の日本製品

文献からみたサハリンの風景

旧樺太（サハリン）は、世界地図上、極地をのぞき地上に最後まで残されていたテラ＝インコグニタ（未知の土地）のひとつで、中国・日本・ロシアの狭間にあって、一九世紀に日露間で島の帰属をめぐる駆け引きが始まるまで、いずれの国家にも属したことのない民族の土地であった。日本やロシアが進出する前からサハリンに住んでいた先住民は、樺太アイヌ（エンジュ）と、彼らからスメレンクルとよばれたニヴフ、同じくオロッコとよばれたウイルタである。

サハリンでは北部オハの天然ガスを南のコルサコフ港まで輸送するパイプラインの敷設工事に先立ち、一九九八年から遺跡の緊急発掘調査が開始された。これにより新石器時代からオホーツク文化期に関する知見は増えたが、アイヌ文化に関する遺跡の調査報告はさほど多くない。

筆者は二〇一〇年からサハリン各地の博物館を訪れ、出土した日本製品や樺太アイヌに関連する遺物の抽出と図化をおこなってきたが、複数の先住民集団や島に進出した和人が暮らしていたサハリンでは、最初にどの集団がその遺物を残したのかを検討する必要があった。そのため遺物の調査に併行して、遺物が出土した場所にもともと誰が住んでいたのかを調べることにした。その際に用いたのが、幕末期に蝦夷地への物資輸送や人の往来の急増を受けて作成された蝦夷地沿岸図や場所図であった。

サハリン島はもともとカラフト島やカラト島とよばれていたが、文化三、四年（一八〇六、〇七）の文化露寇事件を受け、文化六年からは対露政策上、蝦夷地に含まれることを明示するため「北蝦夷地」に名称が改められ、蝦夷地と同様に沿岸図や場所図が作られた。そのうち筆者が検討したのは、安政三、四年（一八五六、五七）の蝦夷地の実地調査の知見をもとに目賀田守蔭《めがたもりかげ》（帯刀）がサハリン島沿岸を写生し幕府に提出した『北延叙歴検真図《きたえぞれきけんしんず》』、同じく目賀田が親交のあった松浦武四郎の要請により明治四年（一八七一）に『北延叙歴検真図』を再写し作成した『北海道歴検図』（下帙）であり、これに加え、安政四年に箱館奉行堀利熙による蝦夷地巡検に随行した玉虫左太夫の『入北記』、安政六年に蝦夷地警備のためクシュンコタンに赴いた秋田藩士松本吉兵衛盛親が記録した『西蝦夷樺太道中記』、松浦武四郎の『北蝦夷山川地理取調図』（安政七年）を補助的に用いた。これらの資料から一八五〇年代のサハリン島における先住民集落の分布と、会所・運上屋・通行屋・小休所・番屋・台場・神社など日本の施設、ロシア人の入植地の場所が明らかとなった［図78－1・2］。

先住民族の居住域は、島の領有に直結する問題だけに、幕府関係者にとって大きな関心事であった。たとえば、間宮林蔵は『北夷分界余話』のなかで、「ヲロッコ夷」すなわちウイルタは東海岸のタライカより奥地に、「スメレンクル夷」すなわちニヴフは西海岸キトウシより奥地に住むと述べている。『北海道歴検図』によれば、西海岸では北緯五〇度付近を境に、アイヌの集落はそれより南に、ニヴフの集落は北側にのみ存在し、両者には地域的に住み分けがみられる。一方東海岸では、ニヴフの集落が少ないながらも北緯四八度付近にまで認められ、北緯四八～四九度付近は、多数のアイヌと少数のニヴフの雑居地となっている。とくにナヨロの場合、現在のガステロ川をはさんで北側はニヴフ、南側はアイヌの集落が接していた。なお、西海岸北部のホロワンレイの場合、『北延叙歴検真図』に「スメレングル出稼家一戸」と記されており、ニヴフの季節的なキャンプが存在していたことがわかる。

幕末に作られた古地図『北蝦夷』（北海道大学附属図書館蔵）では、先住民は「蝦夷」・「ニクブンスメレン」・「蝦夷種スメレン風俗」・「オロッコ」の四者に分けられ、それぞれ居住している場所が記号で地図上に示されている。蝦夷はアイヌであり、西海岸は北緯五〇度よりやや北のキトウシより南に、東海岸では北緯四九度よりやや北のタライカ以南に居住することが示されている。ニクブンスメレンはニヴフであり、西海岸では北緯四九度より北のトヤシから北緯五一度よりやや北側まで居住す

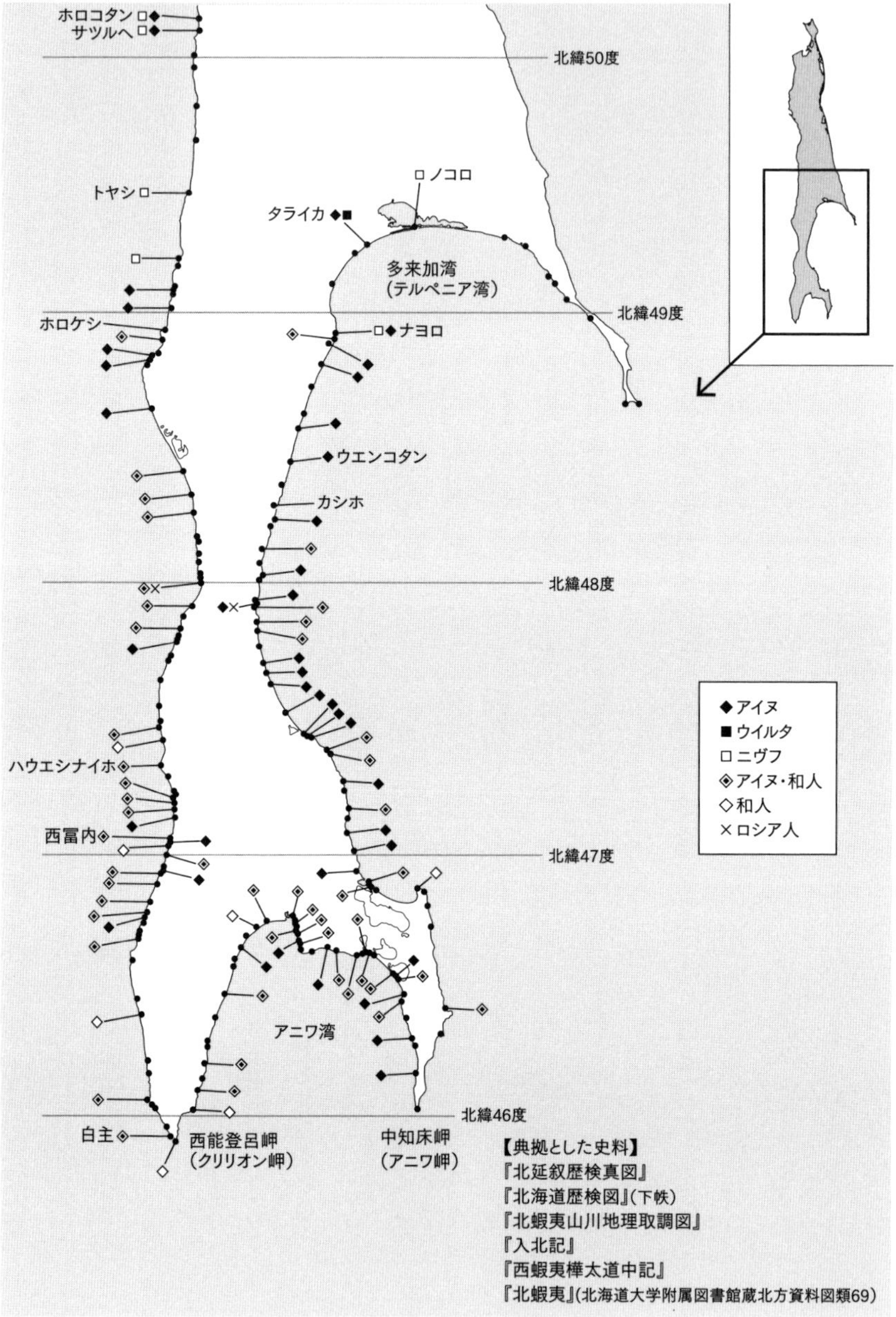

▌図78－1　1850年代のサハリン島の先住民集落と日露施設の分布

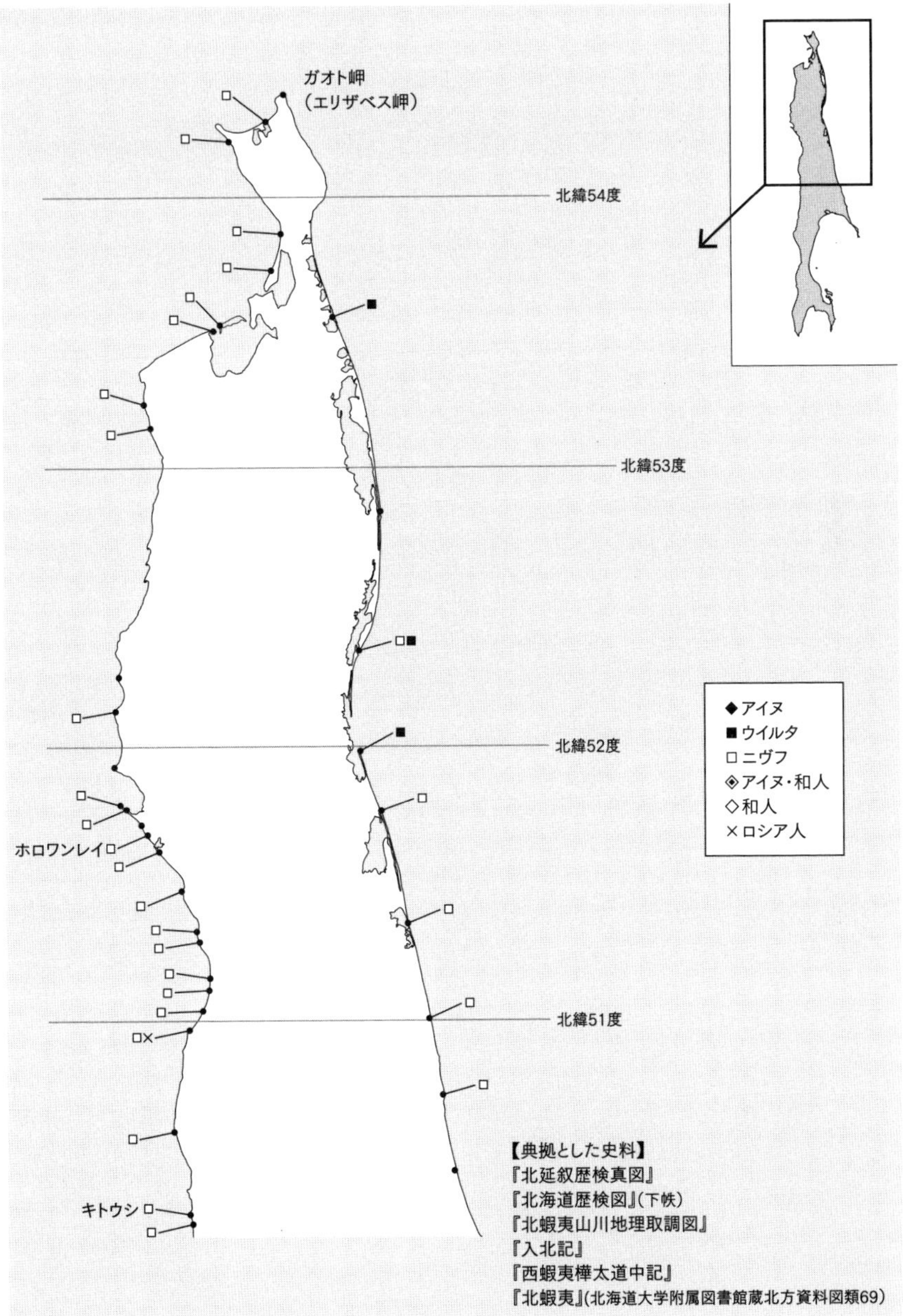

図78－2　1850年代のサハリン島の先住民集落と日露施設の分布

ることが示されている。オロッコはウイルタを指し、その居住域は、東海岸のタライカ湖周辺と、北緯五二度以北の東海岸に居住地が集中する。蝦夷種スメレン風俗とされた人々の居住地は、西海岸では北緯五二度付近より北、東海岸ではノコロをのぞき北緯五一度以北として図示されている。したがって蝦夷種スメレン風俗の居住域は、西海岸ではニヴフより北、東海岸ではウイルタと一部重なる。分布からみて、蝦夷種スメレン風俗はニヴフの可能性が高いが、彼らがニクブンスメレンと異なる人々と認識された理由は不明である。

松浦武四郎の『北蝦夷山川地理取調図』からも、西海岸では北緯五〇度付近でアイヌとニヴフの居住域が重なり、サツルへやその北のホロコタンでは両者が雑居していることや、東海岸でも両者の境界域に当たるナヨロは両者の雑居となっていることが読みとれる。

一八五〇年代のサハリン島における先住民の居住域は、次のようにまとめられるだろう。

① アイヌは、西海岸では北緯五〇度以南、東海岸ではそれよりやや南のタライカ（テルペニア）湾沿岸以南に住んでいた。

② ニヴフは、西海岸では北緯五〇度付近より北側に、東海岸ではタライカ湾沿岸以北に住んでいた。

③ ウイルタはタライカ湾より北の東海岸に住んでいた。

④ アイヌとニヴフの集落分布は一部重なっており、東西ともに分布の境界付近では、樺太アイヌとニヴフの雑居がみられた。とくに東海岸のタライカ湖周辺は、ウイルタをふくめ三者の集落が混在する地域であった。

安政三年（一八五六）の『北蝦夷地土人人別家数船数出産物等書上』によれば、サハリン島のアイヌは、家数三七三軒二六九四人（男一二九七人、女一三九七人）である（『大日本古文書 幕末関係文書之十四』一二九）。また、翌安政四年には家数三五七軒二五七一人（男一二〇八人、女一三六三人）との記録（北海道立文書館箱館奉行所文書薄書二三件名番号四）があり、わずかに減少している。安政四年三月には北蝦夷地の人別帳の雛形（前同薄書一一件名番号七）が作成されているが、現在人別帳が確認できるのは東海岸カシホより北、タライカ湖周辺までの九村（『大日本古文書 幕末関係文書之十八』二四七）など一部の地域だけである。

では、樺太アイヌの集落はどの程度の規模だったのだろうか。『北延叙歴検真図』と『北海道歴検図』ではアイヌとニヴフの家屋が描きわけられており、住居の数を場所ごとに数えることで、集落規模を比較検討できる。また『入北記』には、西海岸は北緯四九度付近のホロケシ以南、東海岸も同じく北緯四九度付近のウエンコタン以南の村落数や人口などが記録されている。村ごとに記載された人数は、「惣土人数」に完全に合致はしないが、きわめて近い数値であることから、和人を含まない先住民の数と判断した。なお、前述のとおり、『入北記』が対象としている北緯四九度以南に住む先住民はアイヌにかぎられることから、『入北記』で「土人」と表記されたのはアイヌとみなすことができる。こうした作業を通して一八五〇年代の樺太アイヌとニヴフの集落の家数や人数が見えてきた［図79］。

『北延叙歴検真図』と『北海道歴検図』から、樺太アイヌの集落は、日本の拠点でもあった白主《しらぬし》と西《にし》冨内《とんない》をのぞき一〇軒以下で、二～七軒程度がもっとも多く、一軒のみの場合も少なくないことがわかる。『北延叙歴検真図』では西冨内のアイヌの家数は三〇軒にのぼり、突出している。西冨内のアイヌ集落は、会所・役宅などの和人施設をはさんで、南北二カ所に存在しており、それら和人施設が作

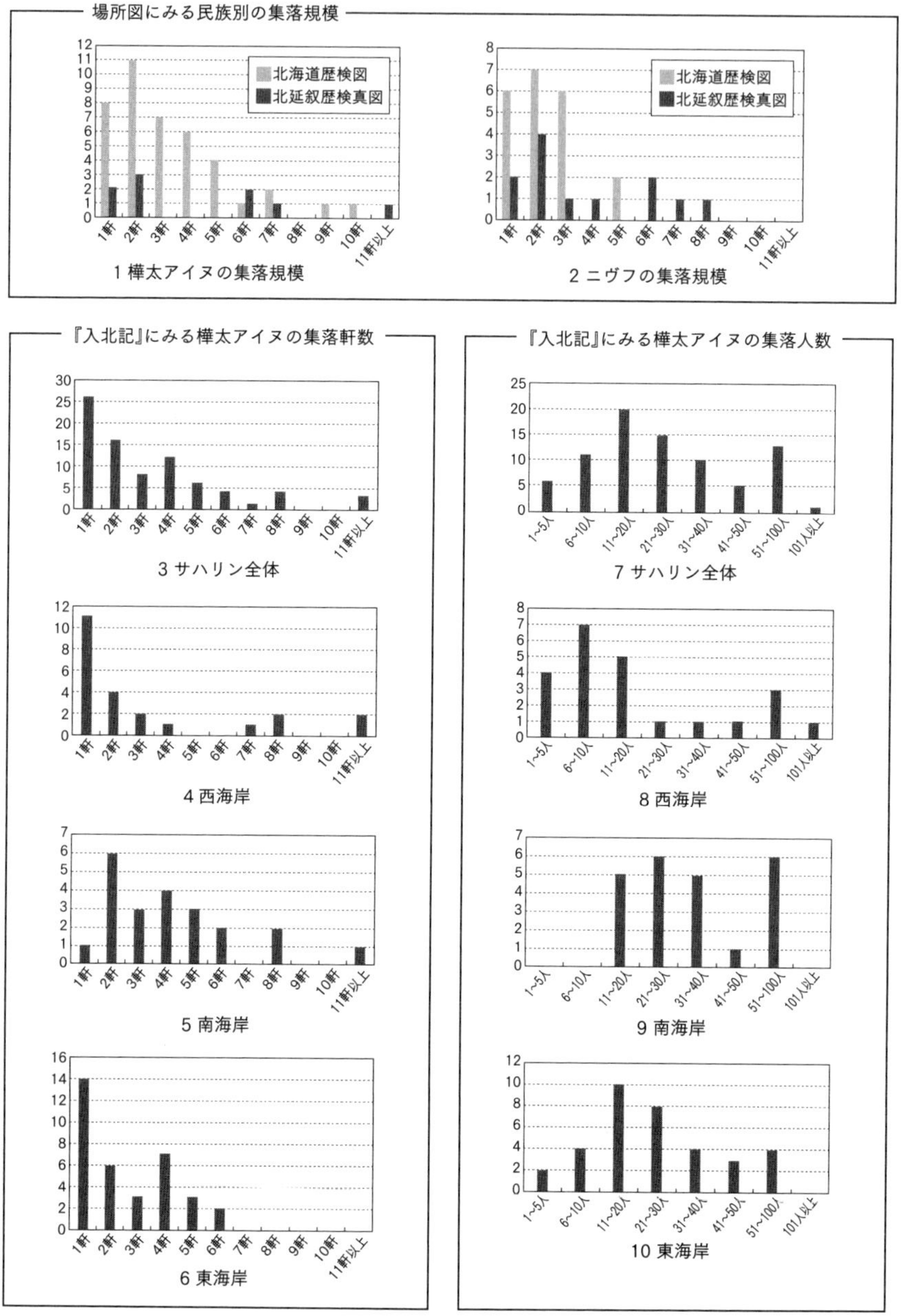

図79　1850年代のサハリン島の先住民集落の規模

られた後にそうした姿になった可能性が高い。一方、ニヴフの集落は八軒以下で、一～三軒が多数を占めている。

『入北記』からは、樺太アイヌの村は家数五軒以下、人数四〇人以下の比較的小規模な村が多数を占めるが、東海岸に比べ和人の進出が著しい西海岸や南海岸（アニワ湾沿岸）の集落規模は相対的に大きいことがわかった。そのなかでもとくにエンルモコマフすなわち西冨内の家数四八軒、人数三八七人は群を抜いている。会所が置かれた西冨内は、和人によって西海岸各地に開かれた漁場を管理するための拠点であり、周辺には鮭・鱒・鯡《にしん》の漁場が多く存在した。北緯四七度付近のハウエシナイホには「土人共飯料鰈漁業場」の記載がみられ、樺太アイヌが和人の監督のもと、鰈《かれい》漁に従事していたことが判明する。前述の通り、西冨内の樺太アイヌの集落は会所・役宅などの和人施設が作られた後に形成されたとみられ、漁場の労働力として新たに集住させられた結果、大規模化した可能性が高い。

一八五〇年代のサハリン島における先住民の集落規模は、次のようにまとめられるだろう。

① 樺太アイヌもニヴフも、家数五軒以下の小規模な村が多く、一軒のみの場合も少なくない（一つの村の平均的な家数は、樺太アイヌで約三・七軒、ニヴフで約三・四軒とほぼ等しい）。
② 樺太アイヌの一つの村の人数は、平均三二人である。
③ 樺太アイヌの一軒あたりの人数は最大二一人、最少二人で、平均八・四人である。
④ 樺太アイヌの集落規模は、東海岸に比べ和人の進出が目だつ西海岸や南海岸（アニワ湾沿岸）のほうが大きい。
⑤ 西海岸では和人が設けた鮭・鱒・鯡の漁場がある場所のほうが、そうした漁場がないところに

比べ、樺太アイヌの集落規模は大きい傾向にある。

⑥ 西冨内に代表される規模の大きな樺太アイヌの集落は、彼らが和人の経営する漁場の労働力に組み込まれた結果、新たに形成された可能性が高い。

樺太アイヌにも重んじられた日本製品

古地図や古文書から樺太アイヌの居住域や集落に関する基礎的な知見が得られたところで、いよいよ考古資料を通して樺太アイヌの習俗や交易活動をみていこう。これまで筆者は州都ユジノサハリンスクにあるサハリン州立郷土誌博物館とサハリン大学考古学・民族誌研究所、ポロナイスク郷土誌博物館、ティモフスコエ郷土誌博物館が所蔵するサハリン出土の日本製品［口絵8］を調査してきた。

サハリン出土の日本製品には、煙管、刀・刀装具、漆器、鉄鍋、貨幣がある。出土した遺跡は、北東海岸チャイボ湾とニスキー湾をへだてる長く幅のせまい島の北端、アルコフスカヤ砂州上に位置するバングルクボ遺跡とその北のソニガ2遺跡がニヴフの遺跡で、残りはすべて北緯五〇度以南に位置する樺太アイヌの遺跡である。バングルクボ遺跡の場所には一九三三年に北サハリンの先住民が住む領域の再編がおこなわれるまでニヴフの集落があった。遺跡からは一九九九年のサハリン州立郷土誌博物館の調査で平地式の建物（丸太小屋）一六棟や竪穴住居跡二九棟、井戸跡、荼毘墓が確認され、八五〇点以上の遺物が回収された。一方、樺太アイヌの遺跡のうち、東海岸のボガタヤ1遺跡（遠内）・レースノエ（落帆）・スヴァボドノエ2遺跡、西海岸のパルスノエ（小田洲）・ホルムスク（真岡）・ネベリスク2遺跡（本斗）・クズネツォーヴォ1遺跡（宗仁）では墓がみつかっている。これら樺太アイヌの墓は、長方形の墓坑に伸展葬の状態で葬られていることや、刀・煙管・鉄鍋・ガラス玉・漆器など多くの副葬品をもつ点で、北海道アイヌの墓との間に大きな違いはみられない。

サハリンからは蝦夷刀や蝦夷拵が出土しているが、出土地は樺太アイヌが居住していた北緯五〇度以南にかたよっている［図80］。ニヴフの集落であるバングルクボ遺跡から出土した太刀の大切羽［図80－8］は銅製で、唐草は江戸前期ごろの特徴を示すが、通常の彫物師ではなく飾金具が専門の錺師《かざりし》が製作した可能性が高い。おそらく、樺太アイヌが所持する蝦夷拵の太刀に装着されていた日本製の大切羽を入手したニヴフが、装飾品に転用したのではないだろうか。

東海岸のボガタヤ1遺跡（遠内）・レースノエ（落帆）・スヴァボドノエ2遺跡、西海岸のパルスノエ（小田洲）・ホルムスク（真岡）・ネベリスク2遺跡（本斗）・クズネツォーヴォ1遺跡（宗仁）のものは墓の副葬品であり、樺太アイヌも北海道アイヌと同じように、墓に蝦夷刀や鍔を副葬していたことを示している。ボガタヤ1遺跡（遠内）のアイヌ墓からは銀製のイコロ型の太刀拵の鞘［図80－10］と銀製の柄の金具［図80－9］が出土している。前者は北海道アイヌの伝世品にもしばしばみかけるものであり、後者は猪目透かしや七宝紋と巴紋の刻印散らしの意匠からみて、一七世紀代の製品と考えられる。パルスノエ（小田洲）のアイヌ墓からは蝦夷太刀に用いられたと考えられるアイヌ好みの文様をもつ銀製の大切羽［図80－4］と葉の葉脈が省略された丸に三つ裏葵紋を中心に唐草を施した銅製の柄金具［図80－5］が出土している。ネベリスク2遺跡（本斗）のアイヌ墓から出土した鋳造製の鉄鍔［図80－7］は中茎《なかご》穴の左右に笄櫃《こうがいひつ》と小柄櫃《こづかひつ》があり、その周りに六カ所の猪目透かしがある。きわめて粗雑な作りであることから北海道かサハリンで作られたと思われる。クズネツォーヴォ1遺跡（宗仁）のアイヌ墓からは蝦夷刀の刀身と鍔が出土している［口絵8－3右・図80－22～26］。このうち青銅

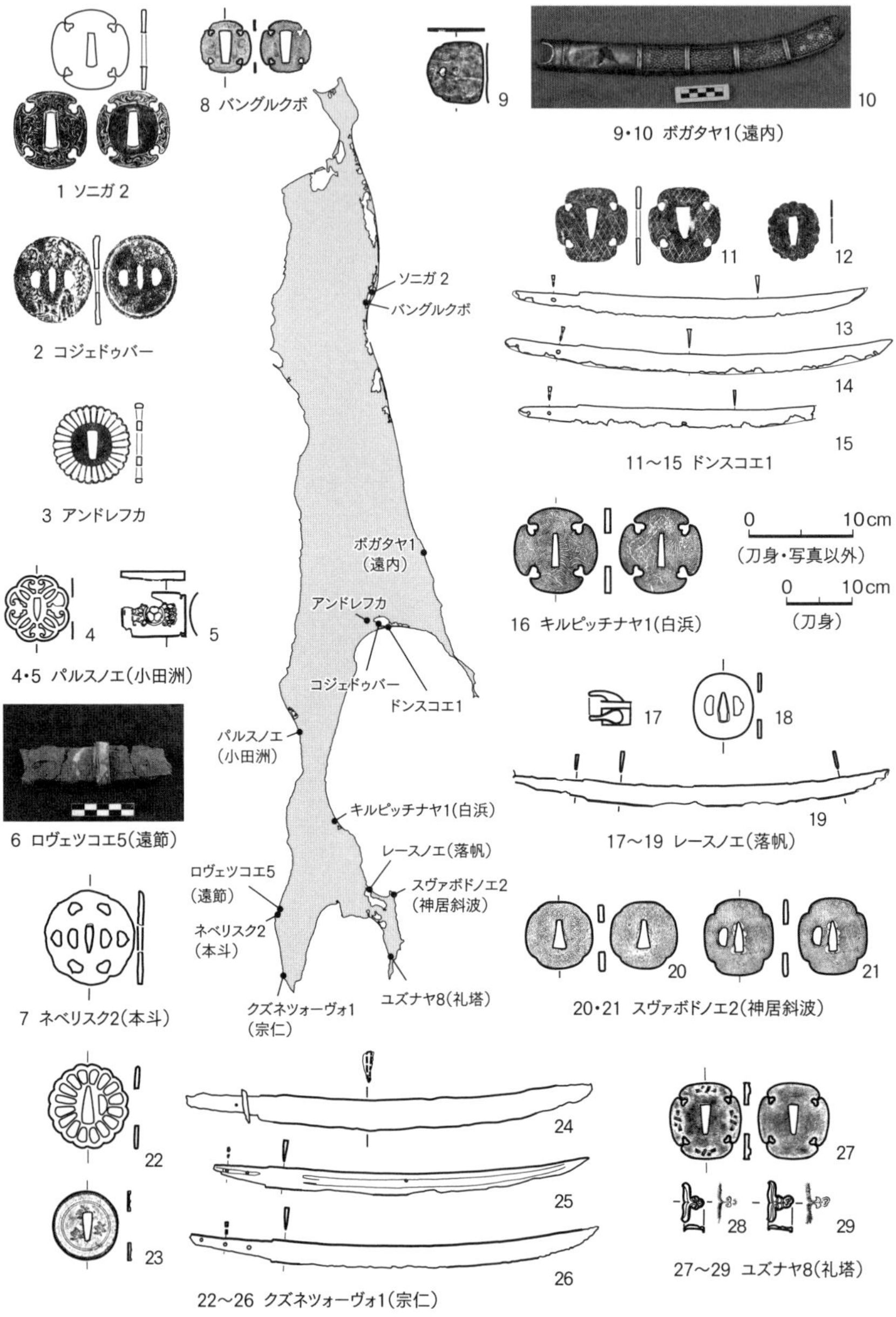
1 ソニガ2
8 バングルクボ
9
10
9・10 ボガタヤ1(遠内)
2 コジェドゥバー
3 アンドレフカ
4
5
4・5 パルスノエ(小田洲)
6 ロヴェツコエ5(遠節)
7 ネベリスク2(本斗)
11
12
13
14
15
11〜15 ドンスコエ1
0
10cm
(刀身・写真以外)
0
10cm
(刀身)
16 キルピッチナヤ1(白浜)
17
18
19
17〜19 レースノエ(落帆)
20
21
20・21 スヴァボドノエ2(神居斜波)
ソニガ2
バングルクボ
ボガタヤ1
(遠内)
アンドレフカ
コジェドゥバー
ドンスコエ1
パルスノエ
(小田洲)
キルピッチナヤ1(白浜)
レースノエ(落帆)
スヴァボドノエ2
(神居斜波)
ロヴェツコエ5
(遠節)
ネベリスク2
(本斗)
ユズナヤ8(礼塔)
クズネツォーヴォ1
(宗仁)
22
23
24
25
26
22〜26 クズネツォーヴォ1(宗仁)
27
28
29
27〜29 ユズナヤ8(礼塔)

■ 図80　サハリン出土の刀・刀装具

製の和鏡に中茎櫃をあけた転用品［口絵3－1・図80－23］には、二重圏線内に葉紋を散らせた一七世紀前半ごろに製作された小型の鏡が使われている。

樺太アイヌの遺跡からは刀の鍔や大切羽が比較的多く発見されているが、刀身がないものも目だつ。それらはタマサイのシトキに使われた可能性がある。和鏡にわざわざ中茎をあけ鍔形に加工したり、鍔をシトキに転用したりするのは北海道アイヌにもよくみられ、両者に共通する。

サハリンからは日本製の漆器が出土しているが、出土地は北緯四八度以南のサハリン南部にかぎられる［図81］。器種は漆椀（トゥキ）・耳盥（キサルㇱパッチ／トコムㇱパッチ）・行器（シントコ）がある。西海岸のホルムスク（真岡）のアイヌ墓から出土した腰の張る大振りの漆椀［口絵8－7、図81－1］は、内外面とも赤地に黄色と緑色の顔料を用いて唐草文を描き、高台内にはシロシが刻まれている。類例は北海道アイヌの伝世した民具に散見され、同様の意匠が施された天目台をともなう例も知られる。東海岸のレースノエ（落帆）のアイヌ墓からは黒

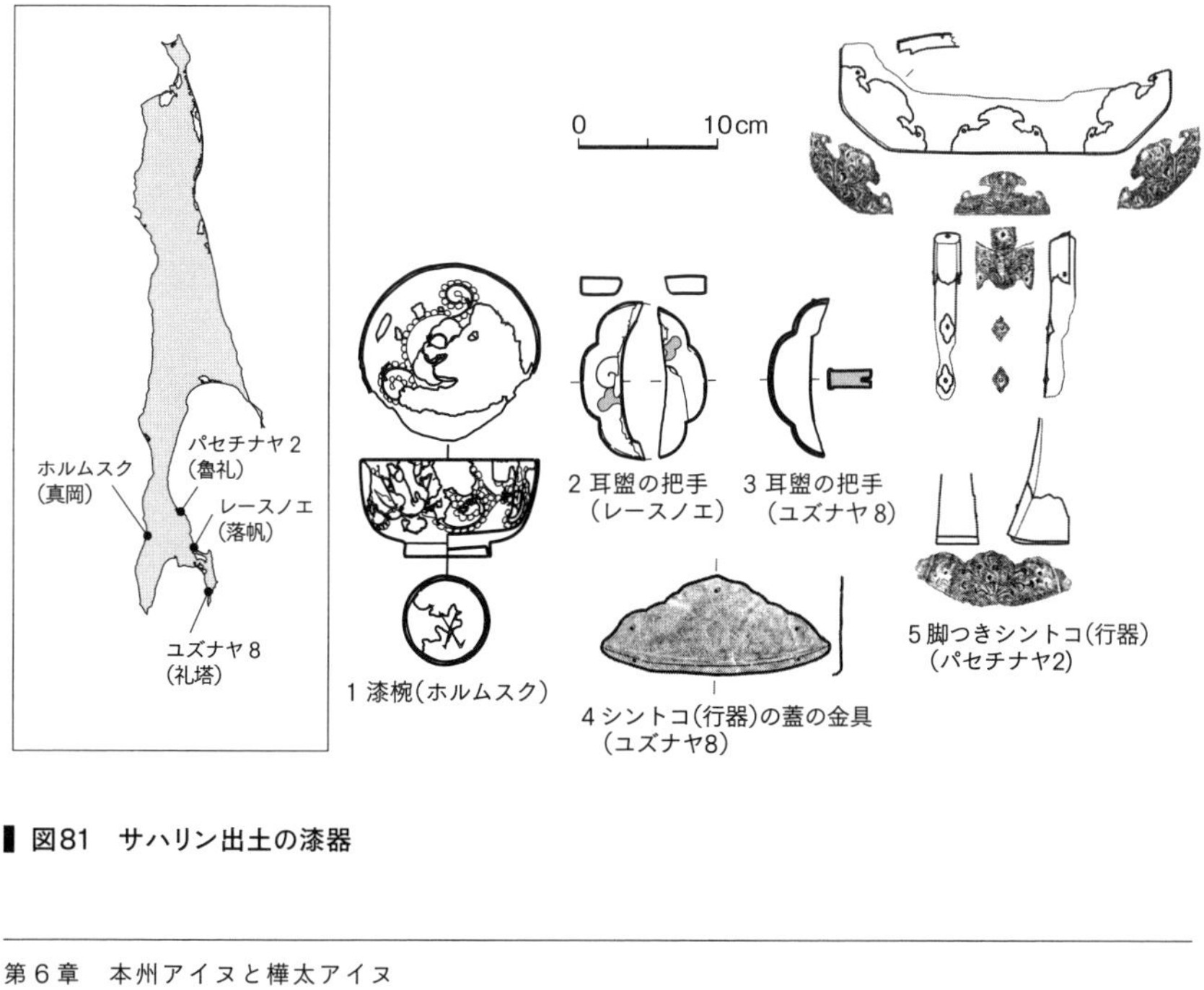

図81　サハリン出土の漆器

漆の上に赤漆で唐草文が描かれた耳盥の耳部［図81－2］が出土している。また同様の耳盥の耳部は、南海岸のユズナヤ8遺跡（礼塔）からも発見されている［図81－3］。行器はユズナヤ8遺跡（礼塔）と東海岸パセチナヤ2遺跡（魯礼）から出土している。ユズナヤ8遺跡（礼塔）から出土したもの［図81－4］は円筒形の行器の蓋に四つ付く銅製の縁金具の一つである。中央の上り藤紋の周りに唐草文を配置する。唐草の葉の特徴から一七世紀後半から一八世紀前半に京都で生産されたとみられる。パセチナヤ2遺跡（魯礼）からは大小二つの四脚付行器が出土している［口絵8－2、図81－5］。どちらも八角形の蓋の縁や脚には金銅製の金具が鋲留めされている。

日本国内では行器は神前に捧げる供物の容器、耳盥は口をすすぎ、手を洗うための容器として用いられる。しかしそれらを入手したアイヌは、行器は酒を醸すための酒槽器に、耳盥は酒器に転用した。そして漆椀にできあがった酒を注ぎ、それを捧酒箸（イクパスイ／トゥキパスイ）の先につけて神々に御神酒を捧げた。サハリンから出土した日本製の漆器も器種構成をみれば、まさにそうした酒儀礼に用いられたと考えられる［第4章図39参照］。樺太アイヌは北海道アイヌと同じように、日本製の漆器による濁り酒の醸造とそれを用いた酒儀礼をおこなっていたのだろう。サハリンにおける漆器の出土地が樺太アイヌの居住域のなかでも南部にかぎられるのは、日本製漆器の入手のしやすさによるものだろう。

アレンジされた煙管

金属製の煙管は北緯四九度以南のサハリン南部から多く出土している［図82］。ニヴフの集落跡であるバングルクボ遺跡からは一七世紀後半から一九世紀までの日本製煙管とともに、大きめの火皿（きざみ煙草をつめて点火する部分）に魚の文様が刻まれた中国製と考えられる煙管「図82－2」も出土している。西海岸のパルスノエ（小田洲）のアイヌ墓から出土した煙管「図82－3」と、同じくネベリスク2遺跡（本斗）のアイヌ墓から出土した煙管「図82－5」は、本来であれば羅宇《らう》（たばこの煙を通す管）の両端に付くはずの雁首と吸口が直接つながれた状態となっている。羅宇にもっとも適した素材は内部が空洞となっている竹であり、竹が入手しにくいサハリンでは、このような羅宇を省いた使い方がおこなわれていたことを示す資料として興味深い。東海岸のレースノエ（落帆）のアイヌ墓から出土した煙管「図82－4」は、火皿と脂返し（火皿の下の首の湾曲した部分）との間に補強帯を有し、羅宇側は肩付となる。一七世紀後半のものと考えられ、サハリンから出土した煙管ではもっとも古いタイプである。

金属製煙管の入手が困難であったサハリンでは、北海道以上に石煙管（スマキセリ）が使われており、北海道

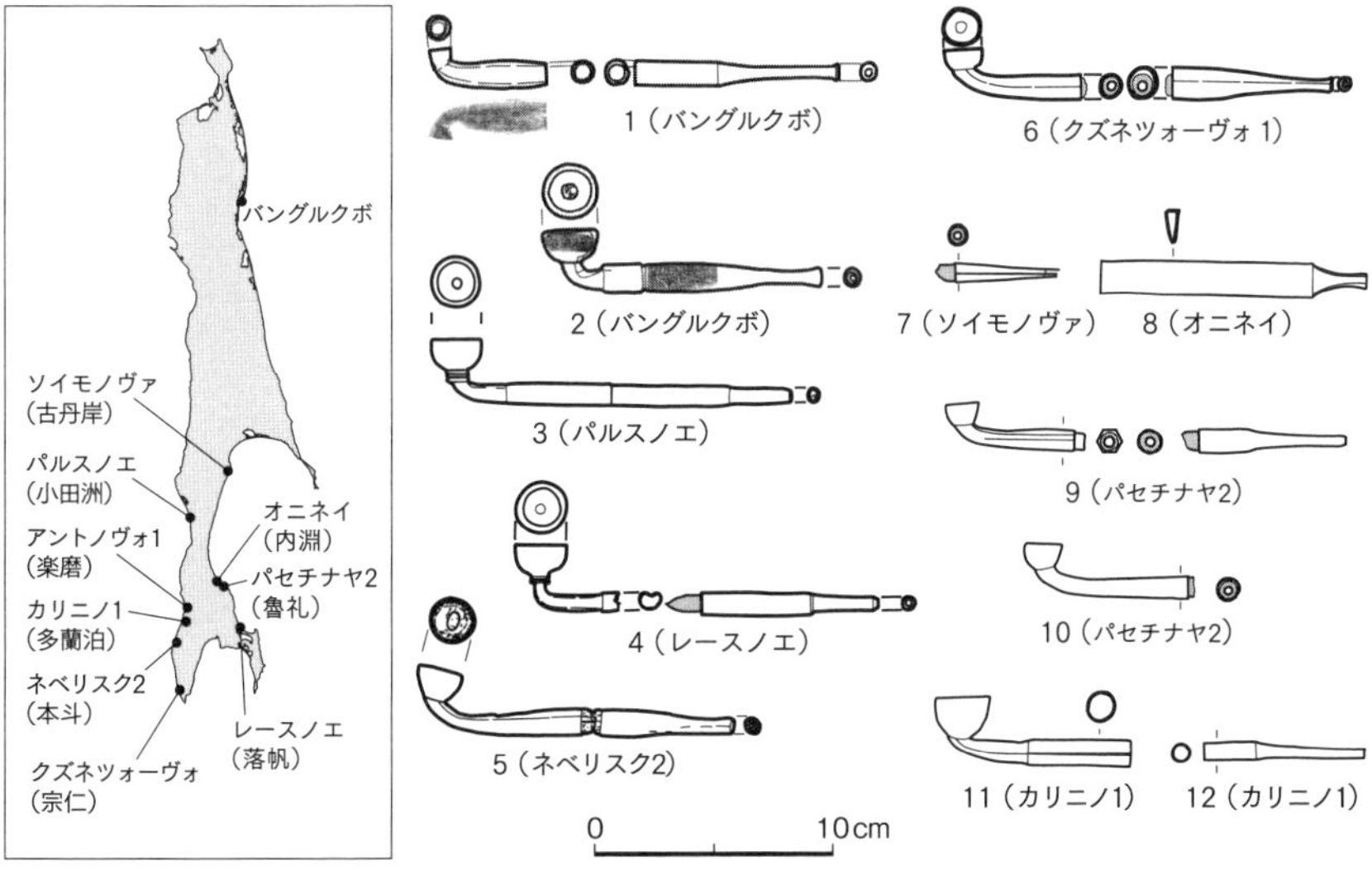

図82　サハリン出土の金属製煙管

にはない土製煙管も存在する（宇田川洋一九九一「北方地域の煙管と喫煙儀礼」『東京大学文学部考古学研究室紀要』一〇）。前章で述べたように、一六四三年に道東から千島・サハリンを訪れたオランダ東インド会社所属のカストリカム船隊司令官メルテン・ゲリッツセン・フリースの航海記録には、アニワ湾でフリースが日本製の銅製煙管でジャワ産の煙草を樺太アイヌにふるまったことや、北知床半島ではフリースが樺太アイヌに贈った煙草が喜ばれたことなど、一六四〇年代には樺太アイヌに喫煙が定着していた様子が記されている。刀や漆器と異なり、煙管はさほど長く伝世するとは考えにくい。サハリン出土の日本製煙管は一七世紀後半にまでさかのぼり、一九世紀まで連続性が認められる。樺太アイヌは、一七世紀代にすでに北海道アイヌを介して日本製の煙管を入手していたと考えられるだろう。

なお樺太アイヌの女性が日常的に身につけたカーニクフとよばれる飾金具付革帯（金帯）［口絵8－1・図85－1］は、海獣類の革のベルトに透かし文様のある真鍮製金具をしばり付け、ベルトから下に真鍮製のリングを同心円

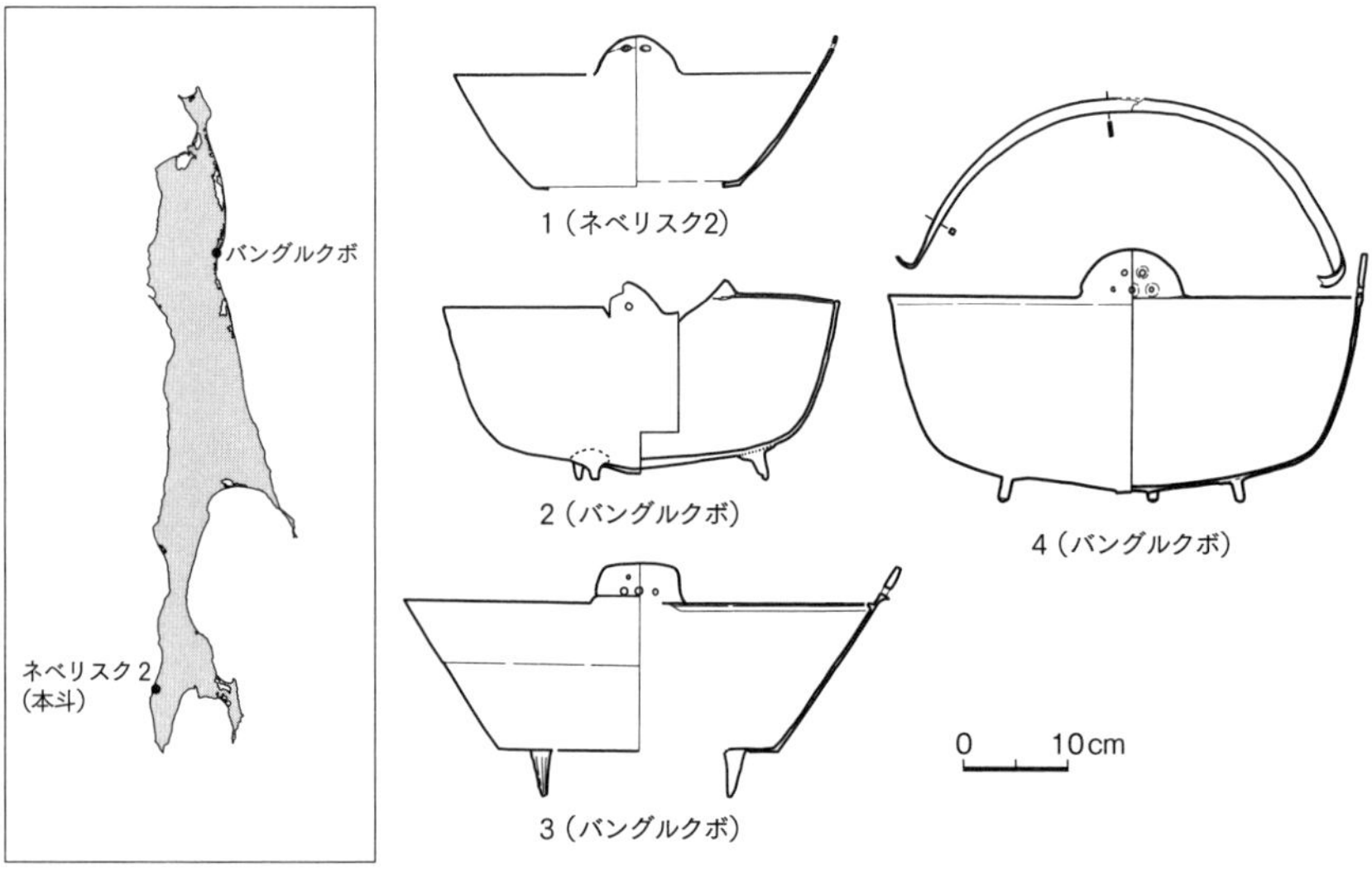

図83　サハリン出土の鉄鍋

状に革紐でぶら下げたものだが、真鍮製煙管の雁首を分解し、火皿の部分だけ革紐で連ねたものがぶら下がっている。歩く際に連ねた火皿がぶつかり合う音が好まれたようである。

普及するのが遅かった鉄鍋

サハリン南部西海岸のネベリスク2遺跡のアイヌ墓と、北部東海岸のニヴフの集落跡であるバングルクボ遺跡などから鉄鍋が出土している〔図83〕。ネベリスク2遺跡3号墓からは吊耳鉄鍋〔図83－1〕のほかに青い不透明なガラス玉・マキリ・煙管・漆椀がともに出土しており、被葬者は女性と考えられている。北海道アイヌと同じように、樺太アイヌも女性の墓に鉄鍋を副葬する習俗を持っていたことがわかる。バングルクボ遺跡からは脚の付く吊耳鉄鍋が三点発見されている〔図83－2～4〕。サハリン出土の鉄鍋のうち1・3・4は、「モッソウ式」とよばれる鋳型製作技法によって作られた鉄鍋（小野哲也二〇〇三「列島各地における鉄鍋製作技法について」『物質文化』七六）で、明治以降の可能性がある。3の鉄鍋は、口唇内側に明瞭な張り出しが認められることから、日本海側の地域で作られたと思われる。

北海道にくらべ鉄鍋の入手が困難であったサハリンや千島では一九世紀にいたるまで内耳土器が作られつづけていたことが知られる〔第4章図24－3参照〕。今のところ樺太アイヌの墓やニヴフの集落跡から出土した鉄鍋は明治以降にかぎられ、内耳土器の消滅時期と対応している。サハリンの先住民の間で調理具が内耳土器から鉄鍋に移行したのは一九世紀後半まで下るとみてよいだろう。

銭貨は出土するけれど

サハリンの出土銭貨は、イーゴリ・A・サマーリンや三宅俊彦による集成がある（サマーリン二〇〇八「中国銭貨を探る―中世・近世におけるサハリン・大陸間交流史研究」『出土銭貨』二八、三宅俊彦二〇一三「サハリン出土の銭貨」『北海道大学総合博物館研究報告』六）。樺太アイヌやニヴフはおもに銭貨を装飾として利用したが、その際衣服に縫いつけたり、ぶら下げたりするため、縁に近い部分に小孔をあけることがしばしばおこなわれた。そうしたものは先住民族の所持品とわかるが、何の加工も加えられていない出土銭貨に関しては、遺跡や遺構から使用者を推定するしかない。なぜなら、一八五〇年代にはすでに西海岸では北緯四九度付近まで、東海岸でも北緯四八度付近まで和人が進出しており、サハリン南部から出土する寛永通宝に関しては、最終的な持ち主がアイヌと和人のどちらなのか特定することはむずかしいからである。また北緯四九〜五〇度の地域に関してもアイヌとニヴフの両者が暮らしており、出土した貨幣がどちらの所持品であったか特定することは困難である。そこで、明らかに樺太アイヌの所持品とわかるアイヌ墓から出土した銭貨を集め検討する。

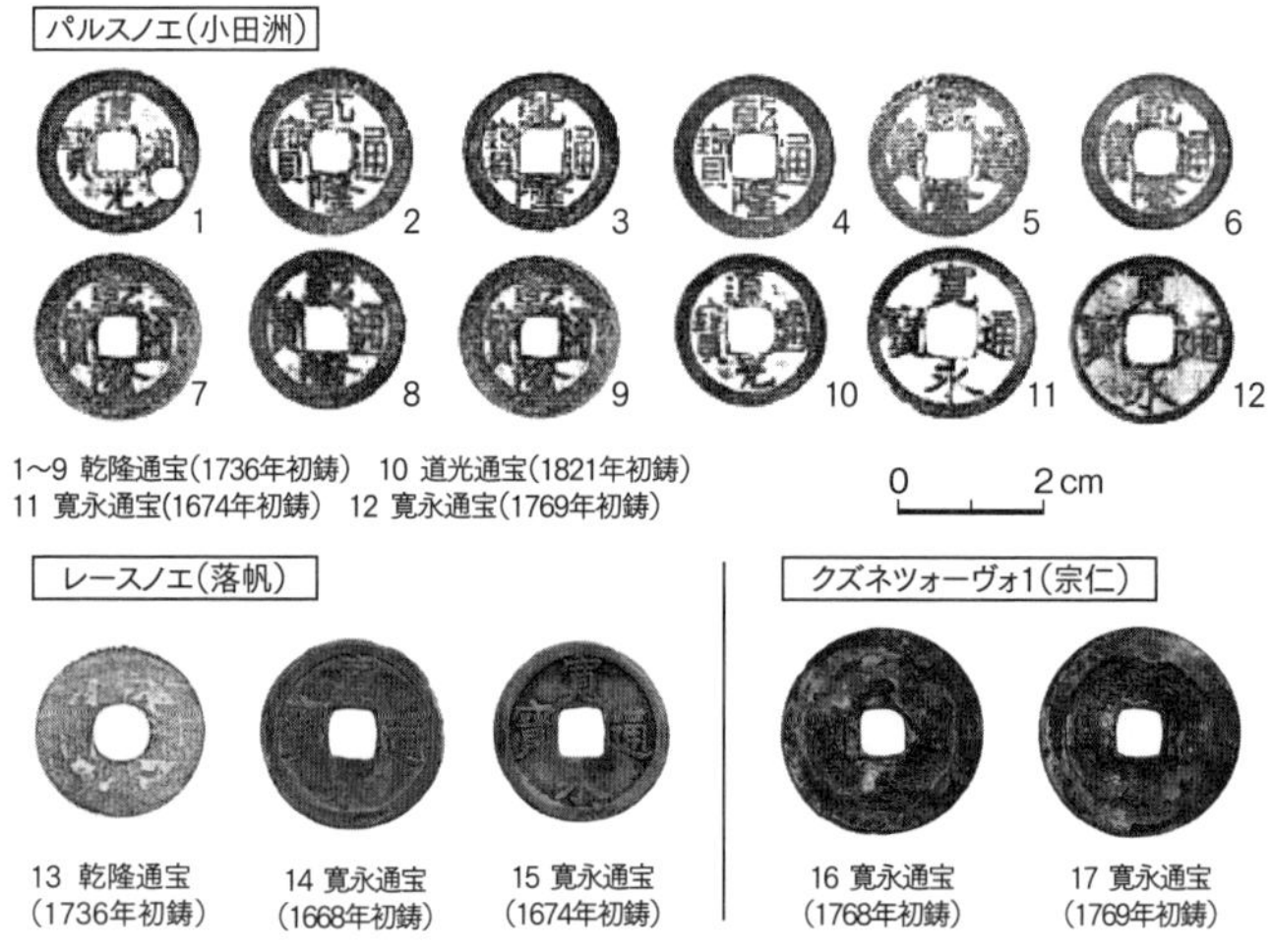

図84　樺太アイヌの墓から出土した銭貨

サハリンでは東海岸のレースノエ（落帆）、西海岸のパルスノエ（小田洲）・クズネツォーヴォ1遺跡（宗仁）のアイヌ墓から銭貨が出土している［図84］。北緯四八度付近に位置するパルスノエ（小田洲）では清朝銭一〇枚（乾隆通宝九枚・道光通宝一枚）に対して寛永通宝二枚、北緯四七度付近のレースノエ（落帆）では清朝銭（乾隆通宝）一枚に対して寛永通宝二枚、北緯四六度付近のクズネツォーヴォ1遺跡（宗仁）では二枚とも寛永通宝と、南ほど清朝銭が少なく寛永通宝が多い。サハリンには北から清朝銭、南から寛永通宝が入ったものの、先住民は基本的に交易に銭貨を使わなかったため、十分に流通せず、清朝銭は北に、寛永通宝は南に滞留することになったのではないだろうか。実際、北海道内の遺跡では北宋銭・明銭・寛永通宝はしばしば出土するが、清朝銭はほとんどみられない。

樺太アイヌ墓から出土した銭貨のなかには、装飾品に転用するため中央の方孔を円形に加工した寛永通宝［図84－11］や乾隆通宝［図84－13］がみられる。これら樺太アイヌの墓から出土した銭貨は、タマサイの部品や針刺し（チシポ）の留め具などに使われていた可能性が高い。

樺太アイヌと北海道アイヌのつながり

このように、サハリンからは樺太アイヌが交易によって入手した日本製品が出土している。それらの考古資料をみるかぎり、樺太アイヌと北海道アイヌの物質文化には共通点が多い。両者をへだてる宗谷（ラ・ペルーズ）海峡は、もっともせまいサハリン南端のクリリオン岬と北海道宗谷岬の間では約四二キロメートルしかない。前近代アイヌ文化期にも宗谷海峡を越えてサハリンから多くの物が北海道に渡ったはずだが、多くは消費されるか土中で腐ってしまう有機質物資であったため、実際に北海道内の出土品でそのことを証明するのは、北海道側にもともと存在しないガラス玉やメノウ玉くらいしかない。加えて考古資料に関するかぎり樺太アイヌと北海道アイヌの物質文化が似ていることも、北海道内の出土品のなかにカラフト渡り品を見いだしにくい一因になっている。そうした状況にあって、注目されるのが北海道内でわずか数点見つかっている透かし入りの飾金具である。

透かし入りの飾金具が出土しているのは、稚内市宗谷、千歳市美々8遺跡、余市町大川遺跡の三カ所である[図85]。このうち宗谷と美々8遺跡出土品は大きさ・形状・文様からみて、本来、樺太アイヌの女性が日常的に身につけた飾金具付革帯（金帯）に付けられる金具である。宗谷からは五点まとまってみつかっている。サハリンと指呼の距離にある宗谷には、飾金具付革帯（金帯）そのものが運ばれてきたにちがいない。一方、美々8遺跡と大川遺跡には飾金具だけがもたらされたのではなかろうか。これらの金属製飾金具は、さかのぼれば枝幸町目梨泊遺跡や北見市栄浦第二遺跡で発見されているオホーツク文化期に大陸からもたらされた靺鞨文化の青銅製帯飾につながる[第3章図15参照]。

余市は、古くは大川遺跡の擦文時代の墓から出土した大陸産の青銅製垂飾品から、近代の樺太アイ

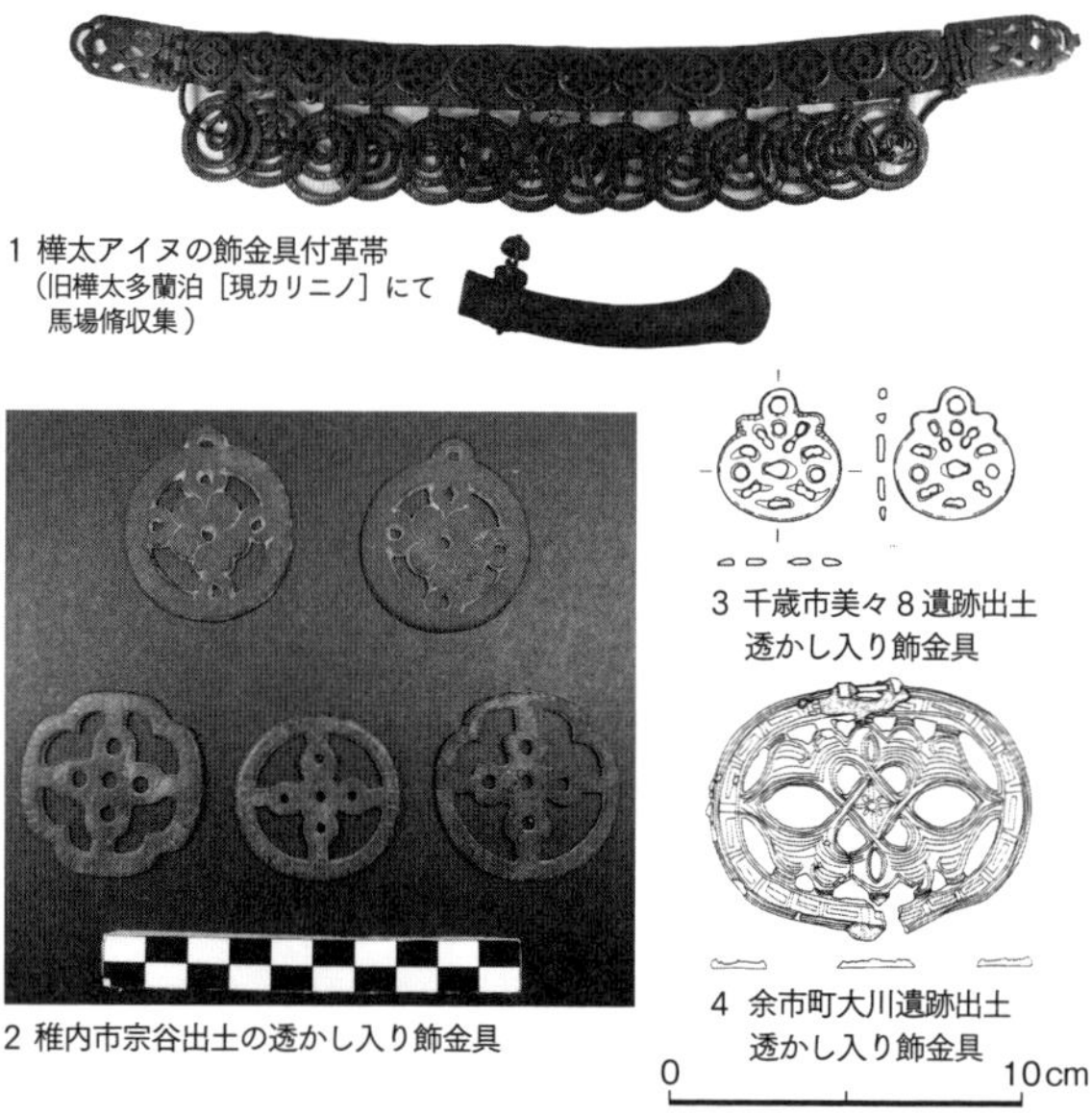

▌図85　樺太アイヌの飾金具付革帯と北海道内出土の透かし入り飾金具

ヌと共通する墓標型式（河野廣道一九三一「墓標の型式より見たるアイヌの諸系統」『蝦夷往来』四、尚古堂）にいたるまで、サハリンと交流のあった特別な場所である。

弘前藩の『津軽一統志』には、シャクシャインの戦いの際、余市に近接する忍路湾に弓や槍をもった余市・天塩《てしお》・利尻・礼文のアイヌ六〇〇から七〇〇人が乗った約一〇〇艘もの舟が集結していたことが記録されている。余市アイヌは利尻・礼文といった道北日本海沿岸の島々からサハリンにいたる、レブンモシリウンクル（『蝦夷地名考并里程記』）とよばれる地域集団と強い結びつきを持っていたようだ。シャクシャインの戦いの際、松前藩はツクナイ交渉・上蝦夷地仕置を余市でおこなっている。余市は宗谷・利尻・天塩とともに樺太・沿海州と松前藩側との交易ルートの重要な中継基地の一つであったと考えられている（市毛幹幸二〇〇三「寛文期の蝦夷地アイヌ社会の様相について」『弘前大学國史研究』一一五）。大川遺跡から出土した透かし入り飾金具は、樺太アイヌと余市アイヌのむすびつきを物語る実に貴重な物証といえるだろう。

第7章 アイヌ考古学の展望

これからのアイヌ考古学に必要な視点

「無文字社会」を研究対象とするアイヌ考古学は、縄文研究と同じような先史考古学的アプローチに始まり、戦前はそれが中心であった。戦後、文化人類学者によるアイヌ社会の民族調査を踏まえ、考古資料の解釈に民族誌を援用したいわゆる民族考古学（エスノアーケオロジー）によるアイヌ研究がおこなわれるようになった。アイヌ民族が残した考古資料の解釈や歴史復元に、その子孫の民族調査データを用いるのは、縄文社会を理解しようとするのに、時代も地域も異なるどこかほかの国の近現代の狩猟採集民の民族誌を援用するよりはるかに理解が得られやすいといえよう。そして近年はアイヌ考古学の分野にも生態学的アプローチが導入されるようになった。

一方で、アイヌ考古学に関しては、和人などの異民族がアイヌ社会を記録した文書や絵画資料と考古資料を対比した歴史考古学的アプローチも可能である。本書でも本州アイヌや樺太アイヌののこしたきわめて断片的な考古資料から彼らの実像を復元するため『弘前藩庁日記（国日記）』や北蝦夷地に関する古地図などの史料を駆使したように、筆者は主として歴史考古学的手法によるアイヌ考古学に取り組んできた。それは北海道やサハリンでのこれまでのアイヌ考古学が、「無文字社会」の考古学すなわち先史考古学・民族考古学・生態人類的考古学に偏りすぎていると考えたことによる。また

アイヌの魚皮製長靴
（市立函館博物館蔵）

併行してサハリンから出土している日本製品や樺太アイヌの遺物の資料化を進めてきた。その際、ロシア人研究者から、日本から多くの考古学研究者がサハリンにやって来るようになったが、その多くは先史分野であって、出土している日本製品やアイヌの遺物について説明してくれる研究者がようやく来たと言われ歓迎された。

アイヌ考古学を先導してきた北海道の研究者の多くは、先史考古学・民族考古学・生態人類学的考古学からのアプローチは得意だが、中近世考古学に関する知見に乏しく、歴史考古学では当たり前の古文書と考古資料を併用した研究手法に不慣れであった。しかし本書で述べてきたようにアイヌの物質文化には実に多くの日本製品が受容されており、中近世考古学の知見を用いないことには、アイヌ文化の編年すらおこなえないのである。また和人によって書かれたアイヌに関する文書には先入観や偏見が含まれているとはいえ、適切な史料批判をした上で、考古学的所見と突き合わせることで、遺跡や遺物だけからは到底うかがい知れない立体的な歴史像が見えてくる。

アイヌの物質文化に関しては、出土資料以外にもアイヌ社会に伝世した膨大な民具が国内外の博物館・資料館に収蔵されている。それらはすでにある程度リスト化されており、一部は図録などで紹介されてはいるが、文化人類学・民族学の関心は聞き取りや社会観察に向けられてきたため、出土資料に比べこれまであまり分析・検討の対象にならず、衣服など一部の分野をのぞけば先行研究もそれほど多いとはいえない。これら伝世資料には交易により入手したものとアイヌの自製品とがあるが、最大の特徴は出土資料にはあまり期待できない有機質の素材がきわめて良好な状態で残されていることである。アイヌ民具は考古学が研究対象としてきた前近代アイヌ文化と明治以降の近代アイヌ文化をつなぐ重要な歴史資料といえる。出土資料とアイヌ民具の比較研究や、アイヌ民具を対象とした材質・製作技術の分析によって、アイヌ考古学は格段の進歩・深化が期待できる。

伝世品・民具資料に目を向ける

ここでは出土資料と伝世品を併用した研究事例としてタマサイの研究を紹介しよう。

筆者はアイヌ墓に副葬されたタマサイや、戦国期に和人勢力の中心地であった渡島半島上ノ国町勝山館とその周辺から出土した一六、一七世紀のガラス玉、そして博物館に所蔵されている伝世タマサイを比較し、ガラス玉の変遷の概要を明らかにした［図86］。その際、伝世したタマサイについては、後世にガラス玉が入れ替えられた可能性が否定できないと考え、使われているガラス玉によるタマサイの年代比定を諦め、一八、一九世紀として一括して扱った。しかし伝世品のなかに一七世紀以前にさかのぼるタマサイは存在しないのだろうか？　出土品と違って伝世タマサイの編年は本当に不可能なのだろうか？　こうした疑問はずっと解決できないままくすぶり続けてきた。

二〇二〇年以降、新型コロナウイルス感染症の流行によりこれまで続けてきたサハリンでの資料調査が中断され、調査対象を日本国内にのこる樺太アイヌ資料に変更せざるを得ない状況が生まれた。そうしたなか最初に検討し

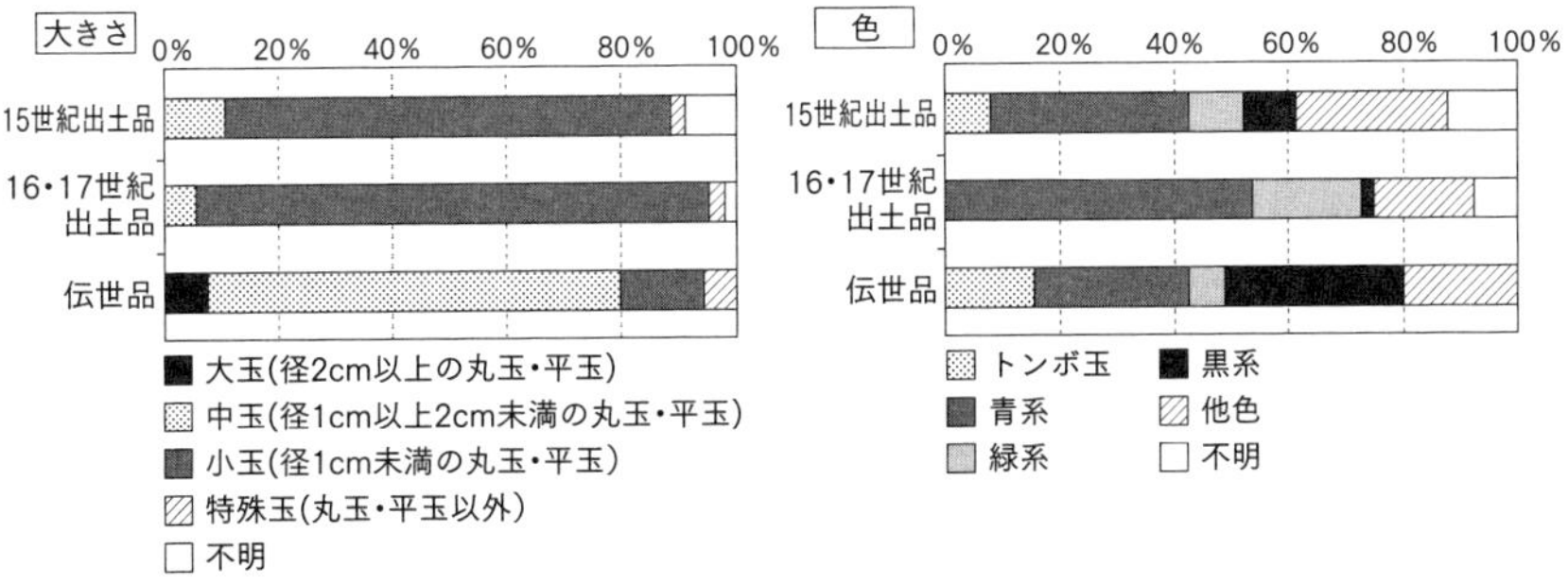

図86　タマサイに使われたガラス玉の大きさと色の変遷

たのが、市立函館博物館の児玉コレクションと馬場コレクションであった。筆者はそれらを調査するなかで、ガラス玉と銭を併用したタマサイについて、使われている銭の種類から製作年代や製作地を推定できることに気がついた。たしかに伝世タマサイ全体からみれば、銭が使われたものはきわめて少ない。しかし最新銭の初鋳年からタマサイの製作年の上限を導きだし、タマサイを年代順に並べることで、タマサイやガラス玉の型式編年が構築できれば、銭が使われていないタマサイについても年代比定が可能となるはずである。

調査したのは市立函館博物館の児玉コレクション一八点・馬場コレクション一点、札幌国際大学の平野コレクション三点、苫小牧市美術博物館所蔵品三点、旭川市博物館所蔵品一点、釧路市立博物館所蔵品一点の計二七点の銭が使われたタマサイである。調査した銭は合計一一〇七枚、ガラス玉は合計三五七三点にのぼった。ガラス玉については、形・大きさ・色などを分析した［図87］。

分析の結果、伝世タマサイは、一七世紀後半から一九世紀後半まで、一部重複を含みつつ五段階に細分できた［図88］。もっとも古い伝世タマサイは一七世紀後半にさかのぼり、時

伝世タマサイの時期	17世紀後半	18世紀	18世紀後半～19世紀	19世紀後半以降
平均玉種	28.5種	21種	19.9種	17種
平均玉数	250点	182.5点	122.8点	56点
ガラス玉の直径の平均	11.1mm	11.6mm	12.8mm	15.3mm

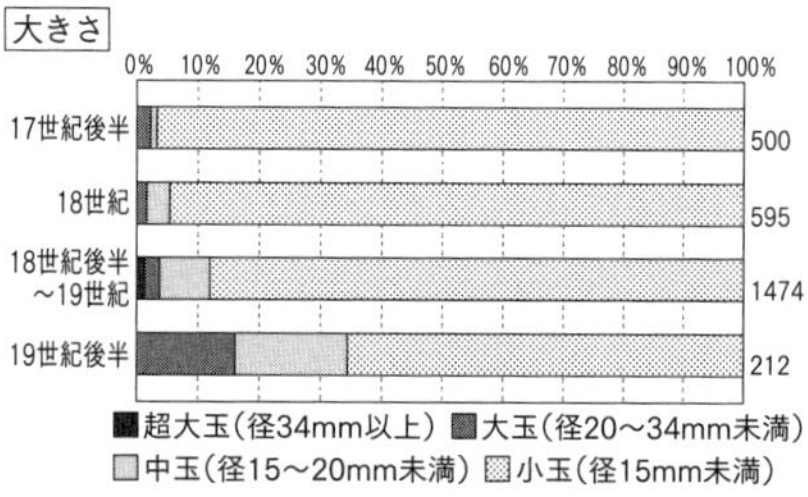

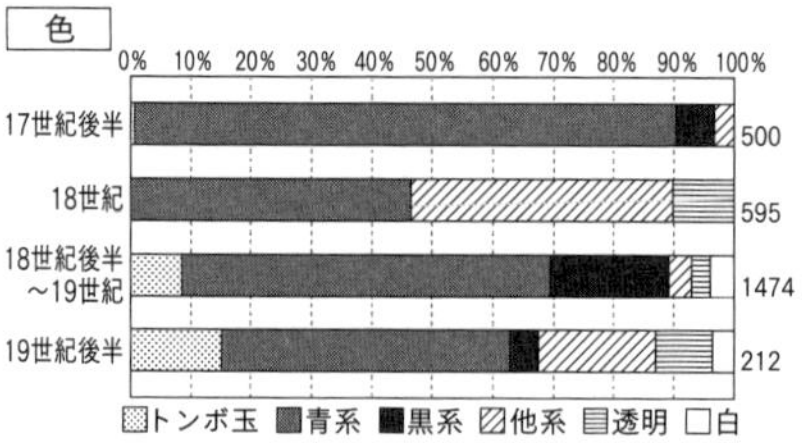

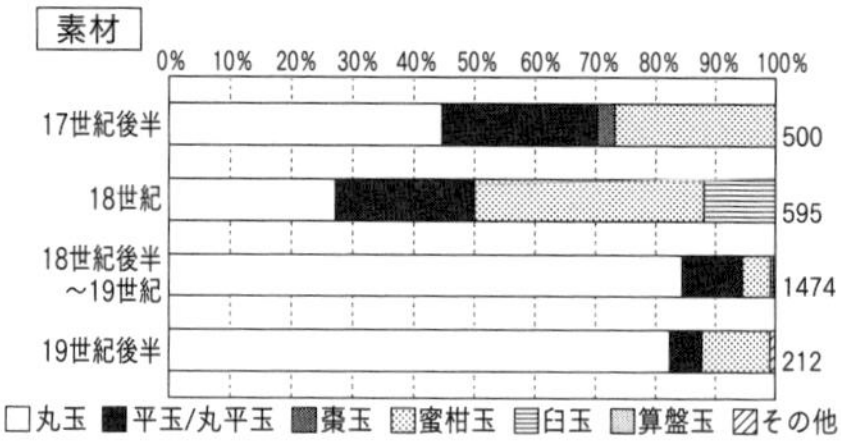

図87　伝世タマサイに使われているガラス玉

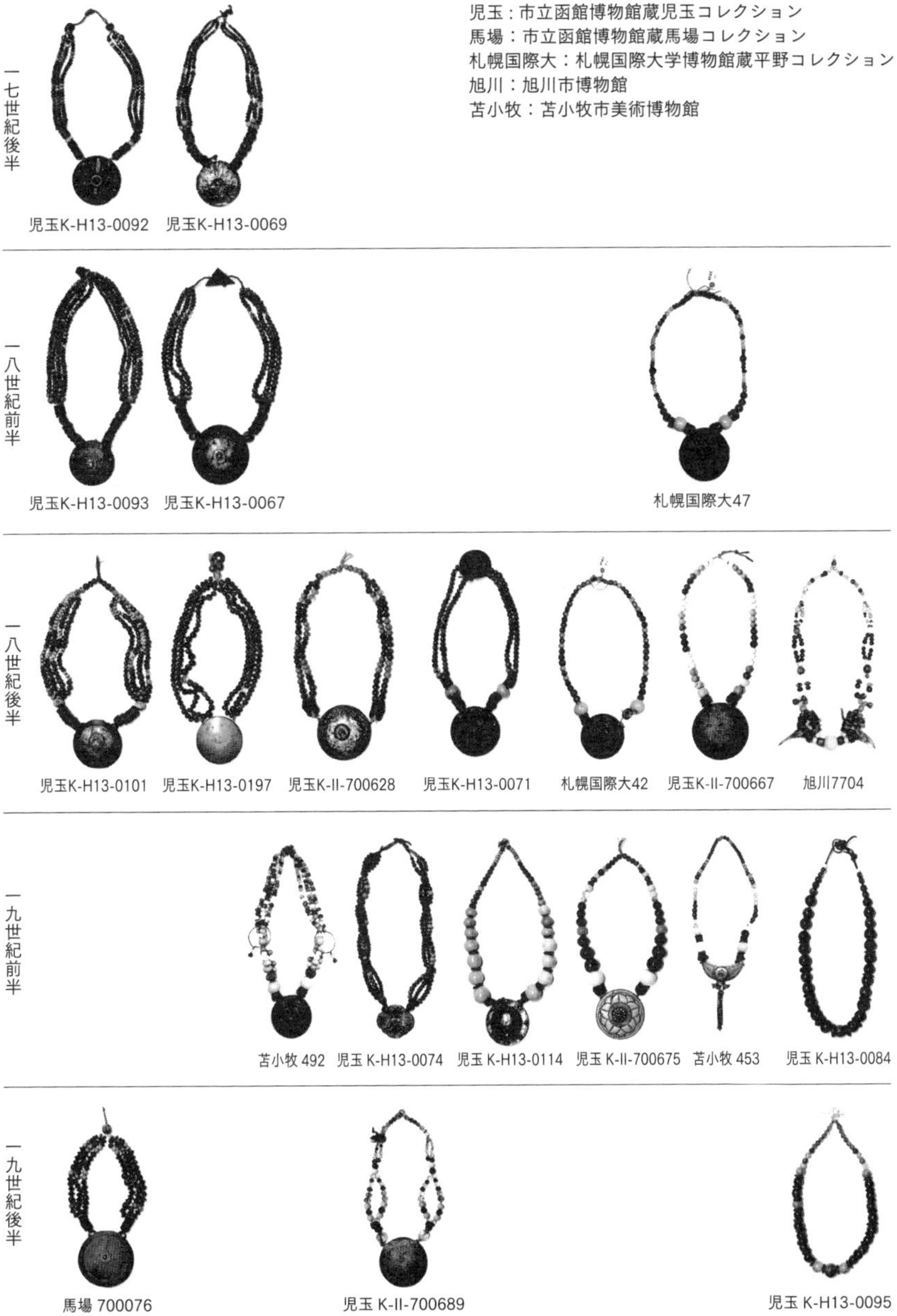
児玉：市立函館博物館蔵児玉コレクション
馬場：市立函館博物館蔵馬場コレクション
札幌国際大：札幌国際大学博物館蔵平野コレクション
旭川：旭川市博物館
苫小牧：苫小牧市美術博物館
一七世紀後半
児玉K-H13-0092
児玉K-H13-0069
一八世紀前半
児玉K-H13-0093
児玉K-H13-0067
札幌国際大47
一八世紀後半
児玉K-H13-0101
児玉K-H13-0197
児玉K-II-700628
児玉K-H13-0071
札幌国際大42
児玉K-II-700667
旭川7704
一九世紀前半
苫小牧 492
児玉 K-H13-0074
児玉 K-H13-0114
児玉 K-II-700675
苫小牧 453
児玉 K-H13-0084
一九世紀後半
馬場 700076
児玉 K-II-700689
児玉 K-H13-0095

図88　銭を指標とした伝世タマサイの編年

代が降るにつれガラス玉が大型化し、それにともない玉数が減少することが明確となった。そのような傾向性は、出土資料の分析結果とも整合している。出土品と伝世品を重ねあわせることで、初期アイヌ文化期から近代までのタマサイの変遷がようやく明らかとなった。タマサイは一八世紀後半を境に大きく変化している。そうした変化は、一八世紀後半以降、タマサイに使われるガラス玉の主体が、大陸産の「カラフト玉」からアイヌ向けの日本製品に替わったことに起因する可能性が高い。

次に筆者が最近取り組み始めたアイヌの魚皮利用に関する研究を紹介したい。

アイヌは自然の恵み豊かな北の大地から多様な動植物資源を得ていたが、それらの大部分は有機質であるため、残念ながら土のなかで分解され、出土品としてのこることはほとんどない。衣食住のうち、食や住についてはまだ遺構や遺物からある程度推測できても、衣に関しては、タマサイやニンカリなどのアクセサリーをのぞき考古学はほとんどお手上げ状態である。アイヌは衣服の素材のうち、木綿や絹は交易によって和人から、中国からもサハリンを経由していわゆる蝦夷錦とよばれる絹織物を得ていたが、主体となるのは、北海道アイヌはアットゥシとよぶ樹皮衣、樺太アイヌはテタラペとよばれる草皮衣など、植物繊維を用いた自製品であった。ほかに獣皮衣、魚皮衣、鳥皮衣（羽毛衣）といった動物の毛皮を素材とする自製品も用いられていた。

このうち魚皮衣はアムール川流域のナナイ（ホジェン）をはじめ、シベリアから北海道にかけて暮らす先住民族に広くみられたが、北海道アイヌは早くに魚皮を衣服に使うのをやめており、現存する魚皮衣はない。北海道アイヌが衣服に魚皮を使わなくなったのは、樺太アイヌに比べ、日本との交易で木綿が入手しやすかったからだろう。本州から木綿が流入する前は北海道アイヌの魚皮利用は樺太アイヌ同様、かなり盛んであったと思われる。

これまで確認した魚皮を用いたアイヌ民具は、チェプケㇾとよばれる魚皮靴、魚皮を裏地に用いた刀掛帯（エムㇱアッ）、同じく魚皮を裏地に用いた樺太アイヌの帽子である。このうち魚皮靴には長靴形と短靴形があり、長靴形には八〜一〇匹分もの魚皮が使われている。刀掛帯では魚皮は太刀を通す筒状の部分やその下の装飾として付された房の部分の裏地に使われている。

アイヌが皮を利用した魚としては、サケ・マス・イトウ・ソコガンギエイ（水カスベ）が知られている。このうちソコガンギエイの皮はシカ笛に限定され、広く使われたのは、サケ・マス・イトウである。しかしこれまで、アイヌ民具に使われている魚皮にどの魚が使われているか調べられたことはなかった。アイヌは鱗をそのまま残す形で魚皮を用いており、民具のなかには経年の劣化で鱗が剝がれ落ちたものが認められた。鱗を調べれば具体的な魚種が特定できる。そう考えた筆者は、市立函館博物館から剝がれ落ちた鱗の提供を受け、サケ・マス研究の第一人者で北海道大学名誉教授の帰山雅秀《かえりやままさひで》氏に魚種の鑑定を依頼した。その結果、北海道で収集された刀掛帯の一つにはサケの皮、馬場脩氏によって戦前に南樺太西海岸の登富津《とふつ》（クラスノヤルスコエ）で収集された刀掛帯の一つにはサクラマスの皮が使われていることが明らかとなった［図89］。この研究はまだ始まったばかりだが、アイヌにとって特別な魚であるサ

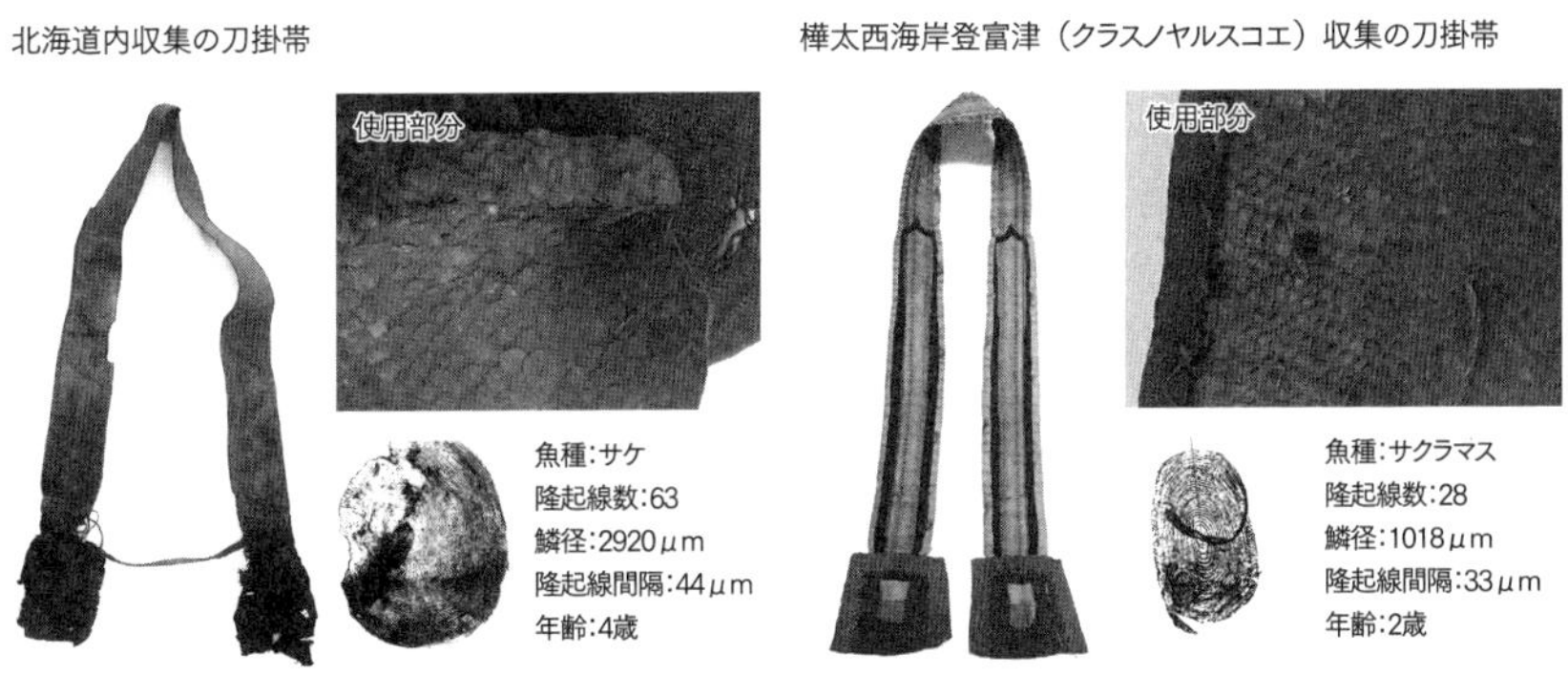

図89　サケやマスの皮を裏地に用いたアイヌの刀掛帯

ケ・マスの利用を明らかにする糸口がみつかったように思える。将来的には遺跡から出土する魚骨とアイヌ民具に使われた魚皮を連携した研究ができればと考えている。

このように、アイヌ考古学は研究対象を出土品に限定せず、伝世したアイヌ民具を含めることで、格段の発展と深化が期待できる。アイヌが大切に受け継いできた民具は、考古学が研究対象としてきた前近代アイヌ文化と、文化人類学が研究の対象としてきた明治以降の近代アイヌ文化をつなぐ重要な歴史資料だが、アイヌ民具を網羅し、その製作法をくわしく解説した萱野茂氏の名著『アイヌの民具』があるためか、それ以降、近年まであまり研究が進んでこなかった。アイヌ民具から情報を引き出すには、製作技術を解明するための実験考古学的研究、素材研究のための自然科学的分析や動植物学者との連携が不可欠である。それらはいずれも現在、出土遺物の研究ではごく当たり前におこなわれており、それを伝世した民具にも当てはめれば、両者を同じ土俵で比較することが可能となる。

そして、考古学にかぎらずこれからのアイヌ研究は、可能なかぎりアイヌの人々が参加することが望ましい。アイヌ民具の製作技術の研究については、アイヌ文化を継承する意味でも、アイヌの人々を中心におこなわれることを期待したい。

あとがき

日本考古学のなかでアイヌ考古学は特異な位置を占めている。本書で示したように、アイヌの遺跡からは中世・近世考古学が研究対象としてきたさまざまな日本製品が出土しているにも関わらず、これまでアイヌ考古学は中近世考古学とはほとんど接点を持つことなく、北海道限定の非常にローカルな分野として扱われてきたように思える。しかし実際にはアイヌの狩猟・漁労・採集活動で得られたものが日本社会を下支えしてきたことを忘れるわけにはいかない。そのことがあまり認識されていないのは、干鮭・昆布をはじめとする食料品や熊胆・オットセイなどの薬、肥料のニシン粕は消費され、シカやクマ・海獣類の毛皮もワシ・タカの矢羽根も消耗されるなどして、日本社会がアイヌから入手したものが今日ほとんどのこっていないためと思われる。加えてアイヌみずからが製作したものは動植物を素材としているため、これも土のなかでは腐りやすい。反対に日本からアイヌ社会に渡ったものは宝物として大切に受け継がれたり、土中でも腐らなかったりして、現在も我々の目の前にある。出土品に関しては金属器など日本製品の割合が高くなってしまうのだ。今あるモノだけを見ていたのでは、日本国からアイヌ社会に一方的にモノが流入したかのような錯覚に陥りやすい。アイヌ考古学のむずかしさはそうした点にある。

こうしたアイヌの考古資料が潜在的に抱える課題を克服し、できるだけ真実に近いアイヌ像を描くには、中近世考古学と同じように、古文書や絵図、民具を用いたミドルレンジ研究が有効と考え、本書でもそうした手法を使った筆者自身の研究事例を紹介した。

文化は常に変化するものであり、アイヌ文化もまた不変ではない。本書ではみずからの歴史を文字に記録することのなかった前近代のアイヌ文化が物心両面でどのように形成され、どのような道筋をたどって今日のアイヌ文化につながるのかについて紙幅を割いた。その成果として、アイヌ文化の変遷については理解が進んだものの、考古資料にもとづき地域性を検討するにはまだまだ調査データが足りない。アイヌ文化の地域性は、集団間の関係性や民族の一体性に関わる重要な課題である。これまでアイヌ文化の地域性に関しては、言葉や器物をもとに樺太アイヌと北海道アイヌの相同が論じられてきた。本書ではそれに本州アイヌを加え、三者の比較に挑んだ。北海道アイヌに比べ、樺太アイヌや本州アイヌの考古遺物はきわめて断片的にすぎないが、それでも本州アイヌと北海道アイヌの生業の共通性や、樺太アイヌと北海道アイヌの葬墓制と漆器や刀剣といった宝物の共通点を確認することができた。今後はデータの蓄積が期待できる北海道内の資料を用いて地域集団の実態を明らかにする必要があるだろう。

高い工芸的技術と豊かな精神性を宿したアイヌの古民具に触れるたび、長年の癖で無意識のうちに遺跡から発掘された遺物と比較してしまう。それが商売なのだから仕方のないことではあるが、アイヌ民具がカラー写真だとすれば、発掘資料は白黒写真にみえてしまう。しかし発掘資料と違って、残念ながらアイヌ民具の多くは収集された場所や年代がわからない。たとえて言うなら、いつどこで撮られたのかのわからないカラー写真と、撮影情報がともなっている白黒写真と言うことになろうか。民具も出土遺物も、言語と異なり、それが作られた段階で時が止まっている点で貴重な歴史資料に変わりはない。私たち考古学者がお互いの長所を見いだし、相互補完的に用いれば良いのである。

アイヌ自身を含め、日本人の多くは今やこの国で圧倒的なマイノリティーとなったアイヌに関する知識に乏しい。民族共生を実現する上で必要なさまざまな今日的課題を解決するためには、アイヌ民族に関する国民共有の歴史認識が不可欠である。アイヌ考古学がアイヌ民族の過去と現在をつなぐとともに、アイヌと和人の間をつなぐ一助になることを切に願うものである。

二〇二三年六月　麦秋の弘前にて

関根達人

【写真提供（所蔵）】

表紙

マキリ鹿角製鞘・刀身　著者撮影・所蔵／魚皮製長靴　著者撮影（市立函館博物館蔵）

口絵

1－1　厚真町教育委員会／1－2　田代雄介氏／1－3　田代雄介氏／2－1　髙橋美鈴氏（余市町教育委員会蔵）／2－2　厚真町教育委員会／2－3　余市町教育委員会／2－4　余市町教育委員会／3－1　著者撮影（サハリン大学考古学・民族誌研究所蔵）／3－2　著者撮影（恵庭市教育委員会蔵）／3－3　著者撮影（恵庭市教育委員会蔵）／3－4　伊達市教育委員会／4－1　著者撮影（深川市教育委員会蔵）／4－2　著者撮影（東北歴史博物館蔵）／4－3　著者撮影（余市町教育委員会蔵）／4－4　著者撮影（余市町教育委員会蔵）／4－5　伊達市教育委員会／5－1　佐藤雅彦氏撮影（厚真町教育委員会蔵）／5－2　著者撮影（余市町教育委員会蔵）／5－3　著者撮影（余市町教育委員会蔵）／5－4　余市町教育委員会／5－5　著者撮影（稚内市教育委員会蔵）／6－1　著者撮影（北海道大学農学部植物園・博物館蔵）／6－2　筆者撮影（厚真町教育委員会）／6－3　著者蔵／6－4　オニキシベ遺跡：著者撮影（厚真町教育委員会蔵）、有珠4遺跡：著者撮影（伊達市教育委員会蔵）、二風谷遺跡：平取町教育委員会／7－1　著者撮影／7－2　著者撮影（個人蔵）／7－3　著者撮影（南部町教育委員会蔵）／7－4　著者撮影（青森県埋蔵文化財調査センターほか蔵）／7－5　著者撮影（東通村教育委員会蔵）／8－1　筆者撮影（サハリン州立郷土誌博物館蔵）／8－2　筆者撮影（ティモフスコエ郷土誌博物館蔵）／8－3左・右　筆者撮影（サハリン大学考古学・民族誌研究所蔵）／8－4　筆者撮影（サハリン州立郷土誌博物館蔵）／8－5　筆者撮影（サハリン大学考古学・民族誌研究所蔵）／8－6　筆者撮影（サハリン大学考古学・民族誌研究所蔵）／8－7　筆者撮影（サハリン州立郷土誌博物館蔵）

本文

図1　アッチョロベツチャシ跡：田代雄介氏、上幌内2遺跡：厚真町教育委員会／図2　茨城県立歴史館（上宮寺蔵）／図3　国書データベース（国文学研究資料館蔵）／図4　『新古祝甕品類之図』：大館市立栗盛記念図書館／図5－1　佐藤雅彦氏撮影（帯広市百年記念館蔵）／図5－2　北見市教育委員会／図7　佐藤雅彦氏撮影（遠軽町教育委員会蔵）／図8－1　佐藤雅彦氏撮影（帯広市百年記念館蔵）／図8－2　富良野市博物館／図11－1　北海道博物館（島牧村蔵）／図11－2　江別市郷土資料館／図11－3　釧路市立博物館／図11－4・5　北海道博物館（羅臼町郷土資料館蔵）／図12－1　伊達市教育委員会（文化庁蔵）／図12－2　余市町教育委員会／図14　東京大学常呂実習施設／図15　枝幸町教育委員会／図16　北海道立埋蔵文化財センター／図17　東京大学常呂実習施設／図18　秋田県教育庁払田柵跡調査事務所／図19－1　北海道博物館（札幌市教育委員会蔵）／図19－2　北海道博物館（千歳市教育委員会蔵）／図19－3　北海道博物館／図19－4　平取町教育委員会／図20　著者撮影（厚真町教育委員会蔵）／図21　八重樫忠郎氏／図22　佐藤雅彦氏撮影（厚真町教育委員会蔵）／図24－1　著者撮影（旭川市博物館蔵）／図24－2　著者撮影（余市町教育委員会蔵）／図24－3　著者撮影（市立函館博物館蔵）／図24－4　著者撮影（北海道立アイヌ総合センター蔵）／図25－1　東京都写真美術館／DNP art com（撮影：シュティルフリート）／図25－2　東京大学総合研究博物館／図26　北海道博物館（伊達市教育委員会蔵）／図27　栄浦第二遺跡：北見市ところ遺跡の森、穂香竪穴群：北海道立埋蔵文化財センター、カリンバ2遺跡：著者撮影（恵庭市教育委員会蔵）、有珠オヤコツ遺跡：伊達市教育委員会／図28　佐藤雅彦氏撮影（厚真町教育委員会蔵）／図29　アイヌ民具：著者撮影（松前町教育委員会蔵）、擦文土器の刻印：奥尻町教育委員会／図30　桔梗2遺跡出土シャチ形土製品：小川忠博氏撮影（函館市教育委員会蔵）、カムイギリ：余市町教育委員会／図34　厚真町教育委員会／図38　筆者撮影（余市町教育委員会蔵）／図39　北海道博物館／図45　「蝦夷紋別首長東武」：国立文化財機構所蔵品統合検索システム（https://colbase.nich.go.jp/collection_items/tnm/A-9499?locale=ja）Ａ－９４９９（東京国立博物館蔵）／図56　松前町教育委員会／図57　小川忠博氏撮影（北斗市教育委員会蔵）／図59下　筆者撮影（五稜郭タワー株式会社蔵）／図62　松前町郷土資料館／図73　ガラス玉写真：筆者撮影（松前町教育委員会）／図80－6　筆者撮影（サハリン大学考古学・民族誌研究所蔵）／図80－10　筆者撮影（サハリン州立郷土誌博物館蔵）／図84　パルスノエ遺跡・レースノエ遺跡：筆者撮影（サハリン州立郷土誌博物館蔵）、クズネツォーヴォ1遺跡：筆者撮影（サハリン大学考古学・民族誌研究所蔵）／図85－1　筆者撮影（市立函館博物館蔵）／図85－2　筆者撮影（稚内市北方記念館蔵）／図88　著者撮影（市立函館博物館、札幌国際大学博物館、旭川市博物館、苫小牧市美術博物館蔵）／図89　筆者撮影（市立函館博物館）　鱗の写真：帰山雅秀氏撮影

【図版出典（以下より作成）】

図4　ベニケムイ遺跡：澤田恭平・猪熊樹人２０２３「根室市ベニケムイ竪穴群の亀ヶ岡式土器について」『根室市歴史と自然の資料館紀要』35・図3／図5－3　北海道文化財保護協会２０００『長万部町オバルベツ2遺跡（2）』／図6　北海道文化財保護協会１９９７『千歳オサツ16遺跡（2）』／図8－3　澤四郎１９８７『釧路の先史』釧路叢書24／図13　盲堤沢（3）遺跡：八戸市教育委員会２００２『盲堤沢（3）遺跡』八戸市埋蔵文化財調査報告書92、寒川2遺跡：

秋田県埋蔵文化財センター１９８８『寒川１遺跡・寒川２遺跡』秋田県文化財調査報告書１６７／図23　無量光院跡：井上雅孝２０２２「無量光院跡出土の土器は擦文土器か？」『岩手大学平泉文化研究センター年報』10、美々８遺跡：北海道埋蔵文化財センター１９８２『美沢川流域の遺跡群Ｖ』／図31　シノタイ遺跡：大塚和義１９８１「失われたアイヌの儀礼―発掘されたメカジキ漁と送り儀礼―」『アニマ』97 平凡社、ニタップナイ遺跡：厚真町教育委員会２００９『ニタップナイ遺跡』／図32　小茂内遺跡：乙部町教育委員会１９９７『小茂内遺跡―国道２２９号線鳥山改良工事に伴う発掘調査報告書―』、ヲチャラセナイチャシ跡：厚真町教育委員会２０１３『厚幌ダム建設事業に伴う埋蔵文化財発掘調査報告書５：ヲチャラセナイチャシ跡・ヲチャラセナイ遺跡（１）』、ユクエピラチャシ跡：陸別町教育委員会２００７『史跡ユクエピラチャシ跡―平成14～16年度発掘調査報告書』、ツペットウンチャシ跡：津別町教育委員会２００９『ツペットウンチャシ跡』／図33　ユカンボシＣ15遺跡：北海道埋蔵文化財センター２００３『千歳市ユカンボシＣ15遺跡（６）』北海道埋蔵文化財センター調査報告書１９２、美々８遺跡：北海道埋蔵文化財センター１９９６『美沢川流域の遺跡群ＸⅧ』北海道埋蔵文化財センター調査報告書１０２、勝山館北東下宮ノ沢右岸地区：上ノ国町教育委員会２０００『史跡上ノ国勝山館跡ＸⅪ』／図35　六頂山墓地遺跡：清水信行２００８「チェルニャチノ５墓地遺跡の発見」『北東アジアの中世考古学』アジア遊学１０７勉誠出版、有珠オヤコツ遺跡：伊達市教育委員会１９９３『有珠オヤコツ遺跡・ポンマ遺跡』、大川遺跡：余市町教育委員会２００２『余市町大川遺跡（２０００・２００１年度）大川橋街路事業に伴う埋蔵文化財発掘調査報告書』／図36　関根達人２００３「アイヌ墓の副葬品」『物質文化』76・図２／図37　大川遺跡：余市町教育委員会２００２『余市町大川遺跡（２０００・２００１年度）大川橋街路事業に伴う埋蔵文化財発掘調査報告書』、船浜遺跡：小樽市教育委員会２００３『船浜遺跡Ⅲ』、栄町１遺跡：石井淳平２００３「栄町遺跡・大浜中遺跡出土の中世陶器について」『余市水産博物館研究報告』６／図40　オニキシベ２遺跡：厚真町教育委員会２０１１『オニキシベ２遺跡』、堀株１遺跡：泊村教育委員会２００４『堀株１遺跡―平成13年度堀株１遺跡発掘調査報告書―』、末広遺跡：田村俊之・小野哲也２００２「陸の民としてのアイヌ社会の漆器考古学」『考古学ジャーナル』４８９、二風谷遺跡：北海道埋蔵文化財センター１９８６『ユオイチャシ跡・ポロモイチャシ跡・二風谷遺跡』北海道埋蔵文化財センター調査報告26／図41　厚真町教育委員会２０１１『オニキシベ２遺跡』／図42　関根達人・佐藤里穂２０１５「蝦夷刀の成立と展開」『日本考古学』39・図６／図43　関根達人・佐藤里穂２０１５「蝦夷刀の成立と展開」『日本考古学』39・図８／図44　関根達人・佐藤里穂２０１５「蝦夷刀の成立と展開」『日本考古学』39・図９／図45　札幌市北１条西８丁目出土鍬形：関根達人２０１４「アイヌの宝物とツクナイ」『人文社会論叢』32　弘前大学人文学部／図46　６は筆者実測、他は各報告書から転載／図47　ユカンボシＥ７遺跡Ａ地点：恵庭市教育委員会１９９５『ユカンボシＥ７遺跡』、ライトコロ川口遺跡：東京大学文学部考古学研究室・常呂研究室編１９８０『ライトコロ川口遺跡』、二風谷遺跡：北海道埋蔵文化財センター１９８６『ユオイチャシ跡・ポロモイチャシ跡・二風谷遺跡』北海道埋蔵文化財センター調査報告26／図48　各報告書から転載／図49　各報告書から転載／図51　函館市教育委員会１９８６『史跡志苔館跡』／図52　各報告書から転載／図53　関根達人・佐藤里穂２０１５「蝦夷刀の成立と展開」『日本考古学』39・図13／図55　堀株１遺跡：泊村教育委員会２００４『堀株１遺跡―平成13年度堀株１遺跡発掘調査報告書―』、二風谷遺跡：北海道埋蔵文化財センター１９８６『ユオイチャシ跡・ポロモイチャシ跡・二風谷遺跡』北海道埋蔵文化財センター調査報告26、末広遺跡：千歳市教育委員会１９８１『末広遺跡における考古学的調査（上）』千歳市文化財調査報告書Ⅶ／図59上　関根達人・田坂里穂２０２０「蝦夷刀三例」『弘前大学國史研究』１４９・図２／図60　関根達人２０１６『モノから見たアイヌ文化史』吉川弘文館・図63／図61　上ノ国町教育委員会２００１『史跡上之国勝山館跡ＸＸⅡ』／図63－１　松前町教育委員会２００８『福山城下町遺跡』Ⅳ／図63－２　関根達人２０１９「北海道松前町福山城下町遺跡小松前町地点発掘調査報告」『人文社会科学論叢』弘前大学人文社会科学部／図63－３～７　北海道埋蔵文化財センター　２０１２『松前町福山城下町遺跡』北海道埋蔵文化財センター調査報告書２９０／図65　木古内町教育委員会１９４７『札苅遺跡』／図66　森川３遺跡：北海道埋蔵文化財センター２００６『森町森川３遺跡２』北海道埋蔵文化財センター調査報告書２３４、有珠４遺跡：伊達市噴火湾文化研究所２００９『有珠４遺跡発掘調査報告書』／図67　大場利夫・大井晴男１９７３『オホーツク文化の研究１：オンコロマナイ貝塚』東京大学出版会／図68　関根達人２０１４「シベチャリ出土の遺物」『北海道考古学』50／図71　苫小牧市埋蔵文化財調査センター１９８９『弁天貝塚Ⅲ』／図72　関根達人２０１９「アイヌ民族と酒―漆器∨陶磁器の価値観―」『「近世考古学の提唱」50周年記念「近世の酒と宴」研究大会資料集』図12・13を改変／図76　東通村教育委員会１９９９『東通村史　遺跡発掘調査報告編』／図77　東通村教育委員会１９９９『東通村史　遺跡発掘調査報告編』／図79　関根達人２０１２「場所図・古絵図にみる１８５０年代の樺太（サハリン）島における先住民族と国家―目賀田帯刀筆『北海道歴検図』の検討を中心に―」『北海道・東北史研究』８・図４～６を改変／図85－３　北海道埋蔵文化財センター１９９６『美沢川流域の遺跡群ＸⅧ』北海道埋蔵文化財センター調査報告書１０２／図85－４　余市町教育委員会２０００『大川遺跡における考古学的調査』Ⅲ／図88　関根達人・中村和之・三宅俊彦・奥野進２０２３「銭を指標とした伝世タマサイの編年試案」『市立函館博物館研究紀要』33

図50・64・69・74・75　国土地理院地図より作成

上記以外は著者作成

著者紹介

関根　達人（せきね・たつひと）

1965年、埼玉県生まれ。東北大学大学院博士前期2年の課程修了。博士（文学）。弘前大学人文社会科学部教授。第31回濱田青陵賞。第6回日本考古学協会賞（大賞）。第3回北海道考古学会賞。

主な著書『中近世の蝦夷地と北方交易』（吉川弘文館）、『モノから見たアイヌ文化史』（吉川弘文館）、『アイヌ文化史辞典』（共編著、吉川弘文館）、『墓石が語る江戸時代』（吉川弘文館）、『石に刻まれた江戸時代』（吉川弘文館）、『松前の墓石から見た近世日本』（共編著、北海道出版企画センター）、『あおもり歴史モノ語り』（無明舎出版）、『北方社会史の視座〈歴史・文化・生活〉』第1巻（共著、清文堂）、『成田彦栄氏考古・アイヌ民族資料図録』（共著、弘前大学出版会）

装幀：コバヤシタケシ
図版制作：松澤利絵

つながるアイヌ考古学

2023年12月15日　第1版第1刷発行
2024年 4 月26日　第2版第1刷発行

著　者　関根　達人

発　行　新泉社
東京都文京区湯島1－2－5　聖堂前ビル
TEL 03（5296）9620 ／ FAX 03（5296）9621

印刷・製本　萩原印刷株式会社

ISBN978-4-7877-2316-1　C1021